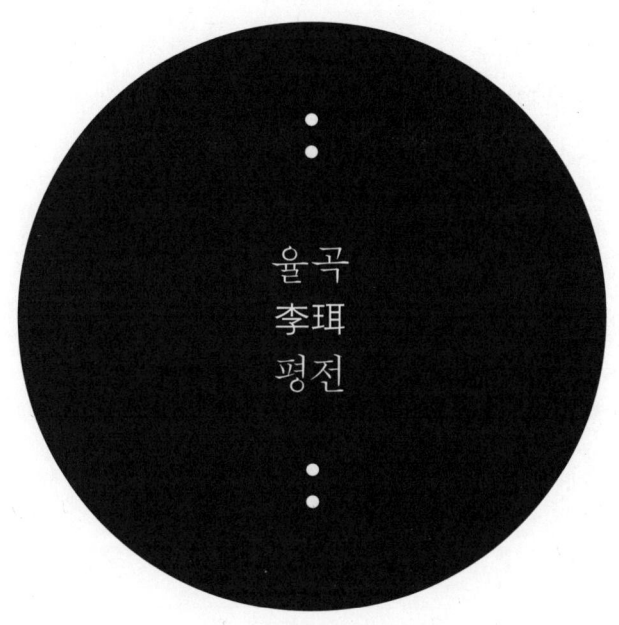

율곡
李珥
평전

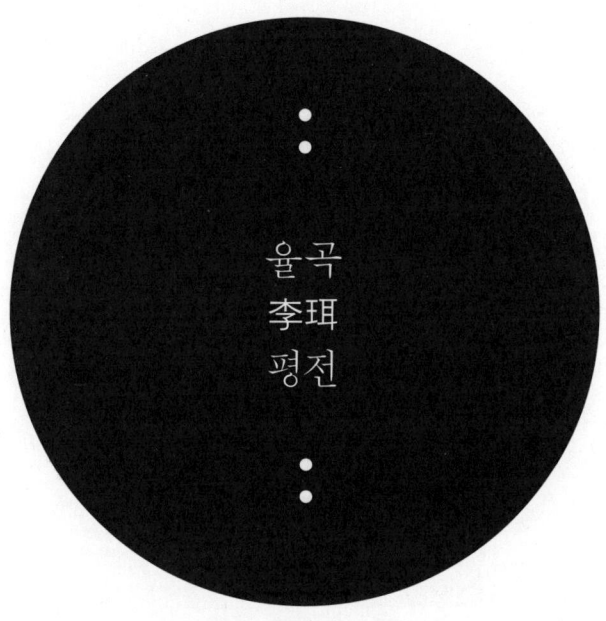

율곡 李珥 평전

조선 중기 최고의 경세가이자 위대한 스승

한영우

민음사

___ 머리말

율곡은 어떤 인물인가

　율곡 이이(栗谷 李珥; 1536~1584년, 자는 숙헌(叔獻))에 대해 사람들은 무엇을 떠올릴까? 아마 5000원권 지폐에 그려진 초상화의 주인공이라는 사실을 가장 많이 떠올릴 것이다. 그다음에 떠오르는 것은 10만 양병설이 아닐까? 그러면 그다음은 무엇일까? 아마도 퇴계 이황(退溪 李滉)과 더불어 조선 중기를 대표하는 성리학자의 한 분이라는 정도가 아닐까? 지식 수준이 좀 더 높은 사람이라면 퇴계는 조선 후기 영남학파의 추종을 받은 유종(儒宗)이고, 율곡은 기호학파의 추앙을 받은 유종이라고 답할 것이다.
　특히 여성들은 율곡을 말하면 그 어머니 신사임당(申師任堂)을 떠올리는 경우도 많을 것이다. 좀 더 깊이 들어가면 율곡의 출생지는 외가가 있던 강릉(江陵)이고, 고향은 경기도 파주(坡州) 율곡이며, 파주에 율곡을 모신 자운서원(紫雲書院)과 율곡의 묘소가 있다는 것을 아는 사람도 있을 터이다.

여기서 한 걸음 더 나간다면 율곡은 숙종 때 성균관 문묘(文廟)에 배향되어 국가의 제사를 받던 '동국 18명현(東國十八名賢)' 가운데 한 분이라는 것을 알 것이다. 선비 사회의 사표(師表)로서 시공을 초월하여 널리 추앙받는 인물이 아니면 문묘 배향은 불가능한 것이었으므로 이 사실 하나만으로도 율곡의 위상은 확고부동하다고 할 수 있다.

율곡의 위상은 여기서 그치는 것이 아니다. 동국 18명현 가운데 조선 시대 인물은 열네 명인데, 그 가운데 조선 후기에 문묘에 배향된 조헌(趙憲), 김인후(金麟厚), 김장생(金長生), 김집(金集), 송시열(宋時烈), 송준길(宋浚吉), 박세채(朴世采) 등 일곱 명이 모두 율곡의 학우이거나 율곡의 학문을 계승한 문인(門人), 후학이라는 사실에 놀라움을 감출 수 없다.

율곡의 영향력은 선비 사회에만 머문 것이 아니다. 조선 후기 역대 임금으로서 『성학집요(聖學輯要)』를 읽어 보고 감동받지 않은 임금은 없다. 특히 왕조 중흥의 영주인 숙종, 영조, 정조는 『성학집요』를 경연(經筵)이나 서연(書筵)에서 교재로 읽었고, 순조도 마찬가지였다. 이렇게 본다면 조선 후기를 지배한 최고의 한국인 스승은 율곡이고, 중국인 스승은 주자(朱子)라고 말해도 과언이 아니다.

생각이 여기에 미치면, 왜 율곡이 그토록 선비 사회의 추앙을 받았는지를 알아보는 것이 순서일 것이다. 정치사에서 본다면, 율곡의 후학들이 서인과 노론, 소론을 구성하고, 이들이 조선 후기 300년의 역사를 주도했기 때문이라고 말할 수도 있겠으나, 그것이 정답은 아니다. 왜 이들이 정치를 주도할 수 있었는지를 또 물어야 하기 때문이다. 큰 시야로 보면, 퇴계 이황을 따르던 재야의 남인 세력이 학문적으로 국가 발전에 이바지한 공로는 무시할 수 없을 만큼 크다. 하지만 남인 가운데에도 율곡을 존경하는 학자는 한둘이 아니었다.

율곡이 조선 시대의 위인이라는 것을 인정하더라도 만약 그의 가치관이 현대인의 가치관과 정면으로 충돌하는 것이라면 현대 사회에서 율곡의 존재는 제한적일 수밖에 없을 것이다. 그러나 그렇지가 않다. 율곡의 생애와 학문을 자세히 들여다보면 민주주의를 신봉하는 현대인이 얼마나 부끄럽게 살고 있는지 얼굴이 붉어지지 않을 수 없다.

율곡의 위대함은 자기 시대의 문제점을 긴 눈으로 내다보고, 온몸을 던져 고치려고 노력한 선각자라는 점에 있을 것이다. 이 세상에는 어렵거나 더러운 것이 있으면 거기에 편승해 물들어 사는 방법이 있고, 현실을 피해 초야에서 혼자 깨끗하게 사는 길도 있으며, 그것이 아니면 기성 질서를 정면으로 거부하는 혁명적 도전도 있는데, 율곡 시대의 선비들은 대체로 이 세 길의 하나를 걸어가고 있었다. 하지만 율곡은 이 길을 모두 택하지 않았다. 벼슬하면 목숨을 걸고 임금에게 직언하여 위로부터의 개혁, 곧 경장(更張)을 끌어내고자 했으며, 물러나서는 자신의 몸을 더욱 깨끗이 닦는 학문에 집중하면서 후학을 길러 이 땅의 성리학을 최고 수준으로 올려놓았다. 『성학집요』를 대표로 하여 『동호문답(東湖問答)』, 『격몽요결(擊蒙要訣)』, 그리고 여러 차례에 걸친 「만언봉사(萬言封事)」의 개혁안은 후대에 큰 영향력을 미친 명저들이다.

벼슬아치로서의 율곡은 임금 선조(宣祖)를 요순(堯舜) 같은 성인군주, 곧 군사(君師; 임금인 동시에 스승)로 만들기 위한 일념으로 시종했다. 물론 명종 때의 모습도 비슷했지만 그때는 아직 30세 전후의 청년기로서 신진기예의 미숙함이 남아 있었다. 그러나 선조와의 만남에서는 16세 연상자로서의 연륜과 권위가 얹혀 있었다. 16세에 등극한 선조는 한동안 청소년티를 벗지 못했고, 율곡은 장년으로 접어들어 있었기 때문이다. 임금은 무서운 선생 앞에서 주눅이 들어 있는 문하생 같은 모습이었다.

율곡은 임금이 군사의 마음으로 민생을 적극 챙기고, 나라의 품격을 높이고, 국방을 안정시켜 나라의 위망(危亡)을 막아 주기를 평생을 두고 간곡하게 호소했다. 집에 비유한다면 지은 지 오래되어 벽이 무너지고 기와가 부서지고 서까래가 썩어 버려 언제 무너질지 모르는 고가(古家)로 보았다. 바로 '토붕와해(土崩瓦解)'의 모습이다. 하루빨리 재주 있는 목수를 불러 수리하지 않으면 집이 폭삭 주저앉을 위기임을 거듭거듭 직언했다.

그는 왕조가 창업된 지 200년이 지나면서 창업의 기백도, 수성(守成)의 활기도 없어진 '중쇠기(中衰期)'의 토붕와해의 위기를 무사안일로 보내면 머지않아 엄청난 국난을 당할 것이라고 경고하고 또 경고했다. 이 위기를 벗어나는 길은 오직 경장뿐이라는 것이 율곡의 지론이었다. 율곡이 세상을 떠난 지 8년 뒤에 임진왜란이 터졌으니, 율곡의 선견지명과 선각자로서의 혜안이 얼마나 뛰어났던가를 알 수 있다.

뒷날 영조가 경연에서 『성학집요』를 읽다가 검토관 임석헌(任錫憲)에게 "만약 임진왜란 때 율곡 선생이 살아 있었다면 왜변에 어떻게 대처했을까?"라고 물었더니 임석헌은 "나라에 액운이 있어서 그런 것이지만, 만약 율곡 선생이 계셨더라면 그토록 나라가 파탄하는 지경에까지는 이르지 않았을 것입니다."라고 답했다. 선각자로서 율곡의 위대함이 국난을 치르고서야 빛을 발했던 것이다.

임금을 상대로 한 율곡의 진언이 얼마나 강직하고 처절했는지를 현대인들은 상상도 하지 못할 것이다. 언론의 자유가 보장되고 민주주의가 꽃피었다고 자부하는 오늘의 눈으로 보더라도 율곡의 진언을 읽으면 가슴이 섬뜩하다. 어린 제자를 훈계하는 듯한 율곡의 매서운 질책을 20년 가까이 듣고도 끝까지 지켜 준 선조 임금이 대단하다는 느낌마저 든다. 하지만 율곡의 눈에 비친 선조는 본성은 나쁘지 않지만 성의가 부족하고 경장을 두려워하는 무사안일에 빠진 임금이었다. 만년에 율곡은 자신의 건의를 단 한 가지도 실천에 옮기지 않은 임금에게 실망하고 한탄하면서 세상을 떠났다. 하지만 임금의 눈에는 율곡이 나라와 백성을 극진히 사랑하는 충신이면서도 우활하고 과격하고 오만한 이상주의자로 비쳤다.

그러면 율곡이 그토록 애타게 강조한 경장이란 무엇인가? 그것은 기본적으로 조선 초기에 세워진 왕조의 기본 틀을 그대로 유지하고 계승하면서 연산군(燕山君) 이후로 민생을 파탄으로 몰아간 잘못된 제도를 고치자는 것이었다. 특히 일반 백성의 경우는 공납(貢納)과 군역의 폐단을 가장 큰 고통으로 보았고, 공노비의 생활을 압박하는 선상(選上)의 문제도 개혁의 대상으로 보았으며 서얼에게 청요직을 주지 않는 것도 나쁜 폐단으로 여겼다. 말하자면 수취 제도의 폐단과 신분 제도의 모순을 시정하자는 것이다. 율곡은 경장을 다른 말로 '계지술사(繼志述事)'라고도 불렀다. 선왕(先王)의 좋은 정책을 계승하면서 잘못된 것은 시의(時宜)에 맞게 고쳐 가자는 것이다. 따라서 경장은 혁명도 아니고 수구도 아니며, 온건하고 점진적인 개혁일 뿐이었다.

그러나 선조는 율곡의 마음과 학문을 존경하면서도 그가 주장하는 경장은 매우 부담스러워했다. 개혁에는 반드시 부작용이 따름을 염려했다. 이해관계가 엇갈려 반대자들이 들고 일어나 저지하는 것을 걱정했다. 중종, 명종 때 권세가들과 싸우는 데는 용감했던 사류(士類)들이 막상 권세가들이 물러난 선조 대에는 경제나 국방을 경영하는 경세가의 모습을 보여 주지 못하고 무사안일에 빠져 있는 것도 임금에게는 실망감을 주었다. 상대적으로 율곡만큼 경제나 국방 등 실무적인 경세에 밝은 인물도 당시에는 별로 없었다. 따라서 경장을 이끌 만한 인재들이 아직은 결집된 세력으로 존재하지 않았다.

율곡도 외롭고, 임금도 외로운 시대였다. 뒷날 임진왜란을 만난 시점에서 본다면 촌각을 다투어 경장을 했어야 하는 시기였지만, 당시의 시대 분위기는 안으로나 밖으로나 중증(重症)의 병증이 안으로만 곪아 있을 뿐 밖으로 터져 나온 것은 아니었다. 시대를 예리하게 통찰하는 선각자가 아니면 태평성대로 착각할 수도 있는 시대였기 때문이다.

임진왜란 이후의 300년 역사는 율곡의 학문과 경장을 배우고 실천하는 역사라 해도 지나친 말이 아니다. 그가 강조한 공납 개혁은 대동법(大同法)으로 구현되었고, 군정 개혁은 균역법(均役法)으로 실현되었으며, 군사(君師)의 군주상은 영조와 정조, 그리고 고종에 의해 수용되었다. 율곡의 서얼차대에 대한 비판은 서얼의 청직(淸職) 진출을 허용하는 허통(許通)으로 이어지고, 전통적인 상부상조의 계(契)와 연결시켜 실행한 향약(鄕約)은 기호 지방 향약의 표준이 되었다. 노비를 양인(良人)으로 올리는 속량(贖良)을 요청하거나 노비와 상전의 관계를 군신(君臣) 관계로 보아야 한다고 주장한 율곡의 개방적 신분 사상도 조선 후기 개혁 사상가들의 지표가 되었다. 이조의 낭관(郎官)이 후임자를 추천하는 낭천권(郎薦權)도 율곡의 비판을 계기로 영조 때 혁파되었다.

율곡의 학문도 조선 후기 관학의 표준이 되었다. 대표적 저서인 『성학집요』는 송나라 진덕수(眞德秀)가 지은 제왕의 정치 지침서인 『대학연의(大學衍義)』와 쌍벽을 이루는 경연의 교재가 되었다. 경연이란 임금과 신하가 하루에 세 번씩 유교 경전을 읽으면서 정책을 토론하는 최고 수준의 군왕 교육 제도로서 여기서 교재로 채택된다는 것은 공자, 맹자, 주자 등과 어깨를 나란히 하는 최고의 학문적 권위를 갖는다는 의미다. 경연의 교재 가운데 우리나라 학자가 지은 저서는 『성학집요』가 유일하다는 점을 고려하면 그의 학문적 위상이 어느 정도인가를 알 수 있다.

율곡은 조정에 나가면 직언을 서슴지 않는 충신의 모습을 보였지만, 처가가 있었던 해주(海州) 석담(石潭)이나 고향 파주로 돌아가면 학자와 교육자로 변신하여 저술과 제자 교육에 전념했다. 그의 교육

사상은 『격몽요결(擊蒙要訣)』, 「은병정사학규(隱屛精舍學規)」, 「학교모범(學校模範)」 등으로 나타났는데, 그 가운데 특히 『격몽요결』은 주자와 그 제자가 지었다고 하는 『소학(小學)』과 아울러 초학자의 교육 지침서로서 널리 읽혀 지금까지도 애독되고 있다.

율곡이 살았던 16세기는 철학사에서 이기론(理氣論)과 심성론(心性論)이 화려하게 꽃핀 시대였다. 서양에서도 당시에는 이런 심오한 철학 논쟁이 아직 없었다. 그 가운데 개성의 화담 서경덕(花潭 徐敬德)은 주기론(主氣論)으로 이름을 날렸고, 예안의 퇴계 이황은 이기이원론(理氣二元論)으로 일가를 이루었는데, 율곡은 이 모두를 뛰어넘어 이(理)와 기(氣)가 하나로 통합되어 있다는 이기이원적 일원론(理氣二元的 一元論)을 주장하여 새로운 지평을 열어 놓았다. 주자를 비롯한 송 대 성리학자들은 이기론으로 우주와 인간의 본질을 추구하면서도 깊이 있게 파고들지 못했는데, 율곡은 이를 좀 더 심층적으로 발전시켜서 이와 기의 관계를 대립적인 것이 아니라 하나의 통합체로 보고, 인심(人心)과 도심(道心), 사단(四端; 인의예지(仁義禮智))과 칠정(七情; 희로애구애오욕(喜怒哀懼愛惡欲))의 관계도 이런 통합적 시각에서 새롭게 해석함으로써 종전에 칠정을 기(氣)의 발동으로만 보던 것에서 벗어나 칠정에도 착한 이(理)가 내포되어 있는 것으로 재해석했다.

결과적으로 율곡의 이기론은 선악이분론(善惡二分論)의 극복을 의미하며 또한 성선설(性善說)을 더욱 적극적으로 강조함으로써 인간에 대한 보편적 사랑과 신뢰를 높여 놓았다. 이런 시각으로 신분 사회를 바라보면 당연히 신분을 초월하여 평민이나 서얼, 천민에 대한 시각이 따뜻해질 수밖에 없다. 율곡이 향약에서 평민과 서얼, 노비를 적극적으로 참여시키고, 교육 제도에서도 평민, 서얼의 참여를 허용하고, 서얼의 허통과 노비의 속량에 대해서도 적극적이었던 이유가 여기에 있었던 것이다.

율곡은 자신의 가정적 후계도 서출의 두 아들에게 넘겼으며 자신의 비복뿐 아니라 모든 비복에 대해서도 함부로 형벌을 가하지 말 것을 당부했다. 가정 형편이 어려운 형제의 가족까지 모두 끌어안아 수십 명의 가솔을 거느리고 살면서 경제적으로 몹시 쪼들렸던 것도 그의 따뜻한 인간성 때문이었다. 아버지의 재산을 7남매가 분배한 「분재기(分財記)」를 보면 율곡이 누이들보다도 더 적게 받고 있음이 보인다.

그러면 양반(兩班)과 상민(常民)이 점차로 분화되고, 서얼차대가 심화되던 시절에 율곡이 보여 준 따뜻한 포용력과 애민 정신은 어디서 오는 것일까? 독서에 의해서만 인간성이 형성되는 것은 아니다. 성장기의 체험이 인격 형성에 영향을 준다는 점도 고려할 필요가 있을 것이다. 이와 관련하여 어머니 사임당의 감화를 간과할 수 없다.

율곡은 천품이 착하고 영리했으며 과거 시험에 아홉 번이나 장원으로 급제할 만큼 천재적인 두뇌를 가진 인물이었지만, 인간적으로 본다면 소년기의 율곡은 거의 죽고 싶은 충동을 느낄 만큼 심각한 심리적 갈등도 겪었다. 과거 시험 합격도 단번에 된 것이 아니라 여러 차례 도전 끝에 성공한 것이었다. 청소년기의 율곡은 결코 정신적으로 행복한 사람이 아니었다.

그는 태어나서 6년간 외가에서 자라면서 어머니 사임당으로부터 학문을 배웠는데, 일생의 절반을 남편과 떨어져 지내면서 홀어머니를 그리워하고 봉양하며 살았던 사임당의 애절한 눈물을 수없이 목도했다. 50세까지 벼슬을 얻지 못하고 한량처럼 지냈던 아버지 이원수(李元秀)의 존재는 사임당에게나 율곡에게나 버거운 짐이었다. 이런 상황에서 학문과 덕성을 겸비하고 여기에 예술적 재능까지 갖춘 어머니 사임당은 단순한 어머니가 아니라 존경하고 연모하는 우상이기도 했던 것이다.

어머니에 대한 율곡의 감정이 어떠했는가를 보여 주는 비극적인 사건은 바로 16세에서 20세 사이에 일어났다. 16세에 아버지를 따라 평안도에 다녀오느라 임종도 지켜보지 못한 가운데 어머니를 잃은 율곡은 심한 정신적 허탈감과 갈등에 빠져 19세에 가족에게 알리지도 않고 가출하여 1년간 금강산의 승려가 되었다. 당시 생불(生佛)이 나타났다는 소문까지 퍼질 정도로 불교에 깊이 중독된 그의 승려 생활은 율곡의 일생 중 가장 가슴 아픈 상처로 남았다.

성리학이 국시(國是)로 지배하던 시대에 불교에 귀의했다는 것은 용납하기 어려운 이단아가 되었다는 것을 의미하며, 아버지를 비롯한 가족에게 알리지도 않고 가출한 것은 강상(綱常)의 윤리를 어긴 불효에 해당한다. 이단과 불효가 무엇인지를 모를 리 없는 율곡이 한때나마 이런 길을 택했다는 것은 역설적으로 그의 인간적 고뇌가 얼마나 깊었던가를 말해 준다. 그는 누군가를 열렬히 사모했고, 반사적으로 누군가를 미워한 감정을 이렇게 이단과 불효의 길로 풀려고 했던 것으로 보인다. 그가 미워한 인물은 아마도 열렬히 사랑했던 인물을 괴롭힌 대상이었을 것이다.

1년간의 방황을 끝내고 돌아온 율곡은 유학을 공부하면서 과거 시험에 매진했으나 한동안 선비 사회에서 손가락질을 받고 과거 시험장에서 옆에 앉는 것조차 거부당하기도 했다. 요샛말로 왕따를 당한 것이다. 고독과 방황이 또 다른 고독과 방황으로 이어진 셈이다. 그는 그때의 심정이 죽고 싶도록 분하고 부끄러웠다고 임금에게 말하기도 했다. 하지만 이런 청소년기의 고뇌와 시련이 율곡을 한층 성숙한 인간으로 만드는 약이 되었을 것이다. 율곡의 인간적인 위대함은 청춘기의 심적 고통을 슬기롭게 극복한 인물이라는 점에서도 찾을 수 있다. 위인은 위기를 극복한 사람이라는 것을 율곡이 보여 주는 것이다.

율곡이 뒷날 인간의 칠정을 이(理)와 기(氣)의 통합체로 보면서 성선설에 무게를 더 많이 둔 이면에는 두 가지 원인이 감지된다. 하나는 기쁨과 슬픔, 사랑과 증오, 두려움과 욕망을 다양하게 체험하면서 살아온 자신의 정체를 긍정적으로 받아들이면서 개과천선의 희망을 잃지 않고 자신을 참선비이자 성인(聖人)으로 이끄는 채찍으로 삼으려는 마음이 담긴 것일 수도 있다는 점이다. 율곡이 평생을 두고 자신의 지난날 과오를 토로하면서 참회하는 자세를 한시도 버리지 않은 것에서 그런 마음을 읽을 수가 있다.

또 하나의 원인은 모든 사물을 대립과 갈등으로 보지 않고 원융(圓融)과 통합(統合)으로 바라보려는 불교의 세계관에서 영향을 받았기 때문인 듯하다. 그가 불교를 버리고 유학으로 돌아온 것은 현실을 가환(假幻)으로 보려는 불교의 비현실주의를 버린 것이지 우주를 포용적 조화 관계로 보려는 통합적, 상생적 세계관마저 버린 것으로는 보이지 않는다. 그는 불교의 영성(靈性)으로 자신의 마음의 때를 씻고, 유교의 이성적 지성(知性)으로 현실 세계의 때를 벗기고 이상 사회로 이끌려고 노력한 것으로 보인다.

율곡이 49세로 길지 않은 생애를 마감한 것은 타고난 명(命)도 있겠지만, 자신이 스스로에게 가한 채찍을 감당하지 못한 결과일 수도 있다. 그가 남긴 주옥같은 저서와 글 들을 보면 조정에 나가 있거나 향촌에 물러나 있거나 한시도 쉬지 않고 온몸을 던져 최선을 다하고 있는 모습이 보인다. 건강도 좋지 않았던 그의 에너지가 얼마나 소진되고 있었는지를 짐작하고도 남는다.

율곡의 우상이었던 사임당도 냉철한 이성과 따뜻한 영성을 겸비한 여성이었던 듯하다. 집 안에 불경(佛經)이 있었다는 것으로 보아 아버지 이원수의 정서도 비슷했던 것 같다. 유년기의 교육은 거의 전적으로 어머니와 외할머니가 맡았으며, 기묘명인(己卯名人)의 한 사람으로 강직하기로 소문난 외할아버지 신명화(申命和)의 기질도 이어받았던 것으로 보인다.

율곡은 단 한 번도 유배를 간 일이 없었다. 그래서 그를 행복한 선비로 볼 수도 있다. 하지만 그는 유배보다 더 아픈 고통을 자신에게 씌우고 그 고통 속에서 자신을 키우고, 임금을 키우고, 후진을 키우고, 그리고 죽어서 더 많은 추종자를 키워서 이 나라의 빛이 되었다. 그가 벼슬을 버리고 낙향한 것이 정확하게 몇 차례인지는 알 수 없으나, 대충 잡아도 수십 회에 이를 것이다. 그러나 딱히 안정된 생활 공간을 만들어 놓고 간 것은 아니다. 임금에게 실망하여 떠난 것일 뿐이다. 그렇다면 그의 낙향은 자신이 스스로 보낸 유배나 다름없다. 이렇게 그는 49년의 길지 않은 인생을 길고 굵게 살았다.

5000원권 지폐에 그려진 율곡의 초상화를 다시 보면서 이제 우리 자신을 돌아볼 시간을 가져야 할 필요가 있다. 정치가로서, 학자로서, 교육자로서 역사에 긴 여운을 남기고 떠난 율곡은 왕조 시대의 위인으로만 머물러야 하는지, 아니면 430년의 시간을 뛰어넘어 우리 곁으로 다시 돌아와야 하는지 스스로 물어야 할 것 같다. 그의 초상화는 이미 우리 곁에 늘 함께 살고 있다. 하지만 그의 마음은 어디까지 우리 곁에 와 있을까?

율곡이 우리에게 남겨 준 교훈을 크게 두 가지로 보고자 한다. 하나는 자기 시대의 문제를 외면하지 않고 개선하려는 치열한 정열과 정신이다. 그 정신은 무엇인가? 한마디로 도덕을 바탕으로 한 경장만이 살 길이라는 부르짖음일 것이다. 경장은 기성 질서를 그대로 지키려는 수구도 아니고 기성 질서를 송두리째 바꾸려는 혁명도 아니다. 기성 질서를 큰 테두리에서 그대로 지키면서 시의에 맞지 않는 문제를 과감하게 고쳐 민생을 향상시키고 국가를 강하게 만드는 일이다. 말하자면 온건한 중도적 개혁이다. 그리고 그 바탕에 인간의 도덕적 자기완성을 강력하게 요구했다. 우리 사회가 오늘날 요구하는 가치관도 크게 보면 이런 범주를 벗어나지 않아야 할 것이다.

율곡이 남긴 또 하나의 교훈은 사물을 대립과 갈등으로 보지 않고, 통합과 절충을 존중하는 세계관이다. 형이상의 이(理)와 형이하의 기(氣)를 대립으로 보지 않는 그의 이기론이 그렇고, 여기서 파생된 인성론 또한 선악에 대한 엄격한 양분론을 거부하면서 인간에 대한 보편적 사랑을 강조하고 있으며, 그 연장선상에서 신분 차별에 대한 거부감이 나타난다. 이런 세계관도 오늘날 극한적 대립과 갈등으로 치닫고 있는 우리 사회에 대한 경고로 보인다.

그동안 우리 학계에는 율곡에 관한 적지 않은 연구가 축적되었다. 철학도는 율곡의 이기론을, 사회 과학도는 율곡의 사회 개혁 사상을, 교육학도는 율곡의 교육 사상을 중점적으로 다루어 왔다. 그런데 뜻밖에도 역사학도의 연구는 상대적으로 부진하다. 역사학의 장점은 한 인간을 부분으로 나누어 보는 것이 아니라 전체 상을 합쳐서 보는 것이라 할 때 역사학적 접근은 매우 필요하다.

필자는 약 40년 전에 『율곡전서』를 읽고 노트에 요점을 정리한 일이 있다. 그 두툼하고 낡은 노트가 지금 나의 책상에 놓여 있다. 컴퓨터가 없던 시대였으므로 펜으로 적은 것이다. 그 뒤로 1980년에 『율곡어록(栗谷語錄)』을 번역하여 조그만 문고본으로 낸 일이 있었다. 거기에 율곡에 관한 간단한 해설을 넣었다. 또『조선 전기 사학사 연구』(1983년)에서 율곡의 역사의식을 한 장(章)으로 넣기도 하고,『조선 전기 사회 사상 연구』(1983년)에서 율곡의 향약, 즉 향촌자치론을 서술한 일도 있다. 그리고 최근에 『한국 선비 지성사』(2010년)에서 조선 시대 대표적 선비의 한 사람으로 율곡을 소개했다. 그것이 전부다.

조선 시대 사상사를 공부하면서 나는 넘어야 할 큰 봉우리가 두 개 있다고 믿었다. 조선 왕조의 건국을 설계한 삼봉 정도전(三峰 鄭道傳)이 하나의 큰 봉우리이고, 늙고 병든 조선 왕조를 혁신하여 왕조의 수명을 연장시키려고 노력한 200년 뒤의 율곡이 또 하나의 큰 봉우리다. 정도전을 모르면 조선 전기를 이해할 수 없고, 율곡을 모르면 조선 후기를 알 수 없다고 생각했다.

이렇게 큰마음을 먹고 먼저 정도전에 관한 평전『왕조의 설계자 정도전』(1999년)을 냈으나, 『율곡 평전』은 40년간 부분적으로 만지작

거리다가 세월을 보내 버렸다. 다른 연구에 몰두하느라 율곡을 잊고 있었던 것도 사실이다. 그런데 드디어 나에게 율곡의 평전을 써 볼 기회가 뜻밖에 찾아왔다. 경기문화재단에서 경기도 인물 평전을 기획하면서 율곡을 써 보라는 제의를 해 온 것이다. 걱정도 되었지만 오랜 숙원의 하나를 풀 수 있는 계기가 될 듯하여 선뜻 승낙했다. 연구비까지 받았으니, 더욱 고마울 수밖에 없다.

율곡을 다시 조명하면서 나는 겉으로 드러나는 그의 천재성이나 그의 사상과 정치적 행적을 미화시키기보다는 차라리 그의 인간성을 내면에서 관찰하면서 인간으로서 고뇌하는 모습을 내보이고 싶었다. 그러다 보니 좋은 점, 밝은 점만을 찾지 않고, 흠이나 약점이 될 수 있는 부분도 숨기지 않기로 했다. 이 세상에 약점이나 흠이 없는 위인이 어디에 있는가? 오히려 자신의 약점과 흠을 슬기롭게 극복했기 때문에 위인이라고 보는 것이 옳을 터이다. 위인을 이런 시각에서 바라보아야 위인과 우리의 대화도 진솔해지고, 위인과의 거리도 그래야만 더 가까워질 수 있을 것이다.

2013년 2월
이화여대 이화학술원 연구실에서
한영우

일러두기

1. 본문에서 인물은 대개 본이름으로 칭했으나, 율곡 이이는 인용문을 제외하고는 율곡으로 칭했다.
2. 맞춤법과 띄어쓰기는 한글 맞춤법과 외래서 표기법에 따랐다.
3. 단행본은 『 』로 표시했고, 개별 작품은 「 」, 정기 간행물을 《 》로 표시했다.

차례

머리말 율곡은 어떤 인물인가   5

1부 치열한 정열을 지닌 개혁가

1_ 한량 같은 아버지, 우상적 존재 어머니   27
    아버지 가계와 형제들   27
    각별한 외가와 어머니 사임당   37
    순절한 아내 곡산 노씨   49
    율곡의 가산(家産)과 가정 경제   52

2_ 용이 나타난 아이, 일곱 번 장원 급제하다   58
    유년기의 전설   58
    어머니를 잃은 슬픔으로 금강산 승려가 되다   63
    '아홉 번 장원한 분'   75
    엘리트 코스의 벼슬길에 오르다   80

3_ 왕도 정치를 꿈꾸며 경장을 주장하다　　　　　　　83
　　새 임금 선조를 맞이하다　　　　　　　　　　　　83
　　『동호문답』을 통해 정치관을 피력하다　　　　　　85
　　청주 목사에 임명되어 향약을 시행하다　　　　　　91
　　첫 번째 「만언봉사」를 올리다　　　　　　　　　　94
　　제왕학의 교본 『성학집요』를 편찬하다　　　　　　99

4_ 동서 분당의 소용돌이 가운데 서다　　　　　　　103
　　동서 양당의 중간에서 조제 보합을 호소하다　　　103
　　해주에서 형제들과 동거하면서 「동거계사」를 만들다　107
　　파주에서 두 번째 「만언봉사」를 올리다　　　　　110
　　해주에서 『격몽요결』을 편찬하고 향약을 실시하다　115

5_ 중쇠기의 위험을 경고하며 점진적 개혁책을 제시하다　119
　　해주 석담에서 『기자실기』를 저술하다　　　　　119
　　호조 판서로서 경제사 설치를 건의하다　　　　　122
　　「학교모범」, 「인심도심도설」 등을 지어 올리다　　129
　　세 번째 「만언봉사」를 올리다　　　　　　　　　131
　　병조 판서로서 군정 개혁을 추진하다　　　　　　137
　　동서 갈등의 격랑 속에서 생애를 마감하다　　　　145

6_ 선비 사회의 추앙을 받다　　　　　　　　　　154
　　율곡 문인들의 칭송과 문집 간행　　　　　　154
　　인조반정 이후의 본격적 추숭 사업　　　　　155
　　군사를 실현한 영조와 정조의 추숭 사업　　156
　　각지의 서원에서 율곡의 학덕을 기리다　　　157
　　율곡의 대표적 문인들　　　　　　　　　　　161

2부 시대를 통찰한 선각자

7_ 토붕와해의 위기를 벗어날 길은 경장뿐이다　　165
　　체계적 경장 사상의 시작 『동호문답』　　　　165
　　선조를 향한 직설적 진언 「만언봉사」　　　　174
　　왕도 정치 사상서의 백미 『성학집요』　　　　177
　　경장의 추진 기구로 경제사 설치를 주장하다　199

8_ 민생을 살피는 현실적 향약을 시행하다　　　203
　　조선 현실에 맞춘 율곡의 향약　　　　　　　203
　　청주 목사로서 만든 서원향약　　　　　　　　208
　　문헌서원 유생을 대상으로 한 해주향약　　　217
　　야두촌 촌민을 대상으로 한 사창계약속　　　233
　　해주목에서 운영된 해주일향약속　　　　　　256

9_ 사랑과 포용의 철학 269
　　이기철학의 새로운 경지, 이기이원적 일원론 269
　　인간 존재에 대한 전면적 긍정 275
　　이단에 대한 부분적 포용 282

10_ 참교육을 실천한 스승 288
　　초학자를 위한 지침서 『격몽요결』 289
　　율곡의 교육관을 실현한 「은병정사학규」 303
　　선비가 되기 위한 엄격한 규범 「문헌서원학규」 307
　　공교육 제도를 개혁하기 위한 「학교모범」 310

11_ 다시 보는 율곡 324

　　주 331
　　연보 341
　　찾아보기 353

1부

치열한 정열을 지닌 개혁가

1 한량 같은 아버지, 우상적 존재 어머니

○○ 아버지 가계와 형제들

인간의 인격 형성에서 유년기의 가정 환경은 중요한 요소가 된다. 율곡 이이도 예외가 아닐 것이다. 율곡의 유년기 인격 형성에 영향을 크게 준 것은 두말할 필요도 없이 부계와 모계의 전통이라고 볼 수 있다. 먼저 부계를 알아보기로 한다.

율곡의 본관은 덕수(德水)다. 『세종실록』 「지리지」를 보면 덕수는 개성부(開城府)에 속한 속현(屬縣)으로서 이씨는 덕수의 일반 성(姓) 가운데 하나이므로 일반 평민으로 살아왔던 것으로 보인다. 『덕수이씨보』를 보면 시조 이돈수(李敦守)는 고려 말 고종 때 중랑장(中郞將; 정5품)을 지낸 무관이고, 그 아들 이양준(李陽俊)도 보승장군(保勝將軍; 정7품)의 무관직을 지냈다. 문과에 급제한 문관이 나온 것은 3세인 이소(李劭)부터인데 그는 비서직에 해당하는 합문지후(閤門祗侯)와 전법 판서

(典法判書; 정2품, 조선 시대 형조 판서에 해당)에 이르렀다. 그 뒤 4세 이윤온 (李允蒀)은 민부 전서(民部典書) 또는 판도 판서(版圖判書; 조선 시대 호조 판서에 해당)를 지냈고, 5세 이천선(李千善)은 공민왕 때 원나라의 황후가 된 기씨(奇氏)의 오라비로서 횡포를 자행하던 기철(奇轍)을 제거하는 데 공을 세워 수사공주국낙안백(守司空柱國樂安伯)이 되었으며, 그 아들 이인범(李仁範)은 정당문학(政堂文學)과 예문관 대제학(大提學; 정2품)을 지냈다.

이렇게 고려 말에 신흥 사족(士族)으로 등장한 덕수 이씨는 조선 왕조에 들어와서도 계속 벼슬을 이어 갔다. 7세 이양(李揚)은 문과나 사마시에 급제한 사실이 없었지만 세종 대에 공조 참의(工曹參議; 정3품)를 지냈는데 중국에 사신으로 갔을 때 한정된 양 이상의 물품을 가지고 가서 판매한 죄로 한때 관직을 삭탈당하기도 했으나 세종은 그가 태종과 사생을 같이하기로 맹서한 인물임을 고려하여 용서해 주었다.[1]

이양의 아들 이명신(李明晨; 1368~1459년)은 심종(沈淙; 공신 심덕부(沈德符)의 아들)의 사위가 되었다. 심종은 태조의 차녀인 경선 공주(慶善公主; 한비(韓妃) 소생)를 아내로 얻어 태조의 부마가 된 인물이었으므로, 이명신은 태조의 사위의 사위가 된 것이다. 즉 왕실의 척리(戚里)가 되었다. 더욱이 이명신의 장인 심종은 바로 세종의 장인인 심온(沈溫)의 친형이기도 하여 세종은 문과나 사마시에 급제하지 않은 이명신에게 지중추부사(知中樞府事; 정2품)와 동지돈녕부사(同知敦寧府事; 종2품)의 높은 벼슬을 주어 우대했다. 세조 때에는 홍주 목사(洪州牧使; 정3품)에까지 올랐는데 선정을 베풀어 죽은 뒤에 김종직(金宗直)이 만사(輓詞)를 써서 애도해 주기도 했다.

이러한 율곡의 선계(先系)와 왕실 및 청송 심씨와의 인척 관계는 율곡 자신에게도 깊은 인연으로 이어졌다. 율곡은 만년에 동인 계열의 반대파로부터, 왕실의 외척으로서 권력을 잡고 있던 심통원(沈通源; 1499~1572년)의 집에서 길러지고, 그의 종손(從孫)인 심의겸(沈義謙; 1535~1587년)의 각별한 후원을 받아 청현직(淸顯職)을 얻었다고 공격당한 바 있다. 구체적으로 말하면, 율곡이 금강산에서 하산하여 성균관에서 문묘에 참배할 때 유생들이 그가 승려가 되었던 것을 꺼리며 성균관에 들어오지 못하게 하는 등 따돌림을 하고 있었는데, 사람을 보내 성균관 유생들을 무마시켜 준 이가 심통원이었다고 한다. 어린 율곡이 그에게 부탁하여 그리된 것은 아닐 터이고, 아마 아버지 이원수가 부탁하여 도와준 것으로 보이지만 확실한 근거는 없다.

심통원은 명종 비 인순 왕후(仁順王后)의 종조부로서 윤원형(尹元衡), 이양(李樑)과 더불어 권력을 남용한 외척 삼흉(三凶)의 한 사람으로 지목되고 있었는데, 선조 즉위 후 율곡은 육조의 낭관들과 더불어 심통원을 도적과 다름없는 인물로 공격하여 관작을 삭탈하도록 만드는 데 일조했다.[2] 율곡으로서는 고뇌에 찬 결단이었을 것으로 짐작된다.

심의겸은 심통원의 종손이자 인순 왕후의 친동생으로서 출신은 외척이었지만 정치적 행보는 외척의 횡포를 용납하지 않은 깨끗한 인물이었다. 명종 대 윤원형 등과 더불어 횡포를 일삼던 외삼촌 이양을 탄핵하여 쫓아낸 사람도 바로 그였다.

율곡과 심의겸은 나이도 비슷할 뿐 아니라 이념도 비슷하고, 여기에 청송 심씨라는 인맥까지 작용하여 매우 절친한 사이였다. 율곡이 문과에 급제한 뒤에 바로 요직인 호조, 예조, 병조, 이조의 좌랑(佐郎; 정6품)을 거쳐 청직인 사간원 정언(正言; 정6품), 사헌부 지평(持平; 정5품), 그리고 홍문관 교리(校理; 정5품)에 오른 것은 아무리 그가 아홉 번이나 시험에 장원한 우수한 인물이라 하더라도 매우 파격적인 것이었다. 그래서 율곡이 심의겸의 후원 덕에 청요직에 나갈 수 있었다고 주장하는 반대파의 말도 전혀 근거가 없다고 보기는 어렵다. 율곡이 서인(西人)과 동인(東人)의 조제(調劑)와 보합(保合)을 강조하는 중립적 입장을 지니고 있으면서도 궁극적으로는 서인에 친화적일 수밖에 없는 이유가 여기에 있었을 것이다.

시조로부터 8세손이고 율곡의 오대조이기도 한 이명신을 고비로 하여 그 후손은 4대에 걸쳐 그다지 현달하지 못했다. 이명신의 아들 이추(李抽)는 문과에 급제하지 못한 가운데 지온양군사(知溫陽郡事; 종4품)를 지냈고, 이추의 아들 이의석(李宜碩)은 진사를 거쳐 경주 판관(慶州判官; 종5품)에 이르렀다. 이의석의 아들 이천(李蕆)은 벼슬이 없었고, 사마시에도 급제하지 못했다. 이천의 부인은 홍귀손(洪貴孫)의 딸인데 율곡의 할머니다. 그런데 뒷날 율곡은 외할머니의 묘지명은 썼으면서도 할머니에 대한 언급은 거의 없어서 이상할 정도이다. "할머니가 연로하여 가사를 돌보지 않았기 때문에 어머니가 가사를 주도했다."라는 언급만이 「선비행장(先妣行狀)」에 보이고 있어서 마치 어머니에게 고통을 준 할머니 정도로만 비쳐진다.

할머니의 아버지 홍귀손에 대한 언급도 없어서 어떤 가계를 가졌는지 알 수 없는데, 할아버지가 벼슬이 없는 것으로 보아 할머니도 명문가의 딸은 아닌 듯하다. 하지만 며느리 사임당이 수시로 서울 시댁을 떠나 몇 년씩 강릉 친정집에 가 있어도 이를 용납했다면 그 시어머니도 며느리의 복종만을 강요하고 압박하는 권위주의적인 여성만은 아니었던 듯하다. 이천의 아들이자 이명신의 고손자가 이원수로서 바로 율곡의 아버지다.

율곡의 직계 4대조가 이렇게 현달하지 못한 것과는 대조적으로 율곡의 증조 이의석의 동생인 이의무(李宜茂; 1449~1507년)와 두 아들인 이기(李芑; 1476~1552년), 이행(李荇; 1478~1534년) 형제는 크게 현달했다. 특히 이기는 중종 때 우의정에 올랐다가 인종 때 대윤파(大尹派; 윤임(尹任) 일파)에 의해 탄핵을 받고 병조 판서로 강등되었는데, 명종이 즉위한 뒤에는 소윤파(少尹派; 윤원형 일파)와 손잡고 을사사화(乙巳士禍)를 일으켜 공신에 책봉되고 영의정에 올랐으나 선조가 즉위한 뒤로 작위를 모두 삭탈당했다. 그래서 그는 윤원형과 더불어 을사사화를 일으킨 이흉(二凶)으로 알려졌다.

이기의 아우인 이행은 대사헌을 지내면서, 연산군의 왕비로서 중종반정 후 폐비된 신씨(愼氏)의 복위를 반대하다가 조광조 일파의 비판을 받았다. 기묘사화로 조광조 일파가 몰락하자 대제학, 이조 판서를 거쳐 우의정에 올랐으며, 『신증동국여지승람(新增東國輿地勝覽)』 편찬을 주도한 후 좌의정에 올랐는데, 권신 김안로(金安老)의 배척을 받아 유배 생활을 하다가 세상을 떠났으나 뒤에 중종묘정(中宗廟廷)에 배향되었다. 문집으로 『용재집(容齋集)』을 남겼다.

율곡의 아버지 이원수(李元秀; 1501~1561년)는 사마시나 문과에 급제한 사실 없이 50세 되던 1550년(명종 5년)에 이르러 음직(蔭職)으로 수운판관(水運判官; 종5품) 벼슬을 받았는데, 그가 음직을 받게 된 이유를 알 수 없다. 고관을 지낸 고조 이명신의 후손이라는 점 때문으로도 볼 수 있지만, 그보다는 당대의 정치 거물인 당숙 이기의 배경이 더 컸던 것으로 보인다. 이원수가 벼슬자리를 얻기 위해 당숙의 집에 자주 드나들면서 놀았다는 이야기는 그런 추측을 더욱 뒷받침한다. 하지만 평판이 좋지 못한 당숙의 집에 남편이 출입하는 것을 본 사임당이 만류하여 발길을 끊었다고 한다.

이원수는 그후 내섬시(內贍寺)와 종부시(宗簿寺)의 주부(主簿; 종6품)를 거쳐 사헌부 감찰(監察; 정6품)에 이르렀다가 율곡이 26세 되던 해에 61세로 세상을 떠났다. 그때 율곡은 아직 벼슬길에 오르지 못하고 있었다.

『명종실록』을 편찬한 사신(史臣)의 사평(史評)을 보면, 이원수가 일찍이 불경을 좋아했다고 하면서, 이것이 율곡이 금강산에 들어가 승려가 된 원인 가운데 하나라고 말한다.[3] 이원수가 불경을 좋아했다면 그가 사마시나 문과를 통해 벼슬길에 나가지 못한 이유를 짐작할 수 있다. 율곡은 아버지의 성품이 척당(倜儻; 기개가 크고 호방함)하며 치산(治産)에 관심을 두지 않았다고 하는데, 이 말 속에는 불경이나 읽으면서 과거 시험이나 출세에는 관심을 두지 않았다는 뜻이 함축되어 있다. 아마 사임당의 입장에서 보면 한량처럼 50년을 살아온 남편이 일등 신랑감은 아니었을 것이다. 남편이 잘못을 저지르면 사임당이 규간(規諫; 규범을 가지고 충고함)했다는 말이 율곡이 쓴 어머니의 「선비행장」에 보이는데, 이로 미루어 보건대 부부간의 금슬이 썩 좋았던 것만은 아닌 듯하다.

하지만 아내 사임당이 시어머니와 남편을 떠나 친정집에서 몇 년간 지내면서 자신의 취향을 살리는 예술 작품을 남길 수 있도록 허용한 것을 보면 이원수는 아내에게 일방적 헌신만을 요구하는 완고한 인물은 아니었던 것으로 보인다. 역설적으로 말하면, 두 사람이 오래 별거하지 않았다면 사임당의 예술은 피어나지 못했을 것이다.

이원수는 아내의 죽음도 지키지 못했다. 그가 조운(漕運)을 담당하는 수운판관에 오른 1년 뒤에 큰아들과 율곡을 데리고 평안도에 가서 일을 마치고 배를 타고 돌아오던 도중에 사임당이 서울의 삼청동(三淸洞) 우사(寓舍: 빌린 집)에서 세상을 떠났다. 남편과 두 아들의 얼굴도 보지 못한 가운데 외롭게 눈을 감은 것이다.

어머니가 세상을 떠난 뒤에 아버지의 서모(庶母: 권씨)가 율곡을 사랑하지 않았다는 기록이 『명종실록』에 남아 있다.[4] 후손들은 그녀를 첩이 아니라 서모로 부르고 있지만, 만약 그녀가 사임당 생전에 있었다면 사임당의 심기를 편하게 하지는 않았을 것이다. 율곡이 쓴 「선비행장」에는 집에 희첩(姬妾: 시비(侍婢))이 있었다고 한다. 그 희첩 가운데서 서모가 나왔는지, 아니면 별도의 서모가 있었는지는 알 수 없으나, 그 서모와 율곡의 사이가 나빴던 것은 사실이다. 아마 서모가 희첩 출신이기 때문에 두 사람 사이가 나빴는지도 모를 일이다. 결과적으로 이것이 소년 율곡의 마음에 적지 않은 상처를 주었을 것으로 보인다. 율곡의 문인이나 제자들은 율곡이 서모에게 지극정성으로 효도를 다한 것으로 보고 있는데, 아마 이 말은 사실일 것이다. 하지만 서모에 대한 효도를 사임당에 대한 사랑과 존경하고 어떻게 비교할 수 있겠는가? 감수성 강한 16세 소년 율곡이 어머니를 여의고 나서 마음을 다잡지 못하고 결국 3년 뒤에 금강산으로 들어간 것은 어머니의 천복(薦福)을 비는 동시에 서모와의 갈등 속에서 허전하고 답답한 자신의 마음을 추스르기 위한 충동적인 행동이었던 것 같다.

이원수와 사임당은 4남 3녀의 자녀를 두었는데 장남 선(璿; 1524~1570년), 장녀 매창(梅窓), 이남 번(璠), 차녀, 삼남 이(珥), 삼녀, 사남 우(瑀)의 순이었다. 그러니까 율곡은 7남매 가운데 다섯 번째에 해당하고, 아들 가운데 삼남인 것이다.

큰형 선은 율곡보다 12세 연상이다. 진사를 거쳐 47세에 벼슬이 한성부의 남부 참봉(南部參奉; 종9품)에 이르렀으나 그해에 세상을 떠났다. 율곡은 큰형이 세상을 떠난 뒤에 묘지명을 썼는데, 형은 서울에서 출생하여 어려서는 가정에서 학문을 배웠으며, 여러 차례 과거 시험을 보았으나 급제하지 못하다가 41세에 성균관에 입학하고, 그 뒤 참봉의 벼슬을 얻게 되었다고 한다.

큰형수(?~1582년)는 습독관(習讀官)을 지낸 선산 곽씨 곽연성(郭連城)의 딸이다. 집은 충청도 회덕(懷德)이며 슬하에 2남 2녀를 두었는데 혼인한 지 15년 만에 과부가 되고 율곡보다 2년 앞서 46세로 세상을 떠났다. 율곡은 큰형이 세상을 떠난 뒤로 그 가족을 모두 품어 안고 살았다. 율곡이 해주(海州)에 복거할 때 형수가 회덕에 있던 조카들을 이끌고 해주로 왔으며, 율곡이 45세에 서울에 와서 벼슬하자 형수도 조카들을 이끌고 서울에 와서 우거(寓居)했다. 율곡의 말을 빌리면, 형수는 율곡이 동으로 가라면 동으로 가고 서쪽으로 가라면 서쪽으로 가면서 율곡의 말을 한 번도 거역한 일이 없었다. 이 말은 좋게 생각하면 매우 온순한 여성이라는 뜻이지만, 달리 해석하면 율곡에게 전적으로 의지하면서 살았다는 뜻도 될 것이다.

여기서 형수의 집안을 다시 보면, 아버지 곽연성이 습독관을 지냈다고 하는데, 습독관은 이문(吏文), 무학(武學), 의학(醫學), 천문학, 역학(譯學) 등 기술직을 가르치던 하급 기술직 관원을 가리킨다. 이들은 조선 후기에 중인(中人)으로 간주되던 신분층이기도 하다. 그래서인지 『청구씨보』와 『만성대동보』의 「선산곽씨보」에는 곽연성의 가계가 보이지 않는다.

둘째 형 번은 벼슬이 없는 데다 물정이 어둡고 아둔하여 매사를 동생 율곡에게 매달려 사는 처지였다. 율곡은 둘째 형을 극진히 공경했지만, 물적으로나 심적으로는 적지 않은 부담이 되었을 것이다. 특히 뒷날 율곡이 반대파인 동인으로부터 비판을 받을 때 해택(海澤)과 전지(田地)를 가지고 봉혼(奉訢)이라는 사람과 다투었다는 일도 거론되었는데, 이는 사실 이번이 동생 율곡의 이름을 빌려 소장(訴狀)을 올린 것이 와전된 것이다.[5] 이로 미루어, 둘째 형 이번은 종종 동생의 명성에 의지하여 경제적 이득을 취한 것으로 보이며, 이것이 뒷날 율곡의 명성에 오점을 남겼다.

율곡보다 6세 아래인 아우 우는 진사에 급제하여 여러 고을의 현감을 지내고, 뒤에는 군자감정(軍資監正; 정3품 당하관)에까지 올랐다. 어머니의 재능을 이어받아 거문고, 시, 글씨, 그림 등 금시서화(琴詩書畵)에 재능이 있었다 한다. 그래서 4형제 가운데 율곡이 의지하고 친구처럼 지낼 수 있었던 이는 아우뿐이었다.

율곡의 세 누이 가운데 이름을 떨친 이는 큰누나 매창이었다.

매창은 율곡보다 7세 연상으로서 어머니의 재능을 이어받아 그림에 능했는데 그녀가 그린 것으로 알려진 매화도(梅花圖)가 오늘날까지 전한다.

이상 율곡의 직계 조상과 방계 조상, 그리고 형제들의 내력을 살펴보았는데, 이러한 가계의 내력이 율곡에게는 어떤 영향을 주었을까? 조광조를 비롯한 사림(士林)의 입장을 적극 지지하던 율곡의 사상과 행적을 고려하면 덕수 이씨 선조들의 행적은 자랑스러운 점도 있지만 부담스러운 점도 없지 않았을 것이다. 하지만 좋고 나쁨을 떠나서 선조의 행적이 율곡의 출세와 처세에 적지 않은 영향을 미친 것은 사실이었다. 그것이 운명이라면 운명일 터이다.

동서 분당(東西分黨)으로 정계가 어수선할 때 율곡이 서인 심의겸의 편에 일단 선 것은, 심의겸이 비록 외척에 속하기는 해도 권신인 외삼촌 이양을 몰아내고 곧은 신하인 이준경(李浚慶)과 사림을 보호하려고 한 그의 행적에 공감한 까닭이기도 하겠지만, 청송 심씨와의 깊은 인연도 작용했을 것으로 보인다. 율곡의 오대조인 이명신이 심종의 사위였고, 심종 또한 태조의 부마였던 사실을 고려할 때 율곡과 심의겸은 왕실의 인척으로서의 공통된 피를 나누고 있었던 것이다.

율곡의 출생지는 강릉 외가이지만, 고향은 선영이 있는 파주 율곡이다. 그런데 본관인 덕수와 파주는 서로 마주 보고 있는 근거리이므로 본관지에서 그리 멀지 않은 곳에 율곡의 선계(先系)가 터 잡고 살아왔다는 것을 알 수 있다. 하지만 율곡의 일생을 보면 파주에서의 생활보다는 서울과 강릉, 그리고 처가가 있던 해주 석담(石潭)에서의 생활이 더 많은 흔적을 남기고 있다.

○○ 각별한 외가와 어머니 사임당

　율곡의 모친이 사임당 신씨(申氏)라는 것은 모르는 사람이 없을 것이다. 오늘날 사임당은 전통 시대 현모양처의 모범이자 높은 교양과 예술적 재능까지 갖춘 인물로 각인되어 있다. 그러면 사임당은 어떤 집안에서 태어나서 성장했으며, 어떤 품성과 재능을 지녔으며, 부부 생활은 어떠했으며, 율곡에게는 어떤 영향을 미쳤을까? 다시 말해 그녀가 현모양처라고 한다면 어떤 유형의 현모양처였을까를 알아보기로 한다.

　우선 율곡이 어머니 사임당과 외할아버지 신명화(申命和; 1476~1522년), 외할머니 이씨(李氏; 1480~1569년)에 대해 깊은 애정을 가지고 그들의 행장(行狀)을 썼다는 점을 주목할 필요가 있다. 이는 그가 얼마나 정서적으로 외가의 영향을 받았는지를 단적으로 말해 준다. 이제 그 행장들을 토대로 외가에 관한 이야기를 풀어 본다.

　사임당의 본관은 평산(平山)이다. 율곡이 쓴 외할아버지의 행장 「외조고진사신공행장(外祖考進士申公行狀)」과 「평산신씨족보」를 보면, 사임당은 진사 신명화의 다섯 딸 가운데 둘째 딸이다. 신명화는 진사에만 그치고 벼슬을 하지 못한 인물이지만, 그 선대는 당당한 벼슬아치 집안이었다. 직계 3대조만 보더라도 증조 신개(申槩; 1374~1446년)는 문과에 급제한 뒤 벼슬이 세종 때 예문관 대제학을 거쳐 좌의정에 올랐으며, 할아버지 신자승(申自繩)도 문과에 급제한 뒤 벼슬이 예종 때 성균관 대사성(大司成)에 올랐다. 하지만 아버지 신숙권(申叔權)은 음직으로 군수(郡守; 종4품)에 올랐고 신명화에 이르러 벼슬이 끊어졌다.

율곡이 쓴 행장을 보면 신명화는 비록 벼슬은 못했지만 성격이 곧아 중종 때 신진 사림들과 교유했다. 조광조 일파가 현량과(賢良科)를 실시할 때 윤은보(尹殷輔), 남효의(南孝義) 등이 현량으로 천거하기도 했지만 사양했는데 처신이 바르고 강직하여 기묘명인(己卯名人)의 한 사람으로 불리기도 했다.

율곡은 외조부의 강직한 성격에 존경심을 보이면서 그의 일화를 행장에서 소개하고 있다. 연산조 때 신명화가 아버지 상을 당했는데, 정부에서는 상기(喪期)를 짧게 하라는 단상법(短喪法)을 강력히 추진했지만 그는 여묘(廬墓)와 삼년상을 성실하게 수행했다. 또 어느 날 부인 이씨가 측간(화장실)에 다녀오다가 발을 잘못 디뎌 넘어질 뻔했는데, 딸들이 달려가 부축하여 웃으면서 돌아왔다. 신명화가 이를 보고 "부모가 기운이 없어 쓰러졌으면 걱정할 일이지 어찌 웃는 것이냐."라고 꾸지람하자 딸들이 부끄러워하면서 잘못했다고 빌었다. 이렇듯 매사에 엄히 가르치니 그 영향을 받아 다섯 딸들이 모두 현숙하게 자랐다.

또 중종 때 신명화의 장인 이사온(李思溫)이 친구와 모임을 약속했다가 일이 생겨 가지 못했는데, 사위인 신명화에게 몸이 아파서 가지 못했다는 내용으로 편지를 써 달라고 하자 신명화는 정색하면서 거짓말을 할 수 없다는 이유로 끝까지 거절했다고 한다. 중종 때 둘째 딸 사임당을 시집보낼 때는 조정에서 널리 처녀를 뽑아 간다는 잘못된 소문이 퍼져 민심이 흉흉했다. 이에 사대부 집에서도 예를 갖추지 않고 부랴부랴 딸을 시집보내고 있었는데, 신명화는 이런 풍속을 개탄하면서 홀로 예를 갖추어 혼사를 치렀으니, 그의 선(善)에 대한 고집이 이런 식이었다.

위에 소개한 일화를 볼 때, 신명화는 비록 벼슬은 못했지만 대대로 문과에 급제하고 대제학이나 대사성 같은 명예로운 문한직(文翰職)을 이어 온 가문의 전통이 몸에 배어 있는 고지식하고 예의 바른 인물이었음을 알 수 있다.

신명화는 성균관 생원이었던 용인 이씨(龍仁李氏) 이사온의 딸과 혼인했는데, 그녀가 바로 율곡의 외할머니다. 외할머니 이씨에 대해서는 율곡이 쓴 「이씨감천기(李氏感天記)」[6]와 「외조모이씨묘지명(外祖母李氏墓誌銘)」이 남아 있어 그녀의 면모를 알 수 있다. 특히 「이씨감천기」는 어머니가 세상을 떠난 2년 뒤인 18세(1553년, 명종 8년)에 외할머니가 아직 살아 있을 때 쓴 것이고, 「외조모이씨묘지명」은 외할머니가 세상을 떠난 1569년(선조 2년)에 쓴 것이다. 율곡이 외할머니에 관한 글을 두 편이나 남겼다는 것은 그가 외할머니를 얼마나 사랑하고 존경했는지를 보여 준다.

두 글에 나타난 외할머니의 아버지 이사온의 집안을 보면, 이사온의 할아버지 이유약(李有若)은 군수를 지냈으며 아버지 이익달(李益達)은 무관직인 병마우후(兵馬虞侯: 종3품 또는 정4품)를 지냈으나 이사온은 성균관 생원에 머물고 벼슬을 하지 못했다. 이사온은 참판 최응현(崔應賢)의 딸을 아내로 맞이하여 딸을 낳았는데, 그녀가 바로 신명화의 부인이요, 율곡의 외할머니다.

외할머니 이씨는 품성이 온화하고 부드러우며 말은 적고 행동은 민첩했으며 일은 신중하고 착한 일에는 과감했다. 학문(學文)을 조금 배워서 늘 『삼강행실(三綱行實)』을 암기하고 있었다. 어려서는 외할아버지인 참판 최응현의 집에서 성장했는데, 아마 외가에서 학문을 배운 것으로 보인다. 조금 커서는 아버지 이사온을 따라 강릉으로 왔으며, 신명화에게 시집온 뒤에는 서울로 와서 시부모를 모셨다.

그런데 친정어머니 최씨가 병이 들자 이씨는 시어머니 홍씨(洪氏; 신명화의 어머니)의 허락을 받고 강릉으로 돌아와서 극진히 간호하여 마을에서 소문이 자자했다. 어느 날 남편 신명화가 와서 함께 서울로 가기를 요구하자 이씨가 울면서 말했다. "여자는 삼종(三從)의 도(道)가 있으니 당신의 명을 따르지 않을 수 없으나, 첩의 부모는 모두 늙고 첩은 독녀(獨女)인데, 첩이 없으면 부모는 누구에게 의탁합니까? …… 한마디 부탁을 드린다면 당신은 서울로 가시고, 첩은 시골에 남아 각각 늙은 부모님을 모시는 것은 어떻게 생각하십니까?" 이에 신명화도 감읍하여 아내의 말을 따르기로 했다.

1521년(중종 16년)에 최씨가 세상을 떠났다. 이때 신명화는 서울에서 강릉으로 가던 중이었는데 여주에 이르렀을 때 장모 최씨가 세상을 떠났다는 소식을 듣고는 너무 슬픈 나머지 밥맛을 잃고 기력이 쇠하면서 병을 얻고 말았다. 횡성(橫城)을 거쳐 운교역(雲交驛)에 이르러서는 귀가 멀어 소리를 듣지 못하고 열기가 치솟았다. 진부역(珍富驛)에 이르렀을 때 창두(蒼頭; 노비) 내은산(內隱山)이 이곳에 머물자고 청했으나 신명화는 빨리 가는 것이 낫다고 하면서 길을 재촉했는데 횡계역(橫溪驛)에 이르자 피를 토하고 구산역(丘山驛)에 이르자 자리에 누워 일어나지 못했다. 이 소식을 듣고 강릉의 이씨와 친척들이 달려 왔으나 신명화는 말을 못하고 얼굴은 새까맣게 변한 채 피를 토했다.

이미 어머니를 잃어 정신이 없던 이씨는 남편까지 중병이 들자 7일간 밤낮을 가리지 않고 수많은 신(神)들에게 분향하면서 기도했다. 그래도 효험이 없자 이씨는 목욕을 하고는 몸에 지니고 있던 작은 칼을 꺼내 들고 외증조 최치운(崔致雲)의 무덤 뒷산으로 올라가 향을 피우고 하늘을 향해 절을 하면서 울부짖었다. "하늘이시여, 하늘이시여, 착한 사람에게는 복을 주고 악한 사람에게는 화를 주는 것이 하늘의 이치요, 착한 일을 쌓고 악을 물리치는 것은 사람의 도리입니다. 저의 양인(良人; 남편)은 지조가 깨끗하고, 행동에 흠이 없으며, 아버지 상을 당하여는 단상하라는 조정의 명도 어기고 밥을 굶으면서 시묘하고 3년간 상을 치렀는데, 하늘이 만약 선악을 살피신다면 어찌 이토록 가혹한 화를 내리십니까? 저와 남편은 각각 서울과 지방에서 16년간 떨어져 살면서 자기 부모를 모셨는데, 이제 어머니 상을 당한 처지에 남편의 병까지 낫지 않으니 누구에게 의탁해야 합니까? 하늘과 땅의 이치는 하나로서 틈이 없는 것이니 하늘이시여, 하늘이시여, 하정(下情)을 굽어살피소서." 이렇게 말한 후 이씨는 작은 칼로 왼손 중지 두 마디를 자르고 하늘을 향해 다시 가슴을 치면서 말했다. "저의 성경(誠敬)이 이래도 지극하지 않은 것입니까? 신체의 발부는 부모에게서 받은 것으로 훼손해서는 안 되는 것이지만 저의 하늘은 남편으로서 만약 하늘이 세상을 떠난다면 어떻게 홀로 살 수 있겠습니까? 원컨대 저의 몸으로 지아비의 명(命)을 대신하게 하여 주십시오. 하늘이시여, 하늘이시여, 저의 작은 정성을 굽어살피시옵소서." 기도가 끝나자 다시 외증조의 묘에 절을 하면서 말했다. "살아계실 때 어진 재상이셨으니 저세상에서도 반드시 영령(英靈)이실 것입니다. 하느님께 저의 뜻을 고해 주시옵소서." 일을 끝내고 돌아온 이씨는 아무런 난색도 보이지 않았고, 오직 남편이 알까 봐 걱정했다. 이 무렵 가뭄이 오래 들었는데, 갑자기 검은 구름이 몰려들고 우레가 치고 비가 내렸다. 이튿날 아침 둘째 딸 사임당이 아버지 침상 곁에 앉았다가 잠깐 꿈을 꾸었는데, 하늘에서 대추만 한 약이 내려오니 신인(神人)이 그것을 받아 신명화에게 먹이는 꿈이었다. 그날 신명화가 눈을 뜨고 작은 소리로 "내일 병이 나을 것이다."라고 말했다. 그걸 어떻게 아느냐고 친척이 묻자 신명화는 "신인이 와서 알려 주었다."라고 대답했다. 과연 이튿날 병이 나았는데, 마을 사람들이 놀라서 말하기를 "정성이 감동을 주었기 때문"이라고 했다. 조정에서 이 소문을 듣고 이씨에게 정려(旌閭)를 내렸다.

　이 소설 같은 일화는 아마도 어머니 사임당에게 들은 이야기로 보이는데, 율곡은 이 이야기를 기록하여 삼강(三綱)의 모범적 실천자인 외할머니에 대해 말할 수 없는 존경을 보내고 있는 것이다. 그런데 율곡이 이렇게 외할머니를 각별히 생각한 것은 외할머니의 행적 때문만이 아니다. 그가 강릉 외가에서 태어나 외할머니 손에서 6년간 자랐기 때문에 더욱 남다른 정을 느꼈으리라 짐작된다.

　신명화는 서울에서 47세로 세상을 떠났는데, 이씨는 90세까지 장수하여 강릉의 북평촌(北坪村) 집에서 외롭게 살았다. 딸 사임당보다도 18년을 더 오래 산 것이다. 서울로 시집온 사임당은 항상 홀어머니를 그리면서 눈물을 흘리는 일이 많았고, 수시로 친정살이를 하면서 친정어머니를 봉양했다.

　강릉에 있는 사임당의 친정집을 오늘날 오죽헌(烏竹軒)이라고 부르는데, 그 내력을 잠깐 살펴볼 필요가 있다. 원래 이 집은 외할머니의 아버지 이사온이 물려준 것인데, 이사온은 이 집을 장인인 참판 최응현에게서 물려받았다. 외할머니가 세상을 떠난 뒤에 이 집은 다시 넷째 사위 권화(權和; 율곡의 이모부)의 아들인 외손자 권처균(權處均)에게 상속되었는데, 오죽헌이라는 당호(堂號)는 그가 지은 것이었다. 따라서 율곡이 태어날 당시에는 오죽헌이라는 이름이 없었다. 사임당은 바로 그 친정집에서 율곡을 낳았다. 당시 여인이 출산할 때에는 친정어머니가 뒷바라지를 하는 것이 관행이었기 때문이기도 하지만, 아들이 없었던 어머니의 뒷바라지를 아들 대신 해야 하는 의무감도 있었을 것이다.

그런데 이원수는 한때 강릉에서 멀지 않은 봉평(蓬平)에도 살았다고 하므로 사임당과 더불어 강릉과 봉평을 오가며 지냈던 것으로 보인다.

한편 율곡에게 어머니 사임당은 단순한 어머니가 아니라 어떤 면에서 보면 우상이었다. 사임당이 세상을 떠난 뒤에 율곡이 금강산에 들어가 1년간 승려 생활을 한 것은 여러 가지 이유가 있지만 어머니를 잃은 충격과 슬픔이 가장 큰 이유였다. 오죽 충격이 컸으면 유학이 국시였던 시대에 세상의 놀림감이 될 것을 각오하고 이단의 길을 찾아 집을 뛰쳐 나갔겠는가? 율곡은 직접 「선비행장」을 써서 사임당의 일생을 추모했다. 그 기록이 없었다면 오늘날 사임당에 대해 알 수 있는 것은 몇 점의 그림들뿐이었을 것이다.

기묘명인의 한 사람으로 지목될 만큼 강직한 성격의 아버지 신명화와 정려의 표창을 받을 만큼 정숙한 현모양처의 어머니 이씨 사이에 태어난 사임당(師任堂; 1504~1551년)은 다섯 자매 가운데 둘째로서 가장 품성과 재능이 뛰어나 아버지의 사랑을 독차지하면서 자랐다. 사임당이 시집갈 때 신명화는 "내가 딸이 많지만 다른 딸은 시집을 가도 내가 아무렇지 않은데, 그대의 아내만은 내 곁을 떠나보내고 싶지 않네."라고 사위 이원수에게 말했다.[7]

사임당이 이원수에게 시집을 간 것은 19세(1522년) 때였다. 이원수는 22세였다. 신명화는 딸을 시집보내고 나서 바로 세상을 떠나 강릉에는 어머니 이씨만 홀로 남아 살았다. 사임당은 서울에서 이원수의 어머니 홍씨를 시어머니로 모시게 되었는데, 강릉의 친정어머니도 함께 돌보아야 하는 이중의 부담을 지고 있어서 서울과 강릉, 그리고 평창의 봉평 등지를 수시로 왕래하면서 지냈다. 봉평은 율곡을 낳기 전에도 살았던 곳으로 아마도 친정에서 소유했던 집인 듯하다.

사임당이 19세에 시집와서 48세에 세상을 떠나기까지 30년간을 살면서 친정에 머물렀던 기간이 정확하게 얼마나 되는지는 알 수 없으나, 아마 그 절반은 되었을 것으로 짐작된다. 그 이유에는 어머니에 대한 봉양 말고도 학문에 전념하지 못하는 남편에게 공부할 시간을 주고자 하는 배려도 있었을 것으로 보인다. 그런데 사임당의 어머니 이씨도 무남독녀로서 16년간이나 남편과 별거하면서 친정어머니를 봉양했음은 앞에서 이야기한 바 있다. 아마 무남독녀는 친정 부모를 직접 돌보는 것이 당시의 관행이었던 듯하다.

사임당은 슬하에 4남 3녀를 두었는데, 장남은 선, 차남은 번, 삼남은 이, 막내는 우이다. 율곡을 낳은 것은 사임당이 33세 때였다. 이들 7남매에 관한 이야기는 이미 앞에서 했기 때문에 여기서는 생략하기로 한다.

사임당은 어떤 품성과 재능을 가진 여성이었던가? 율곡이 쓴 「선비행장」을 통해 사임당의 행적과 몸가짐을 살펴보면 다음과 같다. 사임당은 어려서부터 유교 경전에 통달했고, 글을 잘 지었으며, 침선(針線: 바느질)에 재능이 있고, 자수에도 정묘(精妙)한 솜씨를 지니고 있었다. 게다가 타고난 성품이 부드럽고 따뜻하며, 지조(志操)가 정결(貞潔)하고, 행동거지가 조용했으며, 일을 처리하는 능력이 편안하면서 자상하고, 말수가 적고 행동이 신중하며, 스스로 겸손함을 잃지 않았다고 한다. 이런 성품은 어머니 이씨를 닮은 듯하다. 그리고 유교 경전을 읽었다는 것은 아버지 신명화에게서 배운 것으로 보인다.

  사임당은 평소 묵적(墨迹: 글씨와 그림)이 범상하지 않았다. 일곱 살 때부터 안견(安堅)의 그림을 모방하여 「산수도(山水圖)」를 그렸는데, 그림이 극히 정묘했다고 한다. 아마 「몽유도원도(夢遊桃園圖)」를 모사한 것으로 보인다. 또 사임당이 포도를 많이 그렸는데, 세상에 비길 사람이 없다고 율곡은 말하고 있다. 그리고 사임당이 그린 병풍과 족자는 세상에 전하는 것이 많다고 한다. 실제로 사임당이 그린 것으로 알려진 수십 폭의 초충도(草蟲圖)는 오늘날에도 보는 이의 찬탄을 자아내고 있으며, 이원수도 아내의 그림을 지인들에게 보이며 자랑하는 일이 많았다고 한다. 뒷날 숙종을 비롯한 송시열(宋時烈), 권상하(權尙夏) 등 명사들도 사임당의 그림을 찬탄한 글을 남기고 있다.

  강릉 외가에서 자라던 율곡은 여섯 살 때 서울로 돌아왔는데 집은 수진방(壽進坊)에 있었다. 이곳은 지금의 청진동(淸進洞)으로 종로구청 일대에 해당한다. 그런데 이 집은 사임당의 어머니 이씨가 외손자인 율곡에게 상속해 준 집이었다.[8] 외할머니는 6년간 율곡을 키워 주었고 나중에는 집까지 물려주었으니 율곡은 친할머니보다도 더 각별한 정을 느꼈을 것이다. 율곡이 「이씨감천기」와 「외조모이씨묘지명」을 쓰게 된 이유를 이해할 수 있다.

　율곡은 서울로 돌아온 이듬해 7세가 되면서 사임당으로부터 유교 교육을 받기 시작하여 사서(四書;『논어』,『맹자』,『중용』,『대학』)를 비롯한 유교 경전에 통달하게 되었다.[9] 유교 경전을 어머니에게서 배우는 것은 흔한 일이 아닌데, 사임당이 시집오기 전에 이미 아버지와 어머니로부터 그런 교육을 받았다는 것을 알 수 있다.

　사임당은 서울에서 시어머니 홍씨를 모시고 살면서 매우 고통스러운 나날을 보냈다. 시어머니가 나이가 많아 가사를 돌보지 않았고, 남편 이원수도 벼슬이 없는 데다 치산(治産)에 관심이 없어서 모든 생활을 사임당이 혼자서 관리하지 않으면 안 되었다. 그래서 절약하면서 집안을 이끌었는데, 그러면서도 모든 일을 시어머니와 상의하고, 시어머니 앞에서는 희첩[10]을 꾸짖지 아니했으며, 말은 늘 따뜻하고 얼굴빛은 밝았다. 하지만 남편이 혹시 잘못한 일이 있으면 반드시 규범을 가지고 충고(規諫)하고, 자녀들이 잘못이 있으면 훈계하고, 좌우에 잘못이 있으면 책하였다. 그래서 노비들도 사임당을 존경하면서 받들었다.

　사임당은 시(詩)에도 능하여 어머니에 대한 효심을 담은 시를 여러 편 썼는데, 강릉에서 어머니와 눈물로 헤어져 서울로 돌아올 때 대관령에 이르자 고향집 강릉 북평을 바라보면서 이런 시를 지었다.

　　백발의 어머님 임영(강릉)에 계신데〔慈親鶴髮在臨瀛〕

이 몸은 장안(서울) 향해 홀로 떠나네(身向長安獨去情)

머리 돌려 북촌을 바라보니(回首北村時一望)

어둑한 푸른 산에 흰 구름 내려앉았네(白雲飛下暮山靑)

사임당은 늘 강릉을 그리며 살았는데, 밤중에 인적이 조용해지면 눈물을 흘리곤 했다. 어느 날 심공(沈公)이라는 사람의 계집종이 거문고를 들고 와서 연주하자 사임당은 눈물을 흘리면서 "거문고 소리가 그리움 품은 사람을 더욱 울리는구나."라고 말했다. 옆에 앉은 사람들이 처연해졌으나 그녀의 심중을 헤아리지 못했다. 사임당은 어느 날 또 어머니를 그리는 시를 지었다.

밤마다 달을 향해 기도하네(夜夜祈向月)

생전에 한번 뵈올 수 있을까(願得見生前)

사임당은 1551년 봄에 삼청동 우사로 거처를 옮겼는데, 그해 여름에 이곳에서 48세를 일기로 숨을 거두었다. 그의 임종을 남편과 아들 이선과 율곡은 지켜보지 못했다. 아마 율곡은 이것이 또 하나의 한(恨)으로 남았을 것이다.

이원수는 이해 5월에 조운을 관리하는 수운판관에 임명되어 평안도로 떠났는데, 이때 큰아들과 율곡을 함께 데리고 갔다. 관직을 수행하면서 왜 두 아들을 데리고 갔는지 그 이유를 알 수 없으나, 아들의 의지라기보다는 아버지의 뜻을 따른 것으로 짐작된다.

그런데 일을 마치고 배를 타고 서울로 돌아오는 도중에 사임당이 세상을 떠났던 것이다. 병이 들어 누운 지 2~3일이 지났을 때 사임당은 가족들에게 "나는 일어나지 못할 것 같다."라고 말했는데, 그 날 밤 편안하게 잠을 자기에 식구들은 병에 차도가 있는 줄 알았으나 새벽에 조용히 숨을 거두었다. 이날이 5월 17일이다. 이원수가 서강(西江)에 도착했을 때 가지고 온 놋그릇이 모두 뻘겋게 변해서 사람들이 이상하게 여겼는데, 조금 뒤에 사임당이 세상을 떠났다는 소식을 들었다. 여기서 놋그릇이 왜 등장하는지 알 수 없으나, 혹시 평안도 정주(定州)가 놋그릇 생산지이므로 이곳에서 사 온 것인지도 모르겠다. 사임당은 남편과 두 아들이 평안도로 떠날 때 편지를 써서 서강(西江)의 수점(水店; 강가에 있는 객사)에 보냈는데, 아무도 그 뜻을 모르고 있었다. 아마 사임당은 이것이 남편과 두 아들과의 마지막 이별임을 알고 있었던 듯하다. 율곡은 어머니 행장에서 이 대목을 쓰면서 "반드시 눈물을 흘리면서 썼을 것"이라고 했다.

　그러면 율곡의 어머니나 외가에 관한 내력이 율곡에게는 어떤 영향을 미쳤을까? 율곡은 외할아버지 신명화에 대한 행장과 외할머니에 대한 행장도 직접 지어서 간절한 추모의 정을 드러냈는데, 이는 아버지 쪽에 대해 지나칠 정도로 냉담한 것과는 크게 대조를 보인다. 여기서 율곡의 유년기 정서가 어머니를 비롯한 외가의 영향을 크게 받았음을 충분히 짐작할 수 있다.

○○ 순절한 아내 곡산 노씨

　율곡은 22세 되던 1557년(명종 12년) 9월에 당시 성주 목사(星州牧使)이던 노경린(盧慶麟; 1516~1568년)의 딸(1541~1592년)과 혼인했다. 부인은 율곡보다 5세 연하인 17세였다. 흔히 조선 시대는 10세도 되기 전에 조혼하는 풍습이 있던 것으로 알려져 있지만 율곡은 그에 따르지 않았음을 알 수 있다.

　장인 노경린은 본관이 황해도 곡산(谷山)이었는데, 그의 증조는 세종 때 명의(名醫)로 이름을 떨치고 『향약집성방(鄕藥集成方)』을 편찬한 노중례(盧重禮; ?~1452년)였다. 노중례의 벼슬은 전의감정(典醫監正; 정3품)을 거쳐 첨지중추원사(僉知中樞院事; 정3품 당상관(堂上官))에 이르렀는데, 잡직 기술관에 속한 의원이 당상관에 오른 것은 특례에 속하는 일이었다. 의관(醫官)은 조선 후기에 중인으로 불렸지만, 율곡의 시대에는 아직 그런 칭호는 없었다.

　노중례의 아들로서 노경린의 할아버지가 되는 노종석(盧種石)은 아버지 덕으로 음직을 얻어 군위현감(軍威縣監)에 이르렀으며, 그의 아들이자 노경린의 아버지인 노적(盧績)은 실직을 얻지 못하고 군직인 사과(司果)에 머물렀다. 이렇게 노중례 이후 큰 벼슬아치를 내지 못했던 곡산 노씨 집안에서 최초이자 마지막으로 나온 문과 급제자가 노경린이었다. 율곡이 장인을 위해서 쓴 「종부시정노공행장(宗簿寺正盧公行狀)」[11]을 보면, 그는 중종 34년에 문과에 급제하여 성주 목사(정3품), 나주 목사(羅州牧使), 숙천 부사(肅川府使; 종3품)를 거쳐 통정대부(通政大夫; 당상관)로서 종부시정(宗簿寺正; 정3품)에 이르렀는데, 황해도 해주에

전서(田墅; 농장)를 가지고 있었다 한다. 이곳이 바로 율곡이 자주 가던 야두촌(野頭村)이다.

노경린은 평안도 숙천 부사를 지낼 때 안주(安州)에 황무지를 개간하기 위해 관북(關北)에 있던 사노비들을 평안도로 불러들여 수 경(頃)의 토지를 개간하여 마을을 형성했다. 그런데 당시 평안도 관찰사가 이를 차지하려고 임금에게 상소하여 폐지시켰으며, 노경린의 당상관 품계도 박탈당하게 했다고 한다.

그래도 노경린은 상당한 부자로서 사위 율곡에게도 재산을 주었던 것으로 보인다. 율곡의 문인 조익(趙翼)의 말을 빌리면, 율곡의 처가에 재산이 조금 있어서 장인 노경린이 서울에 집을 사서 율곡에게 주었는데, 율곡은 형제의 가난을 참지 못하여 그 집을 팔아 면포(綿布)를 사서 전부 나누어 주었다고 한다.[12]

율곡은 33세 되던 해 장인이 세상을 떠난 뒤로 자주 야두촌의 처가에 들러 야인 생활을 하다가 서울로 돌아왔다. 경치가 좋은 해주 석담(石潭)에 복거할 계획까지 세우고, 이곳에 청계당(淸溪堂)과 은병정사(隱屛精舍) 등을 짓고 많은 후학을 길러 냈으며 자신이 만든 향약을 실시하기도 했다.

노경린은 김한로(金漢老)의 딸을 아내로 맞이하여 슬하에 3녀를 두고 아들은 없다가, 측실이 세 아들을 낳았으나 두 아들만 남았다. 노경린이 1568년(선조 원년)에 세상을 떠난 직후 그의 재산은 측실의 두 첩자(妾子)에게 균등하게 상속되었는데, 이는 적서에 차별을 두지 말자는 율곡의 의견을 따른 것이었다. 3녀 가운데 장녀가 바로 율곡의 아내이다.

율곡의 아내 노씨는 성품이 인자하고 화순(和順)했으며 율곡보다 8년을 더 살다가 임진왜란이 일어난 해에 세상을 떠났다. 왜란이 일어나자 가족들이 피란하기를 청했으나, 노씨 부인은 "남편을 잃은 지 이미 8년이 지났고, 내 목숨이 아직 붙어 있기는 하나 어찌 구차하게 더 살기를 바라겠느냐."라고 하면서 남편의 묘소를 떠나지 않고 지키고 있다가 이해 5월 12일에 묘 앞에서 순절(殉節)했다.[13] 향년 52세였다. 이 사실이 알려지자 조정에서는 정려를 세워 주었다.

노씨는 아들을 낳지 못해 측실에게서 태어난 세 명 가운데 두 서자가 율곡의 후사를 잇게 되었는데,[14] 장남이 경림(景臨)이요, 차남이 경정(景鼎)이다. 그 밖에 서녀(庶女)가 있었는데, 뒤에 신독재 김집(愼獨齋 金集)의 측실이 되었다. 김집의 아버지가 김장생(金長生)으로 율곡의 문인이니, 율곡은 제자의 아들에게 서녀를 준 셈이다. 경림은 벼슬이 교관(敎官; 향교의 선생)에 이르고, 죽은 뒤에 사복정(司僕正; 정3품)의 벼슬을 추증받았으며, 차남은 벼슬을 얻지 못했다.

측실의 이름은 알려져 있지 않으나, 율곡이 39세에 장남을 낳았으므로 부인 노씨가 살아 있을 때 측실이 있었던 것을 알 수 있다. 그런데 측실의 이름이나 신원에 대하여 아무런 기록이 없어 비첩(婢妾)인지 양첩(良妾)인지 알 수가 없다. 아마 비첩일 가능성도 있다. 당시 서자에 대한 차별이 심했던 시절에 율곡이 양자를 들이지 않고 서자에게 당당하게 후사를 잇게 한 것을 보면 그는 적서 차별의 철폐를 말로만 주장한 것이 아니라 몸소 실천한 인물임을 가히 짐작할 만하다.

참고로 곡산 노씨는 2000년 현재 443가구, 1367명에 지나지 않는 극희성으로 조선 시대 문과 급제자는 노경린이 유일하다. 따라서 집안이 그다지 현달하지는 못했다. 율곡은 장인의 행장을 쓰면서 조상의 이름과 관직을 밝히지 않고 있는데, 이는 처가가 의관의 후손임을 공개적으로 드러내고 싶지 않았기 때문인 듯하다.

○○ 율곡의 가산(家産)과 가정 경제

 율곡은 어느 정도의 경제적 기반을 가지고 있었을까? 우선 아버지 이원수가 물려준 재산은 대부분 파주 율곡에 있는 노비와 전답이었다. 이원수가 세상을 떠난 지 5년이 되는 1566년(명종 21년) 5월 20일에 그의 재산을 4남 3녀의 율곡 남매와 서모 권씨가 모여 서로 합의하여 분배했는데, 그 기록이 「율곡선생남매분재기(栗谷先生男妹分財記)」라는 이름으로 지금 건국대학교 박물관에 소장되어 있다. 이 문서를 보면, 당시 이조 좌랑이던 율곡은 노(奴) 7명, 비(婢) 8명, 논(畓) 14복(卜=부(負)) 8두락(斗落), 밭(田) 19복을 받았다. 여기서 율곡이 받은 논과 밭을 모두 합치면 33복이 조금 넘는데, 1결(結)이 100복인 점을 감안하면 둘을 합쳐도 0.33결, 즉 3분의 1결 정도밖에 되지 않는다.
 7남매와 서모가 비슷한 정도의 재산을 분배받은 것을 보면 당시 재산 분배는 남녀 차별이 없는 균등 상속이 이루어지고 있었음을 알 수 있다. 율곡은 오히려 세 누이들보다 재산을 적게 받은 점이 눈길을 끈다. 아마도 6품의 벼슬을 하고 있었기 때문에 양보한 것으로 보인다.

물론 율곡은 어머니 쪽에서 받은 유산도 있었다. 앞에서 말한 바 있지만 서울 수진방의 집도 외할머니 이씨가 물려준 것이었다. 이 사실은 현재 강릉시 오죽헌시립박물관에 소장되어 있는 「이씨분재기(李氏分財記)」(1541~1561년)에 보인다. 이 문서에서도 이씨가 다섯 딸에게 재산을 균등하게 분배 상속한 사실이 확인된다.

부모로부터 받은 재산이 이처럼 없는 것은 아니지만, 율곡이 책임져야 할 가족이 너무나 많은 것이 문제였다. 율곡은 벼슬하는 동안 스스로 가난하다는 말을 자주 했다. 1568년(선조 원년) 33세 때 임금에게 올린 부교리(副校理) 사직 상소를 보면, 과거 시험에 응한 것 자체가 "집이 가난하고 부모가 늙어서 …… 두승(斗升; 한두 말의 곡식)의 녹(祿)이라도 얻어 추위와 배고픔을 면하기 위함"이라고 말하고 있으며,[15] 이듬해에 올린 교리(校理) 사직 상소에서도 "신은 대대로 한성(漢城)에 살고 있어서 고향에는 구업(舊業; 재산)이 없으며, 한 가지 벼슬밖에는 돌아갈 곳이 없습니다. 신은 지금 비록 강릉(외가)에 있지만 수십 명의 가족이 아직도 서울에 살고 있는데 호구(糊口)를 이어 갈 자산이 없습니다. 신이 어찌 즐거이 교만하고 격한 행동을 하여 배고프고 추운 고통을 스스로 취하겠습니까?"라고 말했다.[16]

이 글을 보면 율곡의 고향인 파주의 아버지 재산은 이미 7남매들이 나누어 가졌는데, 율곡이 받은 농토는 아주 적은 것이었다. 율곡의 제자 이유경(李有慶)의 말을 빌리면, 율곡은 형제들이 모두 매우 가난했을 뿐 아니라 큰형이 일찍이 세상을 떠나자 그 가족들을 모두 불러들여 동거했으며, 그 밖의 동복(同復)의 친척 가운데 가난하여 의탁할 곳이 없는 이들을 모두 끌어들여 함께 먹고살았기 때문에 한 집에 거느린 식구가 거의 100명에 이르렀다고 한다.[17] 율곡의 4형제 가운데 큰형은 일찍이 세상을 떠나 버렸고, 둘째 형은 벼슬도 없고 재주도 없어 율곡에게 전적으로 의지하면서 살았고, 아우는 뒤늦게 벼슬길에 나갔기 때문이다.

제자 조익(趙翼)의 증언도 이유경의 말과 비슷하여 율곡의 식구가 너무 많아 죽을 먹거나 끼니를 잇지 못하는 경우가 많았다고 하며, 장인 노경린이 부자여서 서울에 집을 사서 율곡에게 주었으나 형제들이 가난한 것을 참지 못하여 그 집을 팔아 면포를 사서 형제들에게 모두 나누어 주었다고 한다.[18]

율곡이 이렇게 어려운 생활을 했음에도, 만년에는 반대파로부터 사리쟁재(射利爭財)하고 회뢰폭주(賄賂輻輳)했다는 공격을 받았다. 이익을 추구하고 재물을 다투었으며, 뇌물이 폭주했다는 것이다. 특히 율곡이 부정부패했다고 공격하는 데 앞장선 인물은 동인의 중심인물이었던 대사간 송응개(宋應漑)였다. 그는 1583년(선조 16년) 7월 16일에 임금에게 올린 상소 가운데 율곡의 죄를 다음과 같이 비판했다.

이이는 향리(鄕里)에 있을 때에도 열읍(列邑)에서 뇌물이 그의 집에 모여들고, 재물과 이익을 다투는 일이면 송곳 하나 칼 한 자루도 양보하지 않았으며, 해택(海澤)의 이익과 세(稅)까지도 모두 침유했는가 하면, 심지어 구도(舊都; 개성)의 공서(公署; 관청 땅)까지도 대명(代名)으로 가로채고, 첨지 봉흔(奉訢)이 대대로 경작하던 토지를 무리한 방법으로 빼앗았으며, 자기 형이 봉흔의 종을 타살했는데도 관아에서 추문할 수가 없었습니다. 그가 대사간으로 부름을 받고

올 때에는 그가 지나가는 곳의 읍에서 곡식 100석을 받아 본가로 실어 보내고…….19

송응개의 상소에 이어 이해 7월 19일에는 사헌부와 사간원이 합동으로 박순, 심의겸, 성혼, 율곡을 비판하는 차자를 올렸는데, 그 가운데 율곡에 관해서는 다음과 같은 비판을 가했다.

(이이는) 몸가짐이 근신하지 못하고, 관절(關節: 뇌물을 바쳐 청탁함)을 자행했으며, 많은 뇌물을 받기도 하고, 남의 전지도 빼앗았습니다. 관물을 방납(防納)하는 등 흥판(興販)과 취리(取利)의 일을 공공연히 하고서도 부끄러움이 없습니다.20

위 두 주장을 합쳐서 정리해 보면, 율곡은 뇌물을 많이 받았다는 것과 공물 방납을 하여 이득을 취했다는 것, 해택의 이익을 추구했다는 것, 남의 땅을 빼앗았다는 것으로 요약된다. 그런데 율곡이 정말로 그런 일을 저질렀다면 이는 국법으로 다스려 죄를 받아 마땅한 일이다. 그러나 이 주장은 전혀 근거가 없었기에 조정에서는 이 일을 문제 삼지 않았다. 이해 8월 5일 왕자사부(王子師傅) 하낙(河洛)이 올린 상소와 황해도 유생들이 올린 상소를 보면 이런 주장이 얼마나 거짓인가를 알 수 있다. 하낙은 율곡이 사람을 죽였느니, 뇌물로 100석을 받았느니 하는 것이 정말로 사실이라면 국법으로 엄히 다스려야 마땅하지만, 어떻게 사실도 없고 근거도 없는 부사(浮辭: 뜬소문)를 가지고 애써 임금의 시청(視聽)을 현혹시키고 있느냐고 따지고 나섰다.21

율곡의 생활을 가까이 관찰했던 황해도 유생들이 집단적으로 올린 상소는 송응개의 주장이 얼마나 사실을 왜곡하고 있는지를 증명하고 있다. 그 요지를 소개하면 다음과 같다.

첫째, 율곡이 선세(船稅)를 받았다는 설은, 율곡이 해주 석담에 은병정사를 지을 때 학도들이 재목을 모아 창건했는데 운영 경비가 부족하여 그 당시 황해도 관찰사가 선세로 받아들인 어염(魚鹽)을 아침저녁으로 제공한 데서 나온 것이다.

둘째, 남의 전지를 빼앗았다는 설은, 율곡의 형 이번이 배천(白川) 바닷가의 빈 땅을 얻어 이미 입안(立案; 소유 증명서)를 받았다가 봉흔에게 빼앗기자 소송을 하여 이겼는데, 봉흔이 이를 원망하니 율곡이 형에게 권하여 포기하게 한 것을 말한다. 따라서 남의 땅을 약탈한 것이 아니라 오히려 형의 땅을 남에게 양보한 것이다.

셋째, 구도 개성에 다른 사람의 이름으로 문서를 제출하여 땅을 절수(折受)했다는 설은, 개성부의 혜민국(惠民局) 밖에 빈터가 있었는데 형 이번이 고문서를 호조에 제출하고 절수하려 했으나 호조에서 허락하지 않아 얻지 못한 것이다. 따라서 이 일은 율곡과는 전혀 관계가 없다.

넷째, 곡식 100석을 받았느니, 그의 형이 사람을 죽였느니, 바다의 이익을 도모했다느니 하는 말은 전혀 근거 없는 조작이다.[22]

황해도 유생들은 나아가 송응개가 율곡을 헐뜯게 된 이유가 있다고 하면서, 송응개가 민가를 철거시키고 그 아비의 무덤을 만들었는데, 율곡이 늘 송응개의 이런 악행을 주변에 이야기했기 때문에 송응개가 앙심을 품고 사사로운 감정으로 보복하려고 한 것이라고 주장했다.

1580년(선조 13년)에 김수(金睟)는 율곡이 축재한 것처럼 비판을 받고 있는 것에 대하여 변명하는 상소를 올렸는데, "이이는 벼슬살이를 즐겁게 여기지 않아 병을 핑계하고 물러난 뒤에는 의식(衣食)이 매우 어려워서 처가에서 준 집까지도 팔았습니다. 당초에 봉가(奉家; 봉혼)와 해택을 가지고 다툴 때 비록 이이의 이름으로 소장을 올렸지만, 실은 그 형 이번이 한 일인데, 봉가는 이이가 한 일이라고 의심한 것"이라고 말했다.[23]

이항복(李恒福)의 『백사집(白沙集)』을 보면, 율곡은 처가인 해주에 은퇴하여 머물 때 대장간을 차리고 호미를 만들어 팔아서 생활했다고 한다. 의리상 마땅히 해야 할 일이라면 율곡은 부끄러워하지 않고 실행했다는 것이다. 아마 율곡이 흥판취리(興販取利), 즉 장사를 했다는 이야기는 아마 이런 일을 두고 말한 것인지도 모른다. 당시 해주에서는 100여 명의 가족들을 품고 살았으므로 생계의 압박이 매우 컸는데, 이를 해결하기 위해 농기구를 만들어 파는 수공업에까지 손을 대었다는 것은 오히려 율곡이 얼마나 서민적인 삶을 살았는지를 보여 준다.

율곡이 얼마나 검소하게 살았는가는 그의 죽음 이후에도 여실히 드러난다. 그가 세상을 떠날 때 집안에 남은 재산이 없어서 습렴(襲殮)에 필요한 비용을 모두 친구들이 조달했고, 가족들이 성안에서 셋방살이를 하니 문생(門生)과 옛 친구들이 재물을 모아 조그만 집을 사 주었다고 한다.[24]

2 용이 나타난 아이, 일곱 번 장원 급제하다

○○ 유년기의 전설

　동서고금을 막론하고 위인의 탄생과 성장 과정에는 비범한 이야기들이 따른다. 율곡도 예외가 아니었다. 『율곡전서』에 실린 연보와 제자 김장생이 지은 행장을 중심으로 그의 유년기와 청소년기의 모습을 그려 보기로 한다.
　율곡이 태어날 때 사임당은 신비한 태몽을 꾸었다. 동해 바다에서 신녀(神女)가 사내아이 하나를 안고 나타나 사임당 옆에 데려다 놓았는데, 그 아이는 피부가 옥처럼 깨끗하고 신령스러운 빛이 사람을 감동시켰다. 율곡을 출산하던 날 저녁에도 꿈을 꾸었는데, 흑룡이 큰 바다에서 날아와 안방에 똬리를 틀고 앉았다고 한다. 이날이 1536년 (중종 31년) 12월 26일 새벽이었다. 율곡의 아명(兒名)을 용이 나타났다는 뜻으로 현룡(見龍)이라고 한 이유가 여기에 있었다. 이때 사임당의 나이 33세로서, 7남매 가운데 다섯 번째 출산이었다. 율곡 위로 형이 둘, 누나가 둘 있었다.

율곡의 천재성은 어려서부터 빛나기 시작했다. 세 살 때부터 글을 읽기 시작했는데, 어느 날 외할머니가 석류를 가지고 와서 시험 삼아 이것이 무엇이냐고 물었더니 율곡은 옛사람이 쓴 시의 "은행 껍질은 푸른 옥구슬을 머금었고, 석류 껍질은 부서진 붉은 진주를 싸고 있네"라는 구절을 기억하고 바로 이 시구를 인용해 대답하여 주위 사람들을 놀라게 했다.

율곡은 6세까지 강릉 외가에서 어머니와 외할머니의 보살핌을 받으면서 자랐는데, 어려서도 효심이 지극한 아이였다. 율곡이 다섯 살 때 사임당이 병이 나서 식구들이 허둥지둥하는 사이 어린 율곡이 몰래 외할아버지의 사당에 들어가 기도하고 있어서 사람들이 놀라 위로하고 안고 돌아온 일이 있었다. 또 어느 날 큰비가 와서 앞 개울이 넘쳤는데 어떤 사람이 개울을 건너다가 넘어져 위태로운 상태에 빠졌다. 사람들은 모두 손뼉을 치면서 웃고 있었는데 어린 율곡은 이를 보고는 혼자 기둥을 끌어안고 안타까워하다가 그 사람이 무사해지자 그만두었다. 부모에 대한 효심과 어려운 처지에 있는 사람을 걱정하는 인자한 성품을 타고났던 것이다.

여섯 살 때 율곡은 어머니를 따라 서울로 돌아와 외할머니가 수진방에 마련해 준 집에서 머물렀다. 이때부터 율곡은 어머니로부터 경서를 배우기 시작했는데 사서와 여러 경전에 스스로 통달했다고 한다. 상식적으로 생각하면 아버지가 아들을 가르치는 것이 상례이지만, 그 상식을 깨는 일이 벌어진 것이다. 어머니의 학식이 아버지를 능가했기 때문인지, 아니면 아버지가 자식 교육에 관심이 적기 때문인지 알 수 없으나, 아마 두 가지 이유가 모두 해당되는 듯하다.

일곱 살 때에는 이웃에 살던 진복창(陳復昌; ?~1563년)을 알게 되어 「진복창전」이라는 짧은 글을 짓기도 했다. "군자(君子)는 마음속에 덕을 쌓는 까닭에 마음이 늘 태연하고, 소인(小人)은 마음속에 욕심을 쌓는 까닭에 그 마음이 늘 불안하다. 내가 진복창의 사람됨을 보니 속으로는 불평불만을 품고 있으면서도 겉으로는 태연한 척하려 한다. 이 사람이 만약 뜻을 얻게 된다면 나라의 근심이 커질 것이다."라는 내용이었다. 진복창은 문과에 장원 급제한 인물로서 재주는 있었으나 사람됨이 독사 같은 인물로 평판이 나 있었는데, 율곡은 어른들로부터 그런 소문을 들었던 것 같다. 과연 율곡의 예언대로 진복창은 명종 때 권신 윤원형의 앞잡이가 되어 을사사화를 일으켜 무고한 선비들을 크게 해쳤다. 선악에 대한 판단이 어려서부터 남달랐음을 알 수 있다.

아버지 이원수는 벼슬이 없었으므로 서울에만 머물지 않고, 선대의 고향인 파주 율곡촌에 자주 들렀다. 율곡은 여덟 살 때 고향의 화석정(花石亭)에 올라 시를 지었는데, 화석정은 오대조인 이명신이 지은 것으로 임진강이 내려다보이는 언덕에 있는 풍광이 아름다운 정자였다.

숲 속 정자에 가을은 이미 저무는데〔林亭秋已晚〕
시인의 마음은 끝이 없구나〔騷客意無窮〕
멀리 강물은 하늘에 닿아 푸르고〔遠水連天碧〕

서리 맞은 단풍은 해를 향해 붉었네〔霜楓向日紅〕

산은 외로이 둥근 달을 토해 내고〔山吐孤輪月〕

강은 만 리의 바람을 품었네〔江含萬里風〕

변방의 기러기는 어디로 가는지〔塞鴻何處去〕

저무는 구름 속에 울음소리 끊어지네〔聲斷暮雲中〕

　이 시는 옛 시인의 글을 모방해서 지은 것으로 보이지만, 한 폭의 아름다운 산수화를 감상하는 듯하다. 율곡의 글은 기교를 부리지 않고 평이하면서도 명쾌한 것이 특징인데, 소년기의 글에서도 이러한 특징이 잘 드러나고 있다.

　율곡은 9세가 되던 해에 『이륜행실(二倫行實)』을 읽었다. 이 책은 중종 때 김안국(金安國)이 경연에서 강의한 내용을 엮은 것으로 장유유서와 붕우유신에 관한 중국의 모범적 사례를 소개한 책이다. 이 책 속에는 당나라 때 장공예(張公藝)라는 사람이 한 집에 9대가 함께 살았다는 이야기가 나오는데 율곡이 이 대목을 읽고 감동을 느껴 말하기를 "9대가 한 집에 산다는 것은 형편상 어려움이 많겠지만 형제들이 떨어져서 살 수는 없는 일이다."라고 하면서 형제가 부모를 모시고 함께 사는 모습을 그림으로 그려 놓고 감상했다고 한다. 이 밖에도 옛날 명현(名賢)과 장상(將相) 들에 관한 사실을 뽑아서 그 이름과 행적을 기록하고, 분류해 놓고 살펴보면서 사모했다고 한다. 율곡이 뒷날 형제자매들과 우애를 두터이 하고 특히 먼저 세상을 떠난 큰형의 가족을 극진하게 끌어안고 산 것은 소년기부터 다듬어진 마음이 있었기 때문이다.

율곡의 뛰어난 효심은 11세 때 아버지 이원수가 위중한 병을 만났을 때 또 한번 드러났다. 그가 자신의 팔뚝을 찔러 피를 뽑아 드리고 사당에 들어가 울면서 자신이 대신 아프게 해 달라고 기도하니 드디어 아버지의 병이 나았다고 한다. 이런 행동은 주공(周公)이 문왕(文王)을 위해 대신 죽기를 빌었다고 하는 『서경(書經)』「금등(金縢)」편의 옛일을 따른 것이다. 그날 밤 아버지가 꿈을 꾸었는데, 백발노인이 나타나서 율곡을 가리키며 "이 아이는 우리나라의 대유(大儒)인데 그 이름은 옥(玉)에다 귀(耳)를 붙인 글자"라고 했다고 한다. 그래서 이때부터 이름을 현룡에서 이(珥)로 바꾸었다는 것이다. 하지만 이(珥)는 돌림자이므로 반드시 꿈과 관계된다고 보기는 어렵다. 아마도 어린 율곡의 효성을 미화한 이야기일 터이다.

율곡은 13세(1548년, 명종 3년)에 서울에서 진사 초시(初試)에 해당하는 진사해(進士解)에 급제했다. 율곡이 어린 나이에 급제한 것이 기특하여 승정원에서 불러 보니 동년배의 다른 급제자는 자못 뽐내는 태도를 보였으나 율곡은 전혀 그런 기색을 보이지 않아 그가 장차 큰 그릇이 될 것으로 기대했다고 한다. 그런데 초시만 급제하고 그만두었기 때문에 진사가 되지는 않았다. 아마 부모의 권유로 자신을 시험해 본 것으로 보인다. 15세 되던 해 여름에 아버지는 드디어 음직으로 수운판관이라는 벼슬을 얻었는데, 지방에서 바치는 세곡을 서울로 운반하는 조운을 담당하는 직책이었다. 이때 아버지의 나이는 쉰으로서 당대의 권력자인 당숙 이기의 도움이 컸던 것으로 보인다.

아버지가 벼슬을 얻은 다음 해, 그러니까 율곡이 16세 되던 해 봄에 율곡은 삼청동 우사로 이사했다. 우사는 관리들이 임시로 빌려 사는 집을 말한다. 그런데 이곳으로 이사 온 지 두어 달 뒤인 5월 17일에 율곡은 어머니를 여의는 슬픔에 빠졌다. 어머니의 임종을 지켜보지 못한 것이 율곡을 더욱 아프게 했다. 율곡은 아버지가 수운판관의 일로 평안도에 갈 때 큰형과 함께 아버지를 따라갔는데, 배를 타고 서울의 서강에 도착했을 때 어머니의 부음을 접하게 되었다. 이때 이원수가 평안도에서 가지고 온 놋그릇이 모두 빨겋게 변해 사람들이 모두 이상하게 여겼다고 한다.

어머니 사임당은 자신의 병이 회복되기 어려울 것을 미리 예견하고 남편과 두 아들이 떠날 때 서강의 수점에 눈물을 흘리면서 편지를 써서 보냈는데 아무도 그 뜻을 알지 못했다. 사임당은 세상을 떠나기 2~3일 전에 병석에 누웠는데, 운명하기 전날 자식들에게 "내가 살지 못할 것 같다."라고 말했으나, 그날 밤 평소와 같이 편히 잠들어서 자식들은 병이 나은 것으로 알았는데, 이튿날 새벽에 저세상으로 떠났다. 향년 48세였다.

어머니 묘소는 율곡의 고향인 파주 두문리(斗文里) 자운산(紫雲山) 기슭에 모셔졌다. 거상(居喪)과 제사는 모두 주자의 『가례(家禮)』를 따라 율곡은 3년간 묘소를 지키는 여묘 살이를 했으며, 제수를 장만하고 제기를 닦는 등의 일은 노복(奴僕)에게 맡기지 않고 직접 챙겼다.

○○ 어머니를 잃은 슬픔으로 금강산 승려가 되다

율곡은 어머니의 상을 마치고 나서 18세가 되자 관례를 행했다.

관례는 상투를 틀고 갓을 쓰는 의식으로서 어른이 되는 통과 의례인데, 이때 자를 숙헌(叔獻)으로 정했다. 왕자(王子)들은 조혼하는 풍습이 있어서 10세 전후하여 관례를 행하는 것이 흔한 일이었으나 일반 선비들은 18세에 관례를 치르는 것이 관행이었다.

당시의 정상적인 길을 걸어간다면 18세는 과거 시험에 매진할 나이다. 그런데 율곡은 엉뚱하게도 이듬해인 19세에 금강산에 들어가 1년간 승려가 되었다. 물론 불교의 허망함을 깨닫고 다시 환속하여 문과에 급제하고 벼슬길로 들어섰지만, 한때나마 승려 생활을 한 것은 일평생 율곡을 괴롭히는 상처로 남았다. 율곡은 환속한 뒤에 「자경문(自警文)」을 써서 자신의 잘못을 반성하기도 했지만, 세상 사람들은 그가 승려가 된 동기에 대해 구구한 해석을 내렸다. 우선은 율곡 자신의 말을 먼저 들어 보는 것이 순서일 것이다. 그는 33세 되던 1568년(선조 원년)에 홍문관 교리(校理)에 제수되자 자신이 감당할 수 없는 자리라면서 임금에게 그 이유를 이렇게 밝혔다.

신이 어린 나이로 도(道)를 찾다가 학문하는 방향을 몰라 제가(諸家)를 넘나들며 일정한 길을 잡지 못했고, 또 태어난 시기가 좋지 않았던지 일찍이 자모(慈母)를 여의고는 망령되이 슬픔을 잊고자 석교(釋敎)를 탐독하다가 본심이 어두워져 드디어 깊은 산으로 달려가서 거의 1년이 되도록 선문(禪門)에 종사했습니다. 그런데 다행히 하늘의 신령함을 힘입어 하루아침에 잘못을 깨닫고는 시무룩한 표정으로 집으로 돌아와 죽도록 부끄럽고 분함을 느꼈습니다. 불교의 도에 중독된 사람 가운데 신처럼 깊이 중독된 사람은 없을 것입니다. 그때 이 세상에 버림을 받은 것으로 여겨 농사짓고 글이나 읽으면서 천년을 보내려 했습니다. 그런데 신의 아비가 신에게 조그만 재주가 있는 것을 애석하게 여겨 명예를 찾도록 굳이 권하는 바람에 그때부터 계속 과거에 응시했습니다. 신의 구구한 뜻은 그저 두 승의 녹으로 추위와 배고픔이나 면하자는 것뿐이었습니다.[1]

율곡의 말이 진심을 담은 것이라면 그가 승려가 된 것은 어머니의 죽음에 대한 슬픔을 이기고자 한 것인데, 마침 집에 불경(佛經)이 있어 탐독하게 되었다는 것이다. 그리고 그가 다시 불교를 버리고 속세로 돌아오게 된 배경에는 과거에 응시하여 벼슬에 나가라는 아버지의 강력한 권유가 크게 작용한 것을 알 수 있다. 자신도 벼슬을 못하고 한량으로 지내고 있는 터에 재주 있는 아들마저 아비에게 알리지도 않고 집을 나가 속세를 등지고 있었으니 아비의 마음이 얼마나 애가 탔을지는 짐작하고도 남음이 있다. 이때의 율곡은 정녕 부모를 괴롭힌 불효자임에 틀림없고, 그래서인지 부끄럽고 분해서 죽고 싶은 심정이었다는 것이다.

율곡이 40세 때 선조 임금과 나눈 대화에서도 입산과 하산에 대한 입장이 표명되고 있다. 선조가 율곡에게 어렸을 때 문사(文辭)를 배운 적이 있느냐고 묻자 율곡은 "소시에는 선학(禪學)을 좋아하여 여러 경(經)을 두루 읽어 보았으나 착실(着實)한 곳이 없음을 깨닫고 유학으로 돌아와서 착실한 이치를 찾았습니다."라고 대답했다.[2] 여기서 율곡은 어렸을 때 선학을 좋아하여 여러 불경을 두루 보았다는 것을 솔직하게 밝히고 있는데, 이는 집 안에 불교 서적이 많았음을 암시하는 것이며, 더 나아가 아버지와 어머니가 다같이 불교 서적을 읽었다는 것을 암시하는 것으로도 볼 수 있다.

다만 율곡이 뒷날 선학을 착실하지 못한 학문으로, 유학을 착실한 학문으로 이해하게 되었음을 토로했는데, 이는 달리 말하면 현실을 초월한 종교와 현실을 인정하는 경세학(經世學)의 차이를 지적한 것으로 볼 수 있다. '착실(着實)'이라는 말은 "현실에 뿌리를 두었다."라는 뜻으로, 선학이 착실하지 못하다는 것은 현실을 초월한 종교라는 말과 같다.

율곡이 승려가 된 동기에 대한 글로는 이모부 홍호(洪浩)에게 보낸 글도 있는데3 강릉으로 돌아온 지 얼마 안 되어 쓴 것으로 보인다. 이 글에 다음과 같은 대목이 있다.

어머니를 잃는 재앙이 참담하게 몸에 다가오고, 방향을 잃은 병이 마음을 때려서 미친 듯이 산속으로 달려가고 넘어지고 뒤집혀서 제자리를 잃었습니다. 공리(孔鯉; 공자의 아들)의 뜰에 나가지 못하고, 황향(黃香; 한(漢)나라의 효자)의 부채를 잡지 못한 것이 1년이었는데, 어느 날 잘못을 깨닫고 돌이켜 생각하니 후회와 슬픔이 치솟고, 스스로 책하고 부끄러워하면서 살고 싶지도 않고, 마음을 안정시키지 못한 것이 며칠이나 되었습니다. ⋯⋯ 하지만 성인(聖人)과 보통 사람은 모두 똑같은 성(性)을 가지고 있으며, 성인과 보통 사람이 다른 것은 오직 기(氣)뿐입니다. 따라서 제가 미친 지경에 빠진 것은 저의 기 때문이지 성이 나쁜 것은 아닙니다. ⋯⋯ 지난날의 잘못은 거울에 낀 먼지와 같고 물에 섞인 진흙과 같은 것이어서 먼지와 진흙을 제거하면 거울은 깨끗해지고 물은 맑아질 수 있다는 것을 저는 믿겠습니다.

여기서 율곡은 어머니의 죽음으로 인한 충격이 자신의 마음을 미치게 만들어 일시적으로 유학을 떠나고 불효를 저지르게 되었음을 후회하고 있다. 그러나 지난날의 잘못을 거울에 낀 먼지와 물에 섞인 진흙 정도로 생각하고, 기를 기름으로써 성을 되찾으면 성인으로 돌아갈 수 있다는 자신감과 희망을 피력한다.

그런데 율곡이 승려가 된 동기에 대해 『명종실록』의 찬자(撰者)는 조금 다른 해석을 내리고 있다.

> (이이는) 그 아비의 첩이 그를 사랑하지 않았고, 또 아비 이원수가 일찍이 불경을 좋아했는데, 그의 나이 16~17세에 한 중이 망령(亡靈; 어머니의 혼)을 위해 천복(薦福)한다는 말로 그를 유혹하니 그가 가인(家人)에게 알리지도 않고 곧 의복을 정돈하여 금강산으로 들어갔다. 그러나 수년 만에 그 허황함을 깨닫고 돌아왔다.[4]

여기서는 율곡이 승려가 된 동기를 세 가지로 보는데, 첫째는 아버지의 첩, 즉 서모 권씨와 사이가 좋지 않았다는 것, 둘째는 아버지 이원수가 좋아하여 집 안에 불경이 있었다는 것, 그리고 어머니의 혼을 극락으로 이끌어 천복하려는 목적이 있었다는 것이다. 여기서 가정불화를 하나의 원인으로 든 것이 다른 기록과 다른 점이다. 뒷날 율곡의 문인과 제자들은 서모와의 갈등을 부인하고 있는데, 아마 서모와의 갈등이 율곡을 불효자로 비쳐지게 할 수도 있음을 염려한 것으로 보인다.

여기서 서모의 정체에 대해 알아볼 필요가 있으나, 어디에도 그녀에 관한 기록이 없다. 오직 율곡이 쓴 어머니 행장, 즉 「선비행장」을 보면 사임당의 정숙한 행동거지를 설명하면서 "시어머니 홍씨 앞에서는 희첩을 질책하지 않았으며, 반드시 따뜻한 말과 얼굴로 대하고, 가군(家君; 남편 이원수)이 혹시 실수를 하면 규범을 가지고 충고했다."라는 기록이 보인다. 「선비행장」에는 희첩에 대해 "시비(侍婢; 몸종)를 모두 희첩이라고 한다."라고 작은 글씨로 주석이 달려 있는데, 이 주석은 문집 편찬자들이 붙여 놓은 것이다. 그런데 왜 구태여 이런 주석을 붙인 것인지 오히려 의문이 든다. 여기서 희첩을 이원수의 첩으로 해석할까 두려워 주석을 붙인 것으로 보이는데, 정말로 희첩이 시비를 가리키는지는 의문이다. 만약 희첩을 문자 그대로 비첩(婢妾)으로 본다면 이원수는 사임당이 살아 있을 때 비첩을 둔 것으로 볼 수도 있다.

위에서 언급한 서모 권씨가 사임당이 죽은 뒤에 얻은 여자인지, 아니면 사임당 생전부터 있던 여자인지는 확인할 수 없으나, 만약 생전부터 있었다면 바로 그 서모가 희첩일 가능성이 있다. 그렇다면 서모와 율곡의 사이가 좋을 리는 없을 것이다. 왜냐하면 서모는 어머니 사임당에게는 매우 불편한 존재였을 것이기 때문이다. 대체로 첩을 얻는 경우는 본처가 아이를 갖지 못할 때인데, 사임당이 이미 여러 명의 아들과 딸을 두었음에도 희첩이 있었다면 아무리 현숙한 사임당으로서도 매우 불편한 존재였을 것이 분명하다.

물론 율곡이 서모에게 봉양은 끝까지 한 것으로 보인다. 그가 훗날 해주에서 100여 명에 가까운 친족들을 거느리고 살 때 서모도 함께 살았는데, 이때 만든 「동거계사(同居戒辭)」를 보면 큰형수 곽씨를 집안의 최고 어른으로 떠받들고 서모의 위상에 대해서는 아무런 말이 없다. 이를 보면 서모를 봉양하면서도 집안의 어른으로 대접하지는 않은 것을 알 수 있다.

　서모가 율곡을 사랑하지 않은 것이 율곡이 출가한 한 원인이라고 본 『실록』의 기사를 사실로 믿는다면, 율곡은 어머니가 세상을 떠난 뒤 서모와의 관계가 좋지 않았고, 게다가 아버지도 율곡을 그다지 감싸 주지 않은 것 같은 분위기가 감지된다. 이런 분위기라면 더 이상 집에 머무를 수 없는 처지에 빠진 것으로 보인다. 율곡 같은 효자가 가족들에게 알리지도 않고 집을 떠난 이유가 여기에 있을 것이다.

　한편 율곡의 문인들이 편찬한 『율곡전서』의 연보에는 율곡의 입산 동기에 대해 다음과 같이 기록되어 있다.

　선생은 어려서부터 학문을 하면서 오직 마음을 안에다 써서 마음을 가다듬어 성(性)을 기르는 것을 근본으로 생각했다. 그런데 어머니의 상을 당하자 효성스러운 마음을 이기지 못하여 거의 성(性)이 망가질 지경에 이르렀다. 그러다가 우연히 불교 서적을 읽어 보고 슬픔을 잊을 수 있겠다고 생각하다 드디어 선학에 물들어 세상일을 떠나고 싶어졌다. 그래서 드디어 금강산으로 가기로 마음먹고 친우들에게 편지를 써서 보냈는데, 그 내용은 대략 이렇다. 기(氣)라는 것은 사람들이 모두 똑같이 타고난 것인데, 이것을 기르면 기가 마음의 부림을 받고, 기르지 못하면 마음이 기의 부림을 받게 된다. 기가 마음의 부림을 받으면 몸에 주재(主宰)가 생겨서 성현(聖賢)이 될 수도 있으나, 마음이 기의 부림을 받으면 칠정(七情)이 통제를 받지 않아 어리석고 미친 사람이 되는 것을 면할 수 없다. 옛사람으로 기를 잘 기른 사람이 있으니 맹자(孟子)다. …… 공자(孔子)가 말하기를 "지혜로운 사람은 물을 좋아하고, 어진 사람은 산을 좋아한다."라고 했는데 산수를 좋아하는 것은 물의 흐름과 산의 우뚝함을 좋아한다는 것이 아니라, 물이 보여 주는 동(動)과 산이 보여 주는 정(靜)을 취한다는 뜻이다. 따라서 어질고 지혜로운 사람이 기를 기르려면 산수(山水)를 버리고서는 찾을 곳이 없다.

이 글을 요약하면, 율곡이 어머니를 잃은 슬픔 때문에 승려가 되었다고 보는 것은 인정하면서도, 그 밖에 서모와의 관계에 대해서는 아무런 언급이 없다. 오히려 율곡이 성리학을 완전히 버린 것이 아니라는 인상을 주기 위해, 성리학에서 말하는 기(氣)를 기르고자 산수가 좋은 금강산으로 가게 되었다고 적고 있다. 즉 산과 물에서 기를 길러 마음이 기를 부리게 되면 성현의 길을 가게 되지만, 기를 기르지 못하면 마음이 기의 부림을 받아 희로애구애오욕(喜怒哀懼愛惡欲)의 칠정에 빠지게 되고, 그러면 어리석고 미친 사람이 된다는 것이다. 따라서 율곡이 금강산에 들어가 승려가 된 것은 불교 자체보다도 아름다운 산수 속에서 기를 길러 성현이 되고자 하는 목적이 담겨 있다는 것으로 풀이했다. 율곡이 정말 그런 편지를 친구에게 보냈는지는 확인되지 않지만, 금강산에 들어가 기를 맑게 하겠다는 뜻이 전혀 없지는 않았을 것이다.

문인 김장생이 쓴 「율곡행장」에도 비슷한 이야기가 보이는데, 새로운 사실이 하나 추가되어 있다.

어머니가 세상을 떠난 뒤에 (이이가) 슬픔을 이기지 못하여 밤낮으로 울면서 지내다가 어느 날 봉은사(奉恩寺)에 가서 불교 서적을 보았는데, 삶과 죽음에 관한 이야기에 깊은 감동을 받았으며, 불교가 간편하면서도 오묘함이 높은 것을 좋아하게 되었다. 그래서 속세의 일을 버리고 불교를 찾고 싶어졌다.[5]

여기서는 율곡이 불교를 접하게 된 계기를 어머니에 대한 슬픔과 봉은사에서 불교 서적을 본 것에서 찾고 있다. 봉은사는 명종의 어머니 문정 왕후(文定王后)와 승려 보우(普雨)가 중흥시킨 사찰로 서울에서 가장 가깝고 큰 사찰이기도 했다. 아마 이 사찰을 아버지 이원수나 어머니 사임당도 자주 찾았던 것으로 보인다. 하지만 율곡이 봉은사에 가서 불교 서적을 보았다는 것은 조금 믿기 어렵다. 집에도 불교 서적이 있었기 때문이다. 아마도 김장생은 율곡의 집에 불교 서적이 있다는 것을 밝히기가 거북하여 봉은사에 가서 불경을 보았다고 쓴 것이 아닐까 짐작된다.

이렇듯 율곡이 금강산에 들어가 승려가 된 동기에 대해서는 여러 가지 설이 있는데, 그 가운데 어느 하나를 동기로 보기보다는 그 주장들이 모두 옳다고 보아야 할 것이다. 다시 말해, 기본적으로는 어머니의 죽음에 대한 슬픔이 지나쳐 세상사를 잊고 싶은 심정이었는데, 서모와의 갈등으로 가정생활에 더욱 회의를 느끼게 되고, 집안에 불경이 있어 쉽게 불교에 접할 수 있는 환경에 있는 데다, 기를 길러 마음을 안정시키기 위해서는 산수가 아름다운 금강산에 들어가는 것이 좋겠다는 생각, 불교는 삶과 죽음을 대립으로 보지 않으며 죽은 이를 극락으로 이끌 수 있다는 믿음, 그리고 마음을 다스리는 태도가 유교에서 추구하는 양기수심(養氣修心)의 이론과 배치되는 것도 아니라는 생각 등이 합쳐진 것으로 보인다. 여기에 한 가지를 더 추가한다면 어머니 사임당도 평소에 불교를 가까이했을 가능성도 없지 않다. 조선 시대 여인이 사찰을 가까이하는 것은 흔히 있었던 일이기 때문이다.

사람이 정신적으로 큰 충격에 빠졌을 때 종교에 귀의하고 싶은 충동을 느끼는 것은 동서고금이 다르지 않다. 율곡의 경우 귀의할 종교는 당시로서는 불교밖에 없었으며, 아무리 불교를 이단으로 비판하는 유학자라도 불교가 심성을 연마하는 데 일정한 도움이 된다는 것을 부인한 학자는 없었다. 특히 16세기 후반의 성리학 사조는 심학(心學)에 기울어져 있어서 선학을 용납하는 풍조가 있었던 점을 고려할 필요가 있다. 다만 율곡이 승려가 된 것만은 성리학자로서는 용납되기 어려운 이단아의 길이었음은 숨길 수 없는 사실이다.

그러면 율곡은 금강산에 들어가서 어떤 생활을 했으며, 1년 만에 다시 속세로 돌아온 이유는 무엇일까? 이 점에 대해 율곡 자신은 나중에 불교의 허망함을 깨달았기 때문이라고 밝히고 있지만, 앞에서 살핀 것처럼 아버지의 강력한 권유도 크게 작용했다고 보아야 할 것이다. 하지만 불교에 심각하게 중독되어 있었다고 스스로 인정한 점에서나, 또는 『선조수정실록』에 실린 졸기(卒記)에서 당시 금강산 승려들 사이에 율곡이 생불(生佛: 살아 있는 부처)로 불렸다고 한 점에서, 그가 1년간 충실한 승려 생활을 한 것은 사실로 보인다.

그가 금강산에 가는 도중이나 금강산에 들어갔을 때 아름다운 경관을 보고 느낀 감정, 노승(老僧)과 나눈 대화 등이 여러 편의 시(詩)로 전하고 있다.6 이 시들은 지금 『율곡전서』에 실려 있으나 번거로움을 피하여 소개하지 않겠다. 다만 이런 시들을 보면 그가 불교에도 깊이 빠져 있었지만, 한편으로는 금강산의 이곳저곳을 두루 유람하면서 기를 기르고 있었음을 알 수 있다.

하지만 율곡의 후학들은 율곡이 속세로 돌아온 이유를 자기 나름으로 해석하고 있는데, 우선 연보에서는 이렇게 적고 있다.

산문(山門)에 들어가자 오랫동안 계율을 지키고 참선을 행함이 매우 견고하여 잠자고 밥 먹는 것도 잊을 지경에 이르렀다. 그러나 율곡은 어느 날 문득 깨달았다. 불씨(佛氏)가 그 교도들에게 생각을 덜지도 더하지도 말라고 경계한 것은 별로 기묘한 말이 아니다. 다만 마음이 딴 곳으로 달아나는 것을 끊어서 정신을 응결시켜 지극히 고요하고 텅 비고 밝은 경지에 이르게 하고, 화두(話頭)를 빌려다가 공부를 시키기 위함이다. 그런데 사람들이 이를 미리 알면 선(禪)을 수행함이 정밀하고 전념하지 못할 것을 염려하여 금(禁)을 설정하여 속이는 것이다. 그래서 율곡은 불교가 그릇된 것을 깨닫고 불교를 버리고 오로지 오도(吾道: 유교)에 마음을 쏟게 되었다.

한편 김장생이 지은 행장에는 위 글에 이어 이렇게 적혀 있다.

(율곡이) 일찍이 학자들에게 말하기를, 내가 젊었을 때 선가(禪家)의 돈오법(頓悟法)은 도(道)에 들어가는 것이 매우 빠르고 오묘하다고 망령되이 생각했다. 그런데 만상(萬象)이 하나로 돌아가는데, 하나는 어디로 돌아가는가를 화두로 삼아 몇 년간 생각해 보았으나 끝내 깨닫지 못하여 돌이켜 찾아보니 그것이 진실이 아님을 알게 되었다.

그러나 위 글들은 후세인이 쓴 것으로 율곡의 진심을 얼마나 대변하고 있는지는 의문이다.

율곡은 하산한 뒤인 20세 때 자신을 반성하는 「자경문」을 지었는데, 모두 11조로 구성되어 있다. 그 가운데 제1조는 먼저 뜻을 크게 세워 성인(聖人)을 준칙으로 삼으며, 조금이라도 성인에 미치지 못하면 나의 일은 끝난 것이 아니라고 했다. 「자경문」에는 "일가(一家) 사람들이 불화(不化; 교화되지 않음)하는 것은 성의를 다하지 않는 까닭"이라는 대목이 있는데, 이 말은 무슨 의미인지 정확히는 알 수 없으나 자신의 불효를 반성하는 뜻으로도 보인다.

율곡은 만년에 선조 임금의 왕명으로 「김시습전(金時習傳)」을 썼다. 여기서 유학자로서 승려가 된 김시습의 재능과 문장을 격찬한 데서도 그가 불교를 이단으로 배척했던 것은 아님을 알 수 있다. 율곡은 불교를 이단으로 부르지는 않았다.

이 밖에 율곡의 저서 가운데 『순언(醇言)』이라는 책이 전해지고 있는데『율곡전서』에는 빠져 있지만 율곡의 사상을 엿보는 데 참고가 된다. 이 책은 노자(老子)의『도덕경(道德經)』을 유가(儒家)의 입장에서 해석하면서 마음을 다스리는 수심(修心)의 측면에서 유가와 도가가 서로 만날 수 있는 지점을 찾아본 것이라고 할 수 있다. 이렇게 본다면 율곡은 기본적으로 성리학자이지만, 심학(心學)의 측면에서는 불교의 선학이나 노자의 무위자연(無爲自然) 사상을 성리학과 절충하는 입장을 취했다고 볼 수 있다.

○○ '아홉 번 장원한 분'

19세에 금강산에 들어갔다가 20세에 속세로 돌아온 율곡은 강릉 외가로 갔다. 서울 집으로 가지 않고 76세의 외할머니만 계시는 외가로 간 것은 입산할 때 가족에게 알리지도 않고 떠난 것과 마찬가지로 서울의 서모에 대한 불편한 감정이 남아 있었기 때문인 듯하다. 그러나 돌아오자마자「자경문」을 써서 유학을 공부하겠다고 스스로 다짐한 이상 외가에만 머물 수는 없었을 것이다.

21세 되던 다음 해(1556년, 명종 11년) 봄에 율곡은 서울로 돌아와서 한성시(漢城試)에 급제하여 대책(對策)에서 장원했다. 하지만 최종급제는 하지 못했는데, 최종 시험인 전시(殿試)에는 응시하지 않았는지 아니면 응시했다가 낙방했는지 알 수 없다. 이 무렵 율곡은 성균관에 입학하여 알성시(謁聖試)에 응시하려고 했는데, 그가 한때 승려가 되었다가 환속했다는 이유로 알성시에 응시할 때 유생들이 성균관에 들어오지 못하게 하는 등 심한 따돌림을 당했다.7 이에 당시 권력자인 심통원이 사람을 보내 유생들을 설득시켰다고 한다. 결국 한성시와 알성시의 도전은 모두 실패하고 말았다.

율곡은 22세 되던 해 9월에 5세 연하인 곡산 노씨와 혼인하여 가정을 이루었다. 곡산 노씨는 대대로 의관 집안이었지만, 황해도 해주 석담에 상당한 농토가 있었고, 장인 노경린에 이르러서는 정3품직에 해당하는 목사와 종부시정의 높은 벼슬에 올랐으므로 아직 벼슬을 못하고 있던 율곡에게는 큰 의지가 되었다.

23세 봄에 율곡은 성주 목사인 장인을 찾아갔다가 강릉으로 돌아오는 길에 예안(禮安)의 도산(陶山)에 들러 퇴계 이황(退溪 李滉; 1501~1570년)을 예방하고 학문의 길을 물었다. 당시 퇴계는 율곡보다 34세의 연상인 57세의 원로로서 영남 성리학의 거장이었으므로 많은 문인(門人)을 거느리고 있었다. 그는 율곡을 보고 사람됨이 명랑하고 시원스러우며 똑똑함에 놀라 "후생가외(後生可畏; 제자가 두려움)라는 성인(聖人; 공자)의 말씀이 나를 속이지 않는다."라고 말했다.

이때부터 시작된 퇴계와의 인연은 그 후에도 계속되어 서찰을 통해 이기설(理氣說)에 관한 논변을 주고받았는데, 퇴계가 율곡의 설을 좇아 자신이 지은 「성학십도(聖學十圖)」의 순서를 수정하기도 했다. 뒷날 두 사람의 제자들과 추종자들은 각각 영남학파와 기호학파를 형성하여 서로 토론하고 경쟁하면서 성리학을 발전시켜 나갔고, 때로는 경쟁이 지나쳐 남인(南人)과 서인(西人)으로 나뉘어 당쟁을 일으키기도 했지만, 정작 당사자들은 진지한 사제 관계를 맺고 있었던 것이다.

율곡은 금강산에 들어가기 직전에는 고향 파주 율곡촌과 가까운 거리에 있는 우계(牛溪)에 은거하고 있던 우계 성혼(牛溪 成渾; 1535~1598년)과도 교우 관계를 맺었는데 한 살 위인 그와는 학문적으로나 정치적으로 가장 가까운 평생 동지가 되었다. 또 성혼의 부친으로서 조광조의 문인이었으나 평생을 처사로 보낸 청송 성수침(聽松 成守琛; 1493~1564년)에 대한 존경심도 남달라 그가 세상을 떠나자 제문과 행장을 짓기도 했다.

한편 파주에서 멀지 않은 고양(高陽)의 구봉산(龜峰山) 아래에 살고 있던 구봉 송익필(龜峰 宋翼弼; 1534~1699년)도 비록 2세 연상이지만 율곡과는 막역한 학우이자 평생 동지로 지냈다. 다만 송익필은 할머니가 노비 출신으로 아버지 송사련(宋祀連)이 비첩(婢妾) 소생이었으므로 그도 벼슬을 하지 못했지만 학문적으로는 성리학과 예학(禮學)의 대가로서 많은 후학을 길러 내어 뒷날 서인 세력의 종장의 한 사람이 되었다.

율곡이 존경한 인물 가운데에는 개성의 처사 학자인 화담 서경덕(花潭 徐敬德; 1489~1546년)이 있다. 율곡이 11세 때 그가 세상을 떠났으므로 그와 직접 교류한 일은 없지만 개성과 파주도 거리상 매우 가까워 그의 학문에 영향을 받은 것으로 보인다. 서경덕에 대한 흠모는 1575년(선조 8년)에 영의정 추증을 요청한 데서도 드러난다. 율곡이 서경덕의 제자인 박순(朴淳; 1523~1589년)과 두터운 친교를 맺은 것도 예사롭지 않다. 박순은 율곡보다 13세 연상이었으나, 가장 가까운 학문적 동지인 동시에 정치적 동지의 한 사람이 되어 율곡이 어려움에 처했을 때는 항상 그를 보호하는 역할을 맡았다.

율곡의 이기론이 퇴계 이황의 이기론과 비교할 때 기(氣)를 한층 존중하는 입장을 지니고 있는 것은 서경덕의 영향도 있는 듯하다. 물론 서경덕은 주기론자(主氣論者)이고, 율곡은 이기이원적 일원론자(理氣二元的 一元論者)이므로 두 사람의 견해가 똑같은 것은 아니지만, 기를 긍정적으로 바라보는 입장은 서로 비슷한 점이 있기 때문이다.

이렇듯 임진강을 사이에 두고 남과 북에 출현한 기라성 같은 학자들은 16세기 사상계에 임진학파(臨津學派)로 불러도 좋을 만한 인재들이라 할 수도 있다. 이는 개성과 서울의 중간 지점에 해당하는 파주 일대의 학자들이 개성과 서울 학문을 절충하는 특색을 지니는 새로운 학풍을 만들었다고도 볼 수 있다.

율곡은 퇴계를 만난 그해(1558년, 명종 13년) 겨울에 문과 별시(文科別試) 초시에 장원 급제했는데, 당시 고관(考官; 출제 위원)이었던 정사룡(鄭士龍)과 양응정(梁應鼎) 등은 그의 답안지 「천도책(天道策)」을 보고 놀라 율곡을 천재라고 불렀다. 그러나 율곡은 문과 별시의 최종 시험에 급제하지 못했다. 복시에 응시를 하지 않았는지, 아니면 응시했다가 낙방했는지는 알 수 없으나, 결과적으로 그의 도전은 또다시 실패로 끝나고 말았다.

율곡이 26세가 되던 해에 아버지 이원수가 세상을 떠났다. 향년 61세였다. 파주의 사임당 묘소에 합장되었는데 뒤에 율곡이 큰 벼슬아치가 되자 아버지 이원수에게 의정부 찬성(贊成; 종1품)의 벼슬이 추증되었다. 아버지의 죽음은 어머니의 죽음처럼 큰 충격을 준 것 같지 않다.

율곡은 3년간 아버지 상을 치르는 동안에는 특별한 활동을 하지 않았다. 아마도 이 시기에 과거 공부에 몰두한 듯하다. 율곡은 뒷날 집안이 가난하여 녹을 먹기 위해 구차스럽게 과거에 응시했다고 명종 임금에게 말하면서 정언(正言) 벼슬을 체직해 달라고 요청한 일이 있는데,[8] 아버지가 세상을 떠난 뒤로 더욱 경제적으로 쪼들린 것은 사실로 보인다. 율곡 자신은 과거 제도를 별로 좋은 제도로 여기지 않았고 벼슬에 큰 뜻을 두지도 않았기 때문에 율곡의 말에는 어느 정도 진심이 담겨 있었다. 그가 일생 동안 벼슬을 쉽게 던져 버리고 은거 생활을 반복한 이유도 여기에 있을 것이다. 하지만 생활의 압박을 피할 길은 없었다.

28세에 탈상을 마치고, 29세 되던 명종 19년(1564년)에 이르러 율곡은 과거 시험에 대한 회한을 한꺼번에 풀었다. 생원과 진사시에 급제하고 이어 같은 해 식년 문과(式年文科)에도 급제했다. 생원과 진사시는 초시와 복시에서 장원하고, 문과 시험에서는 초시, 복시, 전시에 모두 장원하여 일곱 번 장원했는데, 거리의 아이들은 율곡이 탄 말을 둘러싸고 '아홉 번 장원한 분(九度壯元公)'이라고 불렀다고 한다. 아마도 13세 때 진사 초시에 급제하고, 23세에 별시 초시에 장원한 것을 합쳐서 부른 것이거나 아니면 일곱 번 장원을 듣기 좋게 아홉 번 장원으로 바꿔 불렀는지도 모른다. 어쨌든 여러 번의 실패를 경험 삼아 마음을 다잡고 시험에 임한 결과로 보인다. 29세에 문과에 급제한 것은 그의 천재성에 비추어 본다면 빠른 것은 아니었지만, 그 대신 합격 증서를 3개나 받았으니 요샛말로 하자면 3관왕에 오른 셈이 되었다.

율곡이 여러 차례 장원한 것이 임금에게 알려지자 명종은 그를 대궐로 불러들여 「석갈등용문(釋褐登龍文; 갈옷을 벗고 용이 되어 출세하다)」

이라는 제목으로 시를 짓게 했다고 한다.

○○ 엘리트 코스의 벼슬길에 오르다

1564년(명종 19년)에 29세로 문과에 급제한 율곡은 명종이 승하하고 선조가 즉위할 때까지 3년간 호조 좌랑, 예조 좌랑, 사간원 정언(正言), 병조 좌랑, 이조 좌랑을 지냈다. 이 벼슬은 모두 정6품직이지만, 가장 노른자위에 해당하는 이른바 청직(淸職)과 요직(要職)이었다. 육조의 낭관(郎官)은 요직이고, 사간원 정언은 청직으로 알려진 곳이다. 이를테면 엘리트 코스의 벼슬길에 오른 것이다.

당시 율곡의 비판자들은 그가 요직에 오른 것이 명종 비 심씨의 동생이었던 심의겸의 후원 때문이라고 말했다. 장원 급제자가 요직에 나가는 것은 일반적인 관행으로도 볼 수 있지만, 대뜸 청요직에 오른 것은 심의겸의 도움이 전혀 없었다고 보기는 어려울 것 같다. 특히 명종 말년에 오른 이조 좌랑과 병조 좌랑은 인사권을 가지고 있어서 요직 가운데서도 가장 선망받는 자리이며, 특히 이조의 낭관은 선조 때 동서 분당의 원인이 될 만큼 중요한 자리이기도 했기 때문이다.

생활의 궁핍을 면하기 위해 녹을 먹으려 벼슬길을 택했다고 말한 율곡이지만, 그렇다고 정의(正義)를 버리고 녹만을 챙겼다면 그것은 율곡이 아닐 것이다. 그는 벼슬길에 나가자마자 불의와 싸우는 패기 넘치는 젊은 정치인의 모습을 보여 주기 시작했다. 그가 공격의 목표로 삼은 것은 당시 선비 사회의 공적(公敵)으로 지목되었던 승려

보우와 척신 윤원형이었다.

　보우는 명종의 모친 문정 왕후의 신임을 받아 1548년(명종 3년)에 봉은사 주지에 임명되고, 명종 5년에 선교양종(禪敎兩宗)을 부활시켰다. 또한 척신 윤원형의 도움으로 300여 개의 사찰을 정찰로 공인시켰고, 도첩제(度牒制)를 실시하여 4000명의 승려를 선발했으며, 과거 제도 안에 승과(僧科)를 실시하기도 했다. 이렇게 몰락한 불교를 중흥시켰으나, 1566년(명종 21년)에 문정 왕후가 죽자 유생들과 언관의 호된 비판을 받고 제주에 유배되었다가 참형당했다. 윤원형은 문정 왕후의 친동생으로서 이른바 소윤파의 영수가 되어 을사사화를 일으켜 공신에 오른 다음 권력을 쥐고 대윤 일파를 숙청하는 등 횡포를 저지르다가 문정 왕후가 죽자 귀양 가서 죽었다. 대윤은 중종의 두 번째 왕비 장경 왕후 집안을 말하고, 소윤은 세 번째 왕비 문정 왕후의 집안을 가리킨다.

　율곡은 예조 좌랑으로 있던 1565년(명종 20년) 8월에 두 차례 상소를 올려 보우와 윤원형이 국가와 백성을 병들게 하는 원흉임을 지목하고 선비들의 공론을 따라 벌줄 것을 간청했다. 이 사실은 『명종실록』에는 보이지 않으나 『율곡전서』에 그 상소문이 실려 있다.

　같은 해 12월에 율곡은 사간원 정언으로 제수되자 사직 상소를 올렸는데, 그 속에는 국정에 대한 매서운 비판이 들어 있었다. "지금의 국사는 마치 큰 병을 치르고 난 뒤에 원기가 아직 회복되지 못해 마디마디 아프고 저린 것 같아 한번 조섭을 잘못하면 곧바로 위급한 상태로까지 이를 지경에 다다랐다."라는 것이 그의 진단이었다.[9]

　율곡이 31세 되던 1566년(명종 21년) 5월에는 사간원 정언으로 있으면서 대사간 강사필(姜士弼)이 올리는 상소문을 대신 작성해 주었는데, 그 내용은 정심(正心), 용현(用賢), 안민(安民) 등 세 가지 시무(時務)를 논한 것이었다.[10] 먼저, 정심은 임금이 요순의 마음을 가지고 군사(君師)의 책임을 다하라는 것인데, 임금을 군사로 표현한 것이 주목된다. 군사는 요순을 높여 부르는 것으로 임금의 직책과 스승(학자)의 두 가지 책임을 다한다는 뜻이다. 둘째, 용현은 문사(文詞; 문학적 재능)가 아닌 경술(經術; 나라를 경영하는 능력)로 인재를 키워야 한다는 것과 문음(門蔭; 아버지 덕으로 벼슬을 얻는 것)을 억제하고 현량(賢良; 어질고 착한 선비)과 유일(遺逸; 시골에 숨어 사는 선비)의 선비를 발탁하라는 것이다. 셋째, 안민에서는 세금을 일족(一族)에게 연좌시키는 것을 금지하고, 공납(貢納)과 공노비의 선상(選上)은 『경국대전』에 있는 것만 받고, 진전(陳田; 황무지)에서는 세금을 받지 말고, 수령을 잘 선발하고, 옥송(獄訟)을 공정하게 해야 한다고 했다. 임금은 이 상소를 보고 좋게 받아들였으나 1년 뒤에 세상을 떠났다.

또 같은 달에 아버지 이원수가 파주에 가지고 있던 재산을 서모와 7남매가 모여 의논한 끝에 공동으로 분배했는데, 그 내용이 「분재기」로 남아 있음은 앞에서 이미 설명한 바와 같다. 이때 율곡이 받은 것은 노비 15명(노(奴) 7명, 비(婢) 8명), 논(畓) 14복(卜) 8두락, 밭(田) 19복(卜)이었는데, 다른 형제자매들보다 오히려 적게 받았다. 여기서 14복의 논은 대략 0.14결(結) 정도에 지나지 않고, 19복의 밭도 0.19결에 지나지 않는다. 따라서 논과 밭을 다 합쳐도 3분의 1결에 불과하다. 율곡이 가난에 시달린 이유를 알 수 있다.

3 왕도 정치를 꿈꾸며 경장을 주장하다

○○ 새 임금 선조를 맞이하다

　32세의 장년에 들어선 율곡은 16세의 선조(宣祖; 1552~1608년)를 새 임금으로 만났다. 명종이 후사가 없었으므로 중종의 후궁 창빈 안씨(昌嬪安氏)의 소생인 덕흥 대원군(德興大院君)의 셋째 아들을 임금으로 맞이하게 된 것이다. 선조는 비록 후궁의 소생이지만 품성도 바르고 공부도 많이 하여 그가 임금이 되자 신민의 기대가 자못 컸다.
　선조를 새 임금으로 모시게 된 율곡도 이제야말로 횡포를 부리던 척신(戚臣; 왕비 집안 권력자)들이 모두 제거되고 선비가 꿈꾸는 왕도 정치(王道政治)가 꽃필 수 있는 절호의 기회라고 생각했으며, 선조 또한 율곡의 해박한 지식과 경륜을 인정했다. 그래서 율곡은 18년간 조정과 향리를 오가면서 간헐적으로 벼슬살이를 이어갔는데, 동인과 서인의 분당이 나타난 1575년(선조 8년)을 기준으로 그 이전과 이후 시기로 나누어 살펴볼 수 있다. 율곡이 수시로 벼슬을 버리고 파주, 해주의 석담 등지로 은거한 것은 선조가 율곡의 말을 옳게 받아들이면서도 실천을 게을리하고 개혁을 두려워하여 율곡을 실망시켰기 때문이었다. 그러나 선조의 입장에서 보면 율곡이 비록 충성스럽고 똑똑한 선비임에는 틀림없지만, 그의 언사가 너무 과격하고 개혁에 대한 열망이 지나치다고 생각하여 그를 견제하고픈 마음도 없지 않았다. 그래서 두 사람은 서로 불가근불가원(不可近不可遠)의 관계를 가지면서 숨바꼭질을 하듯 만났다 헤어지기를 반복했다. 다시 말해 율곡을 불러들이면 골치 아프고, 율곡이 물러나 있으면 그의 경륜이 필요한 것이 선조의 입장이었고, 임금을 만나면 직언으로 정치를 비판하고, 임금이 자신의 주장을 실천하지 않으면 가차 없이 벼슬을 버리고 물러나는 것이 율곡의 몸가짐이었다.

동서 분당 이전은 홍문관의 교리(校理; 정5품), 응교(應敎; 정4품), 직제학(直提學; 정3품), 부제학(副提學; 정3품 당상관)과 청주 목사(淸州牧使; 정3품), 부승지(副承旨; 정3품 당상관), 그리고 사간원 대사간(大司諫; 정3품 당상관)의 직책을 수행하면서 경연에서 선조에게 열렬하게 경장(更張)의 필요성을 역설하던 시기다. 5품에서 시작된 벼슬이 8년 만에 정3품 당상관에까지 올랐으며, 그 벼슬이 모두 임금을 가장 측근에서 모시던 근시직(近侍職)이었다. 나이로 치면 율곡은 32세에서 40세에 이르는 장년기였고, 선조는 16세에서 24세에 이르는 청년기였다. 율곡은 언제나 어린 임금을 따갑게 훈계하는 말로 일관했고, 한 번도 아첨하는 말을 한 일이 없었다.

동서 분당 이후 시기에도 율곡은 청요직을 계속 이어 나갔다. 대사간(大司諫; 정3품), 대사헌(大司憲; 종2품), 홍문관과 예문관의 대제학(大提學; 정2품), 호조 판서(정2품), 이조 판서, 병조 판서, 의정부 찬성(贊成; 종1품) 등의 중책을 역임했다. 종2품직에서 종1품직에까지 오른 것이다. 율곡의 나이는 41세에서 49세에 이르렀고, 임금의 나이는 25세에서 33세에 이르는 시기였다. 선조로서는 가장 정력적으로 일할 나이였으나, 무사안일과 수구(守舊)로 일관하여 율곡의 가슴을 애타게 만들다가 서로의 인연이 끝나고, 결국 8년 뒤에 왜란의 참화를 만나게 된 것이다.

율곡의 말년은 정치적으로 가장 힘든 시기였다. 동인으로부터 서인파의 영수로 지목되어 맹렬한 비판에 시달렸는데, 특히 세상을 떠나기 전 1년간은 가장 힘든 시기를 보냈다. 그런데 율곡을 존경하면서도 그의 경장을 받아들이지 않던 선조가 오히려 이때에는 동인의 치열한 공격에도 불구하고 율곡을 적극적으로 비호하여 끝까지 지켜 주면서 병조 판서와 이조 판서의 중책을 맡겼다. 이는 그에게 군정(軍政)과 인사권에 관한 경장을 위임한 것으로 볼 수 있다. 하지만 선조는 율곡의 경장 이론 가운데 가장 중요한 위치에 있던 세금 문제, 곧 공안(貢案)과 선상(選上)의 민생 문제는 끝까지 실천하지 않았다.

○○ 『동호문답』을 통해 정치관을 피력하다

선조가 즉위한 직후 율곡은 명종 대 사화를 일으키고, 정치를 어지럽혔던 척신 세력의 잔당을 청산하는 일이 가장 급선무라고 생각했다. 그래서 1567년(선조 즉위년) 9월에 이조 좌랑으로 있으면서 육조의 낭관들과 더불어 마지막 척신인 심통원을 규탄하는 상소를 올렸다. 심통원은 명종 비 인순 왕후의 종조부로서 윤원형과 더불어 권력을 남용하여 뇌물을 많이 받고 다른 사람의 재산을 빼앗은 인물로 알려져 있었는데, 실은 율곡을 많이 도와준 인물이기도 했다. 율곡이 금강산에서 하산하여 성균관에서 알성시를 치르려 할 때 유생들이 그를 묘정에 들어오지 못하게 하는 등 따돌림을 했는데, 이를 막아 준 것이 심통원이었다. 그래서 뒷날 율곡의 정적인 동인들은 율곡이 심통원에 의해 길러진 사람이라고 비판하고 나섰던 것이다.

율곡은 사적으로는 심통원의 신세를 진 것이 사실이지만, 공적으로는 그의 비행을 용서할 수 없었다. 율곡은 그의 죄를 가리켜 "이익을 탐하는 것을 일로 삼았으며, 다른 사람의 노비와 재산을 빼앗아 도적이나 다름없다."라고 비판했다. 육조와 삼사의 비판을 받아 결국 심통원은 삭탈관직되었다.

심통원을 탄핵한 다음 달인 1567년 10월에 율곡은 고봉 기대승(高峰 奇大升)에게 편지를 보내『대학(大學)』의 뜻을 어떻게 해석할 것인가를 두고 토론을 전개했으니, 이렇듯 정치와 학문을 병행하는 그의 처신은 평생 동안 이어져 대학자로 성장할 수 있었다. 그런데 이런 처신은 율곡에게만 보이는 것은 아니고, 당시 명망 높은 선비들의 관행이었으며, 임금의 교육 제도인 경연에서도 수시로 수준 높은 철학이 논의되어 경연은 정치 토론장인 동시에 학술 토론장의 모습을 지니고 있었다.

33세가 되던 1568년(선조 원년) 2월에 율곡은 사헌부 지평(持平; 정5품)의 벼슬을 받았으나 사양하고, 5월에는 친구 성혼과 더불어 지선(至善)과 중(中) 그리고 안자(顔子)의 격치성정(格致誠正; 격물(格物), 치지(致知), 성의(誠意), 정심(正心))에 관한 의견을 놓고 토론했다. 그리고 이달 성균관 직강(直講; 정5품)으로 임명되어 천추사(千秋使)의 서장관(書狀官)으로 북경에 갔다가 겨울에 돌아와서 홍문관 부교리(副校理; 종5품)로서 임금의 교서를 작성하는 지제교(知製敎), 경연에서 고전을 읽어 주는 경연 시독관(經筵侍讀官), 춘추관에서 시정기를 편찬하는 기주관(記注官)의 여러 직책을 겸임하고,[1] 휴가를 받아 동호(東湖; 지금의 성동구 옥수동)에 있는 독서당(讀書堂)에 가서 공부하는 사가독서(賜暇讀書)의 명을 받았다.

홍문관 부교리에 제수되었을 때 율곡은 소싯적에 선학에 오염된 일이 있어 직책을 감당할 수 없다고 사양했으나 임금은 듣지 않았다. 그러나 이 직책은 곧 끝나고 이해 11월에 이조 좌랑(정6품)에 임명되었는데, 마침 외할머니의 병이 위중한 것을 이유로 벼슬을 버리고 강릉으로 갔다. 실제로 당시 강릉에는 율곡을 키워 준 89세의 외할머니를 돌볼 자식이 없었으며, 외할머니는 이듬해 세상을 떠났다.

1569년(선조 2년)에 34세가 된 율곡은 6월에 홍문관 교리에 임명되자 경연에 참석하여 각 시대마다 숭상하는 목표가 있음을 예로 들면서 지금 권간(權奸)은 없어졌지만 선비들이 충군애국(忠君愛國)의 마음이 없고 무사안일에 빠져 있음을 지적했다. 또한 임금이 앞장서서 사기를 진작시키고, 『대학』의 격물치지와 성의정심의 정신을 가지고 분발하여 선정을 펼 것과 군사(君師)의 책임을 다할 것을 촉구했다. 앞서 명종 때에도 임금에게 군사의 책임을 강조한 바 있는데, 선조에게도 똑같은 주문을 했다. 그리고 임금을 도(道)로 이끌지 못하고 최근의 법만을 지키려고 하는 영의정 이준경(李浚慶)을 비판하기도 했다. 이때 경연 특진관 김개(金鎧; 1504~1569년)는 요즘 젊은 무리들이 대신을 경멸하여 기묘사림(己卯士林)의 버릇을 되살리고 있다고 비판했으나 이해 기대승의 비판을 받고 김개의 관직이 삭탈되었다.

율곡은 앞서 1568년에 사가독서의 명을 받았다. 사가독서를 받은 사람들이 매달 시문을 지어 임금에게 바치면 홍문관 대제학이 등급을 매겨 신하들의 학문을 권장하는 제도였다. 요즘으로 치면 연구 휴가를 주는 제도와 비슷하다. 그런데 율곡이 실제로 동호의 독서당에 들어간 것은 1569년으로서 여기서 공부한 결과를 정리하여 이해 9월에 『동호문답(東湖問答)』이라는 책을 저술하여 임금에게 바쳤다.[2]

뒷날 가사 문학(歌辭文學)의 대가로 알려진 송강 정철(松江 鄭澈; 1536~1593년)도 함께 독서당에 들어가 공부하면서 율곡과 막역한 친구가 되었다. 물론 그 이전에도 교류한 일이 있어 정철은 심의겸, 율곡, 성혼, 송익필 등과 더불어 '파주 5인방'으로 불리기도 했으며, 뒷날 서인의 핵심 세력이 되었다. 하지만 그 가운데 송익필과 정철은 과격한 성격으로 동인과 갈등이 심하여 율곡이 세상을 떠난 뒤에 옥사(獄事)를 일으키기도 했다.

율곡이 임금에게 바친 『동호문답』은 모두 11조로, 객(客)이 물으면 주인(主人)이 대답하는 형식으로 구성되어 있다. 그 내용은 ① 임금의 직책을 설명한 「논군도(論君道)」, ② 신하의 직책을 설명한 「논신도(論臣道)」, ③ 역사적으로 좋은 임금과 좋은 신하가 만나기 어렵다는 사실을 이야기한 「논군신상득지난(論君臣相得之難)」, ④ 우리나라 도학(道學)이 기자(箕子)로부터 시작되었으나 후세에 이어지지 못한 것을 말한 「논동방도학불행(論東方道學不行)」, ⑤ 조선 왕조에 들어와 세종과 성종 같은 좋은 임금이 있었으나 연산조 이후 후퇴하다가 중종조에 조광조 일파가 도학(道學)을 일으키려 했으나 너무 과격하고 조급하여 실패한 사실을 설명한 「논아조고도불복(論我朝古道不復)」, ⑥ 현재의 당면한 과제를 논한 「논당금지시무(論當今之時務)」, ⑦ 무실(務實; 실천에 힘씀)이 수기(修己)의 근본임을 논한 「논무실위수기지요(論務實爲修己之要)」, ⑧ 간신(姦臣)을 분간하는 것이 어진 사람을 등용하는 근본임을 논한 「논변간위용현지요(論辨姦爲用賢之要)」, ⑨ 군역, 방납, 서리의 주구 등을 개혁해야 민생이 안정될 수 있음을 논한 「논안민지술(論安民之術)」, ⑩ 학교 제도와 과거 제도의 개혁을 논한 「논교인지술(論敎人之術)」, ⑪ 을사사화를 일으킨 원흉들을 징계해야 명분이 설 수 있음을 논한 「논정명위치도지본(論正名爲治道之本)」이다.

이 책은 1575년(선조 8년)에 저술한 『성학집요(聖學輯要)』와 더불어 율곡의 정치사상이 집약된 대표적 명저의 하나이기 때문에 자세한 내용은 뒤에 다시 설명하기로 한다.

율곡은 이해(1569년) 9월 25일에 열린 경연에서 선조에게 듣기 싫어할 말을 올렸다. 세종과 세조는 신하들을 마치 가족이나 부자(父子)처럼 친하게 대해서 신하들이 은혜와 덕에 감복하여 사력을 다 바쳤는데, 선조는 신하들의 말에 조금도 응수하여 대답을 하지 않기 때문에 뜻이 통하지 않는다고 서슴없이 직언한 것이다. 이때 선조는 『동호문답』의 내용에 대해 율곡에게 질문하기도 했다. 선조의 태도는 자신이 요순이나 다른 중국의 성현 같은 능력과 자질을 가진 사람이 아닌데 어떻게 이상적인 정치를 할 수 있느냐는 것이었다. 율곡은 선조가 큰 뜻을 품고 요순처럼 해 보려는 노력을 애초부터 포기하려는 태도에 항상 실망감을 감추지 못했다.

임금을 요순 같은 군사로 만들고 요순 삼대(堯舜三代; 요, 순, 하(夏) 나라 우왕(禹王), 은(殷)나라 탕왕(湯王), 주(周)나라 문왕(文王)과 무왕(武王))의 왕도 정치를 구현하고자 하는 율곡의 의지는 중종과 명종 때 사화로 희생된 깨끗한 선비들의 정당성을 되찾아 주고, 이들을 핍박하고 나서 공신이 된 권간(權姦)들의 정당성을 인정하지 않는 것으로 나타나기도 했다. 그래서 주장하고 나선 것이 명종 때 을사사화를 일으키고 공신으로 책봉된 이른바 위사공신(衛社功臣)의 공훈을 가짜인 위훈으로 몰아 삭탈하는 일이었다. 이 문제가 경연에서 논의되자 영의정 이준경은 사화에 해를 입은 사람 가운데 더러는 선사(善士; 착한 선비)가 있었다고 말했고 율곡은 이를 맹렬히 비판했다. 착한 선비가 더러 있었던 것이 아니라 모두가 착한 선비였으므로 위훈을 삭탈해야 국시(國是)가 바로 선다고 주장했다.

율곡의 개혁 의지는 여기서 멈추지 않았다. 율곡은 같은 달 동료들과 더불어 아홉 가지 시무(時務)를 상소했다. 그 내용은 ① 임금이 뜻을 굳게 가져 실효(實效)를 구할 것, ② 도학(道學)을 숭상하여 인심(人心)을 바르게 할 것, ③ 기미(幾微)를 살펴서 사림(士林)을 보호할 것, ④ 대례(大禮; 왕비를 맞이함)를 삼가여 배필을 존중할 것, ⑤ 기강을 진작시켜 조정을 엄숙하게 할 것, ⑥ 절약과 검소함을 숭상하여 국용(國用; 국가 재정)을 튼튼히 할 것, ⑦ 언로(言路)를 넓혀서 많은 대책을 모을 것, ⑧ 현명한 사람과 재주 있는 신하를 모아서 천직(天職)을 함께할 것, ⑨ 폐법(弊法)을 혁파하여 민생을 구제할 것 등이다. 앞서 소개한 『동호문답』의 주장과 대동소이하다.

34세의 젊은 홍문관 교리로서 율곡은 여러 달에 걸쳐 하고 싶은 말을 모두 선조에게 간언했으나 선조는 받아들이지 않았고, 때로는 과격하다고 배척했다. 율곡은 선조의 마음을 돌릴 수 없다고 생각하고는 외할머니의 병환을 돌보기 위해 10월에 휴가를 얻어 강릉으로 갔다.

○○ 청주 목사에 임명되어 향약을 시행하다

율곡이 35세 되던 1570년(선조 3년) 4월에 임금은 강릉에 있던 율곡을 불러 다시 홍문관 교리에 임명했는데, 율곡은 어떻게 처신할지를 몰라 퇴계에게 편지를 보내 자문을 구했다. 임금을 버려야 하는가, 아니면 끝까지 임금을 설득해 성군을 만들어야 하는가? 어느 것이 참선비로서 택해야 할 길인가?

퇴계는 율곡의 질문에 이렇게 답했다. "돌아갈 구업(舊業; 집과 재산)이 없으면 차라리 물러날 계획을 하지 마라.…… 다만 벼슬을 하되 배운 것을 저버리지 마라." 그래서 율곡은 퇴계의 충고를 받아들여 교리를 맡았다. 실제로 그는 퇴계의 말대로 물러나면 갈 곳이 없었고, 벼슬하면 자신의 신념과 맞지 않는 현실과의 간극에 회의와 고민을 거듭하면서 진퇴를 반복했다. 어려울 때 자문을 구하던 퇴계는 이해 12월에 세상을 떠나고 말았다. 그 후 3년 뒤인 1573년에 율곡은 퇴계에게 시호(諡號)를 내릴 것을 임금에게 촉구했다.[3]

그러나 결국 임명된 해 10월에 율곡은 건강도 좋지 않고 벼슬에 대한 실망감도 겹쳐 교리를 그만두고 처가가 있는 황해도 해주목 야두촌으로 갔다. 장인은 이미 2년 전에 세상을 떠났으므로 그곳에는 장인의 두 서자인 처남들만이 살고 있었다. 그러니까 율곡은 처남에게 기탁하는 신세가 된 것인데, 이때 경향의 많은 선비들이 이곳으로 찾아와 학문을 배웠다. 이듬해 1571년(선조 4년) 1월, 율곡은 고향인 파주 율곡으로 가서 은거하다가 여름에 다시 해주 석담으로 갔다. 야두촌은 행정적 지명이고, 석담은 이 지역의 개울에서 딴 이름이다.

그사이 선조는 이조 정랑(정5품), 의정부 사인(舍人; 정4품), 홍문관 부응교(副應敎; 종4품), 경연 시강관(侍講官; 정4품), 춘추관 편수관(編修官; 정4품) 등의 벼슬을 내렸으나 모두 거절했다.

1571년, 36세에 해주 석담으로 내려온 율곡은 이곳에 오래 복거할 계획을 세웠다. 그런데 이해 6월에 청주 목사(淸州牧使; 정3품)에 임명되자 이를 받아들이고 처음으로 외직으로 나갔다. 여기서 그는 주자가 만든 증손여씨향약(增損呂氏鄕約)을 우리나라 현실에 맞게 조정하여 서원향약(西原鄕約)을 만들어 시행했다. 노비들도 참여시키고, 행정 조직과 향약을 결합시켜 반관반민(半官半民)의 성격을 띠게 했으며, 말단 실무자는 양인과 노비를 가리지 않고 착한 사람을 임명했는데, 특히 환난상휼(患難相恤)의 경제적 상부상조에 역점을 둔 것이 특징이었다.[4] 이 향약에 대해서는 8장에서 다시 자세히 설명할 예정이다.

율곡은 원래 향약을 조급하게 전국적으로 시행하는 것에는 반대했다. 왜냐하면 민생이 안정되지 않은 상태에서는 교화가 효과를 볼 수 없다는 이른바 '선부후교(先富後敎)' 또는 '선양민 후교화(先養民後敎化)'의 신념 때문이었다. 또 향약의 지도자가 선량하지 않으면 오히려 향약이 지방의 호강자(豪强者)들에게 악용되어 소민(小民)을 괴롭히는 수단이 될 우려가 있다는 것도 반대 이유의 하나였다. 하지만 자신이 주도하는 향약은 그런 위험이 없다고 보았기 때문에 서원향약뿐 아니라, 뒤에는 해주향약(海州鄕約), 사창계약속(社倉契約束), 해주일향약속(海州一鄕約束) 등을 만들어 시행했다. 이들 율곡 향약의 가장 중요한 특징은 경제적 상부상조를 위해 계(契)를 도입한 것과 신분적 차별을 두지 않은 것, 그리고 수령과 긴밀한 협조하에 운영된다는 점이었다.

그러나 청주 목사 생활은 건강상 이유로 1년도 안 되어 끝나고 이듬해 3월에 서울로 돌아왔다. 임금은 홍문관 부응교, 응교(應敎; 정4품), 사간원 사간(司諫; 종3품) 등의 벼슬을 잇달아 내렸으나 율곡은 모두 사직하고 율곡으로 내려가 성혼과 더불어 사단, 칠정, 인심, 도심에 관한 철학적 문제를 가지고 토론했다. 그가 율곡으로 가는 것은 주로 성혼과의 친교 관계 때문이었을 뿐이지 실제로 이곳에 오래 머물지는 않았다. 그는 퇴계나 주자의 이기론에 대하여 많은 의문을 지니고 자신의 의견을 개진했는데 이 점은 뒤에 다시 살피기로 한다. 37세 때인 1572년(선조 5년)은 이렇게 은거 생활로 보냈는데, 건강상의 이유도 있지만 선조가 개혁을 외면하는 데 대한 실망감이 컸기 때문이었다.

38세가 되던 1573년(선조 6년) 8월[5]에 임금이 벼슬을 더 높여 홍문관 직제학(直提學; 정3품 당하관)을 주고 부르자 율곡은 누차 사양하다가 나와서 선조가 정치를 잘하고 있지 못한 것을 직설적으로 비판했다. 지금 민생이 초췌하여 머지않아 나라가 토붕와해(土崩瓦解; 흙벽이 무너지고 기와가 깨짐)의 형세가 올 것으로 보이는데, 임금이 이를 바로잡을 의지가 없고, 대신들도 인습에 빠져 임금을 제대로 보필하고 있지 못하며, 개혁을 주장하는 사람들이 붕당을 조성한다고 하면서 막을 생각만 하고 있다는 것이다.[6] 율곡은 8월에 벼슬을 그만두고 파주로 내려갔다.

○○ 첫 번째 「만언봉사」를 올리다

선조는 율곡이 38세가 되던 1573년(선조 6년) 10월에 파주에 있던 율곡에게 동부승지(同副承旨; 정3품 당상관)로서 지제교(知製敎), 경연참찬관(經筵參贊官; 정3품 당상관), 춘추관 수찬관(修撰官; 정3품 당상관)을 겸하게 하여 처음으로 당상관의 벼슬을 맡겼다.[7] 임금과 가장 가까운 곳에서 벼슬하게 된 율곡은 경연에 참석하여 선조와 개혁에 관해 토론했다. 선조는 여전히 요순 삼대의 이상 정치를 당장 할 수는 없다고, 그리고 창업의 시대에는 임금이 덕이 없더라도 소강(小康)을 가져오지만, 나라를 세운 지 오래되어 쇠미해지면 현군(賢君)이 나와도 나라를 잘 다스릴 수 없다고 말하면서 개혁의 의지를 보이지 않았다.

율곡은 임금이 지닌 겸양의 태도가 옳지 않다고 하면서 자신의 생각은 요순 삼대의 이상을 한꺼번에 이루자는 것이 아니며, 하루에 한 가지씩 일을 하다 보면 점입가경하게 된다고 말했다. 그러면서 율곡은 중종 때 조광조 일파가 나이가 어려서 작사무점(作事無漸), 즉 일하는 데 점진성을 잃었기 때문에 실패했다고 지적했다. 그렇지만 지금처럼 아무것도 안 하는 것보다는 낫다고 말하고 어질고 재능 있는 자를 등용한 세종대왕을 본받을 것을 거듭 촉구했다.[8]

율곡의 친구인 성혼은 율곡의 말을 듣지 않는 임금과 임금을 설득하려고 애쓰는 율곡을 보고는 안타까움을 느껴, 차라리 벼슬을 그만두고 물러나는 것이 유자(儒者)의 도리라고 충고했다. 그러나 율곡은 "임금의 마음이 어떻게 갑자기 바뀌겠는가? 천천히 정성을 쌓아 가면서 임금이 깨달을 때를 기다려야 할 것이다. 정성을 다하지 아니하고 금방 성과가 나타나기를 기대하다가 뜻대로 되지 않는다고 문득 물러나는 것은 신하의 도리가 아닐 것이다."라고 답변했다. 이것이 율곡과 성혼의 처신 차이였다.

선조의 마음이 바뀌기를 기다리는 율곡의 승지 생활은 다음 해인 1574년(선조 7년)에도 계속되었다. 이해 1월에 우부승지(右副承旨)에 오른 39세의 율곡은 재이(災異)로 인하여 임금이 신하의 말을 구하는 교지를 내리자 이에 응하여 장문의 개혁 상소를 올렸는데, 이를 속칭 「만언봉사(萬言封事)」라고 부른다. 이 상소는 구체적으로 걱정스러운 일을 일곱 가지로 정리하고, 나아가 임금의 수기(修己)와 안민을 위한 방책을 개진했다. 이 「만언봉사」는 『선조실록』에는 보이지 않고, 『선조수정실록』과 연보에만 보이는데, 그 요지를 소개하면 이렇다.

먼저, 걱정할 일 일곱 가지에 대해서는 ① 임금과 신하 사이에 소통하는 실(實)이 없고, ② 신하들이 일에 책임을 지는 실이 없고, ③ 경연에 성취하는 실이 없고, ④ 현인(賢人)을 초빙하여 등용하는 실이 없고, ⑤ 재이(災異)를 만났는데도 하늘의 뜻에 응하는 실이 없고, ⑥ 여러 가지 대책에 백성을 구하는 실이 없고, ⑦ 인심이 선(善)을 향하는 실이 없다고 했다.

다음으로 수기를 위해서 해야 할 일은 네 가지가 있는데, ① 뜻을 분발하여 삼대의 융성함을 기약하고, ② 학문을 부지런히 하여 성정(誠正)의 공(功)을 다하고, ③ 편벽된 사(私)를 버리고 지극한 공(公)의 공간을 넓혀 가고, ④ 어진 선비들을 가까이하여 깨우침을 높일 것을 강조했다.

마지막으로 안민을 위한 방책은 다섯 가지가 있는데, ① 진실한 마음을 열어 아랫사람들의 정(情)을 얻고, ② 공안(貢案)을 개혁하여 폭렴(暴斂)의 해를 없애고, ③ 절검(節儉)을 숭상하여 사치의 풍조를 없애고, ④ 공노비의 선상(選上)을 개혁하여 그들의 고통을 덜어 주고, ⑤ 군정(軍政)을 개혁하여 국방을 튼튼히 할 것을 주장했다. 여기서 특히 주목되는 것은 민생과 관련된 세 가지 개혁안, 곧 공안의 개혁, 공노비 선상의 개혁, 그리고 군정의 개혁이다.

먼저 공안 문제는 원래 토산물로 바치던 공물(貢物)을 연산군 이후로 궁중의 사치를 위해 그 지방의 토산물이 아닌 것을 바치도록 한 데서 비롯됐다. 이 때문에 부득이 다른 고장이나 서울에서 물건을 사서 공물로 바치게 되었는데, 이를 대행하는 업자들이 농민으로부터 몇 배에 달하는 대가를 받아 내면서 농민의 부담이 무거워진 것이다. 그래서 율곡은 원래대로 토산물을 바치는 제도로 돌아가야 민생이 안정된다고 주장했다.

공노비의 선상은 서울에 있는 공노비의 역(役)만으로는 수요를 충당할 수 없어서 지방에 있는 공노비들이 번갈아 서울에 와서 역을 지게 한 것을 일컫는다. 서울에 올라온 공노비들은 일하는 동안 식량을 스스로 부담해야 했는데 그 고통이 심해지자 부역 대신 면포(綿布)를 바치게 했다. 그런데 2년은 공물을 바치고 1년은 선상의 대가로 면포를 바치니 공노비가 이를 감당하지 못해 집안이 망하고 있다는 것이다. 율곡은 이를 개혁하려면 선상을 폐지하고 신공(身貢)을 받아야 한다고 말한다. 남자가 내는 2필과 여자가 내는 1필 반을 합쳐 총계를 낸 다음 그중 5분의 2는 사섬시(司贍寺)에 비축하여 나라의 비용으로 쓰고, 나머지 5분의 3은 각 관청에 나누어 주어 역을 대신하도록 하자는 것이다.

끝으로 군정 문제는 이러했다. 병사(兵使), 수사(水使), 첨사(僉使), 만호(萬戶), 권관(權管) 등 변방의 지휘관들은 녹봉이 없어 사졸(士卒)들로부터 면포나 쌀을 받아 해결하고, 사졸들은 유방(留防)하는 것이 너무 힘들어 면포를 바치고 군역을 면제받았는데, 면포를 바치는 것이 힘들어 도망가면 그 일족이 대신 부담했다. 그런데 관아에서는 면포를 가지고 대역인(大役人)을 사서 유방시키면서 서울의 저리(邸吏)가 미리 면포를 관청에 바치고 나중에 농민으로부터 거의 세 배에 가까운 면포를 받아 낸다는 것이다. 한 사람이 세 사람의 군역을 지는 꼴이었다. 이를 시정하기 위해서는 병사와 수사 등 변장(邊將)들에게 국가에서 식량을 지급하고, 첨사, 만호, 권관 등에게도 녹봉을 지급하며, 군사의 유방은 자기 고장에서만 하도록 하고, 번을 나누어 쉬도록 해야 한다고 율곡은 주장했다. 그리고 활쏘기를 시험하여 군관이나 권관으로 올려 주고, 공사천(公私賤)은 양인(良人)으로 올려 주는 것이 좋다고 했다.

　이상 「만언봉사」의 개혁안은 농민을 파탄에 빠지게 하고 농촌을 붕괴시키고 있는 3대 과제를 해결하자는 것으로 율곡이 평생토록 임금에게 거듭 요청한 사안이었다. 선조는 매우 좋다고 칭찬하고 등서하여 대신들에게 보이라고 하면서도 사안이 경장과 관계되어 갑자기 고치기는 어렵다고 말했다. 이때 홍문관 부제학 유희춘(柳希春)이 율곡의 주장대로 공물, 선상, 군정을 개혁하는 것이 좋겠다는 뜻을 임금에게 전했다.[9] 이 무렵 경연에서는 유희춘이 율곡의 개혁안을 찬성하고, 향약을 조속히 시행하는 것을 반대한 율곡의 의견에 적극 찬성하면서 율곡은 시무(時務)를 아는 사람이라고 임금에게 적극적으로 홍보하는 모습을 자주 보이고 있었다.

　율곡은 「만언봉사」를 올린 뒤에도 승지로서 경연 때마다 특히 공안의 개정을 적극 강조하고, 양민(養民)이 우선이고 교민(敎民)은 뒤라는 논리로 향약의 시행을 늦출 것을 주장하고 나섰다. 선조는 공안이 조종의 옛 법이므로 함부로 고칠 수 없다고 했으나 율곡은 그것은 옛 법이 아니고 연산군 때 만든 악법이라는 점을 강조했다. 율곡은 공안을 비롯한 여러 가지 폐정(弊政)의 개혁을 '경장(更張)'이라는 말로 압축해서 표현했다. 그럼에도 선조가 조종의 구법을 함부로 고칠 수 없다는 입장을 고수하자 율곡은 조종의 구법을 모두 고치자는 것이 아니라 때에 맞추어 변통(變通)하는 것이라고 설득했다. 우유부단한 선조를 움직여 경장을 이끌어 내어 토붕와해의 위기에 빠진 나라를 구하고자 하는 율곡의 진심 어린 노력이 열매를 맺지 못하자 율곡은 정신적으로나 육체적으로 건강을 잃었다. 그래서 첨지중추부사(僉知中樞府事)의 한직을 임금에게 요청했으나, 선조는 이를 허락하지 않고 병조 참지(兵曹參知; 정3품), 사간원 대사간(大司諫; 정3품 당상관), 우부승지(右副承旨) 등의 벼슬을 잇달아 내렸다. 율곡은 이 직책에 단기간 복무하다가 1574년(선조 7년) 9월에 처가가 있는 황해도 관찰사(黃海道觀察使; 종2품)의 벼슬을 받고 황해도로 나갔다.[10] 여기서 율곡은 황해도의 여러 폐단을 상소하여 시정해 줄 것을 요청하고, 선정을 베풀어 사민(士民)의 존경을 받았다.

○○ 제왕학의 교본 『성학집요』를 편찬하다

1575년(선조 8년)에 율곡은 불혹의 나이인 40세를 맞이했다. 이해 3월에 율곡은 황해도 관찰사에서 서울로 돌아와 홍문관 부제학과 승지를 겸하는 직책으로 자리를 옮겼다.[11] 다시 임금의 최측근에서 보좌하는 책임을 맡은 것이다. 율곡은 이때를 음(陰)이 끝나고 양(陽)이 생기는 시기로 보면서 일말의 희망을 품고 있었다.

율곡은 이해 5월에 선조에게 종전부터 해 오던 개혁의 방향을 다시금 설명했다. 그는 경장과 비슷한 뜻을 지닌 계지술사(繼志述事)에 대해 이렇게 말했다.

조종의 창업에 미비한 것이 많고, 또 시대가 변하고 세상이 바뀌어 교정하고 개혁할 것이 많다면 시의(時宜)에 따라 다스리되 의리(義理)에 맞게 하는 것이 바로 계지술사입니다. 만약 조종의 법만을 지키고 변통할 줄을 모르고 그대로 구습에 따르다가 쇠퇴해진다면 계지술사가 아닙니다. …… 상께서는 자질도 아름다우시고 욕심도 적으시니 학문을 하지 않으시는 것이지 능력이 없는 것은 아닙니다. 즉위하신 지 몇 년 동안 실덕(失德)하신 일은 없었으나 그렇다고 별로 진작시킨 형세도 없었기 때문에 국사(國事)가 떨쳐지지 못하고, 신민이 실망한 지가 오랩니다.[12]

여기서 선조가 즉위한 이후 몇 년 동안 실덕한 것도 없지만 진작시킨 일도 없어 국사가 떨치지 못하고 신민이 실망한 지 오래되었다는 말은 율곡이 아니면 이런 직언을 하기 어려웠을 것이다.

이 무렵 개성에서 처사 학자로 이름을 떨친 서경덕에 대한 추증 논의가 일어났을 때 율곡은 적극 찬성하고 나섰다. 그의 학문이 횡거 장재(橫渠 張載)에게서 나왔으므로 그의 학문을 본받을 것은 아니지만, 성현의 말씀을 모방만 하고 마음으로 터득한 것이 없는 학자에 비해 서경덕은 스스로 깊이 생각하여 자득한 묘리(妙理)가 많으므로 문자만 익히고 말로만 한 학문이 아니라는 것이 그 이유였다.[13] 여기서 율곡이 서경덕의 주기철학(主氣哲學)을 일단 비판적으로 보면서도 그의 독창성을 인정한 것은 율곡 자신의 이기철학(理氣哲學)에도 어느 정도 영향을 받았음을 암시한다.

경장을 촉구하는 율곡의 진언은 그 후에도 계속되었으나 선조는 일 만들기를 좋아하는 것으로 받아들였다. 그러면서도 선조는 자신이 친정(親政)해야 일을 할 수 있는데, 대신들이 반대하여 일을 할 수 없다는 뜻도 비쳤다. 율곡은 이에 선조가 친정을 하면 대신들도 따를 것이라 하여 찬성하는 입장을 취했다.[14] 선조가 정치를 진작시키지 못한 책임의 일부는 구습에 얽매어 경장을 싫어하는 대신들의 견제에도 있었던 것이다.

1575년(선조 8년) 9월에 율곡은 자신이 편찬한 『성학집요(聖學輯要)』를 임금에게 바쳤다.[15] 이 책은 제왕의 정치 지침서인 진덕수(眞德秀)의 『대학연의(大學衍義)』가 너무 방대하여 읽기 어렵고, 우리나라 현실에 맞지 않는 점을 고려하여 경전(經傳)과 『사기(史記)』에서 학문과 정치에 대한 간절한 말을 뽑아 수기(修己)와 치인(治人)으로 나누어 새롭게 정리한 것인데, 모두 다섯 편으로 구성되어 있다. 아마 황해도 관찰사로 있던 시절에 쓴 것이 아닌가 추측되는데 율곡이 얼마나 부지런한 인물인가를 짐작할 수 있다.

율곡은 6년 전에 독서당에서 지은 『동호문답』을 임금에게 바친 일이 있는데, 『성학집요』는 이를 한층 심화시킨 저서로서 율곡의 학문과 정치사상을 집대성한 것으로 볼 수 있다. 그 내용과 후대에 미친 영향에 대해서는 7장에서 다시 자세히 살피기로 한다. 선조는 이 책을 보고 매우 기뻐하면서 "여기에 실린 말은 율곡의 말이 아니고 성현의 말씀이다. 치도(治道)에 매우 도움이 될 것"이라고 말했다.

이보다 앞서 이해 6월에 선조는 사서(四書)가 매우 중요한 책인데, 온당치 못한 점이 있으니 이를 약간 산삭(刪削)하고 소주(小註)를 붙여야 보는 데 편리하다고 하면서 그 작업을 율곡에게 부탁했다. 율곡은 자신이 이미 사서를 한글로 언해하는 일은 마쳤으나 소주를 붙이는 것은 혼자 감당하기 어려우니 학문이 높은 사람과 함께 하는 것이 좋겠다는 뜻을 아뢰었다. 그리하여 율곡의 『사서언해본(四書諺解

本)』은 1749년(영조 25년)에 홍계희(洪啓禧; 1703~1771년)에 의해서 교서관 활자로 인간되어 오늘에 전해지고 있다. 율곡이 사서를 일반 대중들에게 전달하기 위해 한글로 번역한 책이다.

한편 이해 11월에 율곡은 임금과 야대(夜對)를 하면서 천리(天理)와 인욕(人欲)에 대해 토론하다가 서경덕과 성수침(成守琛)에 대한 평가로 이야기를 옮겼다. 율곡은 두 사람이 동시대의 인물인데, 학문의 공(功)은 서경덕이 더 깊지만, 덕기(德器; 덕의 그릇)의 크기는 성수침이 위라고 하면서, 서경덕에게는 우의정을 추증했는데 성수침에게는 옛날에 집의(執義)를 추증하여 균형이 맞지 않는다며 성수침의 추증을 높여 주기를 요청했다. 이에 임금은 서경덕의 추증이 조금 과하다고 대답했다. 어쨌든 율곡은 임진강 주변에서 살았던 이 두 사람을 매우 존경했다.

4 동서 분당의 소용돌이 가운데 서다

○○ 동서 양당의 중간에서 조제 보합을 호소하다

　율곡이 40세를 맞이한 1575년(선조 8년)에는 조선 정치사에 큰 획을 긋는 사건이 발생했다. 후배 사림이 동인(東人)을 형성하고 선배 사림이 서인(西人)을 형성하여 이른바 붕당 정치가 시작된 해로서, 이를 계기로 율곡은 본인의 의지와는 관계 없이 서인으로 지목되고, 동인의 맹렬한 공격에 시달리는 시련기를 맞이했다. 연산군 이후의 사화(士禍)가 권신과 척신이 사림과 대결하는 구도였다면, 선조 대 동인과 서인의 붕당은 선배 사림과 후배 사림의 경쟁 구도라는 점이 달랐다.
　동서 붕당 간의 경쟁과 싸움은 상대방을 대량으로 살육하는 형태로 전개된 것은 아니고, 주로 상대방의 이론적 약점이나 기득권을 가지고 문제 삼았으며, 선조가 어느 한편을 강력하게 지지하지도 않았기 때문에 적어도 율곡이 살아 있는 동안에는 큰 화가 일어나지 않았다. 여기에는 율곡 자신이 중립적인 입장에서 동서 양당을 조제 보합(調劑保合)하려는 노력을 기울인 데에도 원인이 있었다.

동서 분당은 직접적으로는 인사권을 가진 이조 전랑 자리를 놓고 김효원(金孝元; 1532~1590년)과 심의겸(沈義謙; 1535~1587년)이 갈등하면서 시작되었다. 김효원은 선산 김씨로서 이황과 조식(曺植)의 문인이었다. 1572년(선조 5년)에 오건(吳健)에 의해 이조 전랑에 추천되었는데, 명종 때 소윤파 윤원형의 문객이었다는 이유로 이조 참의 심의겸의 반대에 부딪쳤다가, 다시 1574년에 조정기의 추천으로 이조 전랑이 되었다. 1576년에는 반대로 심의겸의 아우 심충겸(沈忠謙)이 이조 전랑으로 추천되자 반대 세력은 전랑 자리가 척신(戚臣)의 전유물이 될 수 없다고 반대하고 이발(李潑)을 추천했다. 이렇게 전랑 자리를 놓고 심의겸과 그 반대파가 반목하면서 그 세력이 점점 커져서 동인(김효원파)과 서인(심의겸파)이 갈라지게 된 것이다.

여기서 동인이 서인을 척신파로 부르게 된 까닭은 심의겸이 명종 비 인순 왕후의 동생이기 때문이었는데, 심의겸은 횡포를 일삼던 외숙 이양을 탄핵하여 축출한 인물로서 사림의 존경을 받았기에 무도한 척신은 아니었다. 하지만 심의겸의 조부가 영의정을 지낸 심연원(沈連源)이고, 청송 심씨 일족은 국초부터 척신으로 많은 벼슬아치를 낸 집안이기 때문에 기성세력인 것은 사실이었던 데다, 심의겸을 따르는 인물들도 서울에 뿌리를 둔 기성세력이었다.

서인파와 비교하여 김효원이나 그를 따르는 동인은 경상도를 비롯한 지방 출신이 대부분으로서 이황과 조식의 문인들이 많았으며, 조상 가운데 큰 벼슬아치가 많지 않아서 서울에 뿌리내리지 못한 신진 세력이었다. 그러나 성리학의 가치를 공유하고 있던 선비 집단이라는 점에서는 서인과 크게 다르지 않았다.

그러면 율곡은 동서 분당에서 어떤 위치에 있었는가? 인맥상으로 본다면 율곡은 심의겸과 매우 친한 사이였음은 앞에서 설명한 바와 같다. 그래서 동인은 그를 서인파로 지목하고 공격 대상으로 삼았다. 하지만 정신적으로 본다면 율곡은 어느 파에 확실하게 속하는 입장이 아니고 두 붕당의 갈등을 조정하는 중립적 입장을 견지하고 있었다.

1575년 10월에 선조는 동인과 서인의 갈등을 완화시키기 위해 갈등의 중심인물인 김효원과 심의겸을 지방관으로 내보냈다. 김효원을 함경도 부령부사(富寧府使, 며칠 뒤에 삼척 부사(三陟府使)로 바꿈)로, 심의겸을 개성 유수(開城留守)로 보낸 것이다. 이런 인사는 양쪽이 모두 옳지 않다는 양비론(兩非論)을 내세우고, 두 사람을 멀리 외직으로 내보내자는 율곡의 의견이 반영된 것이었다. 율곡은 당시 우의정 노수신(盧守愼)에게 이렇게 말했다.

> 두 사람은 모두가 사류(士類)로서 흑백(黑白)과 사정(邪正)이 서로 대립하는 것이 아니고, 참말로 틈이 생겨 서로 해치고자 하는 것도 아닙니다. …… 약간의 틈이 벌어졌을 뿐인데, 근거없는 뜬소문이 두 사람을 어지럽혀 조정이 조용하지 못하니 두 사람을 외직으로 내려보내 근거 없는 의논을 진정시켜야 합니다.[1]

율곡은 임금에게도 비슷한 말을 했다.

두 사람은 사이가 서로 나쁜 것이 아닙니다. 다만 인심이 가볍고 조급하며, 말속(末俗)의 시끄러움이 더욱 심하여, 두 사람의 친척과 친구들이 들은 말을 전하고 고자질하여 드디어 어지럽게 된 것입니다. …… 만약 소인(小人)들이 붕당한다고 지목하여 죄를 준다면 사림의 화(禍)가 일어날 것입니다.

율곡의 노력으로 동서 간의 갈등은 어느 정도 완화되는 효과를 가져왔다. 그런데 1576년(선조 9년)에 들어와서 율곡은 또 벼슬을 버리고 2월에 파주 율곡으로 내려갔다. 동서 분쟁에 휘말리고 싶지 않은 이유도 있었던 듯하다. 이에 선조는 율곡이 임금을 쉽게 버리고 시골로 떠나고, 또 옆에 있으면 직설적으로 임금을 비판하는 태도에 서운했던 것으로 보인다. 경연에서 정승 박순(朴淳)이 율곡을 칭찬하면서 물러나지 않게 해야 한다고 말하자 선조는 "그 사람은 교만하고 과격한 것 같으니 인격이 성숙된 뒤에 쓰는 것도 해로울 것이 없을 것이다. 또 나를 섬길 생각이 없다. 내가 어찌 억지로 머물게 하겠는가?"라고 말했다. 하지만 선조는 율곡을 버릴 마음이 없었다.

41세가 되던 이해에 율곡은 파주와 해주로 은거하여 별다른 직책을 갖지 않았다. 임금이 우부승지, 대사간, 이조 참의, 전라 감사 등의 직책을 내렸으나 율곡은 모두 거절하고 석담으로 내려갔다. 12월에 다시 임금이 병조 참지(兵曹參知; 정3품)의 벼슬을 내렸으나 율곡은 서울에 와서 사직하고 돌아갔다. 이보다 앞서 10월에 율곡은 해주 석담에 청계당(聽溪堂)을 지어 장차 이곳에 복거할 터전을 마련했다.

○○ 해주에서 형제들과 동거하면서 「동거계사」를 만들다

　42세가 되던 1577년(선조 10년) 1월에 율곡은 해주 석담에서 서모와 큰형수 곽씨, 부인, 측실, 그리고 형제와 아들, 조카, 비복 등 100명에 가까운 종족(宗族)을 모아 놓고 살았는데, 이들이 일가로서 화목하게 지내기 위해 「동거계사(同居戒辭)」라는 생활 규칙을 만들었다. 여기서 큰형수를 친어머니처럼 받들고, 측실, 비복들도 모두 사당에 참배토록 하여 주변의 학자들이 의문을 품기도 했으나, 율곡은 이것은 내 뜻이니 다른 사람들이 반드시 본받을 필요는 없다고 말했다.
　「동거계사」는 원래 한글로 썼으나 뒷날 송시열이 한문으로 번역하여 『율곡전서』에 실려 있다.[2] 아마 여성과 비복들까지 모두 읽을 수 있도록 한글로 쓴 것으로 보인다. 「동거계사」의 요지는 다음과 같다.

1　형제는 부모와 한 몸에서 갈라진 것이다. 따라서 형제는 한 몸이나 다르지 않다. 마땅히 서로 친애하고, 조금이라도 서로 너와 나를 가르는 마음을 가져서는 안 된다. 옛사람 가운데에는 9족(族)이 함께 동거한 일도 있다. 하물며 우리는 일찍이 부모를 여의였으며, 큰형님이 또한 일찍 세상을 떠나셨다. 이제 살아남은 우리들은 서로 우애하는 데 힘쓰고, 재산을 함께 가지면서 살아야 하며 서로 분리하지 않아야 한다. 만약 서로 분리하게 되면 조금 생존의 즐거움이 없어질 것이다. 그래서 이 동거의 계책을 만든 것이다. 비록 떨어져 있어 향토가 다르지만 와서 일가가 되어 모여 살면서 화락(和樂)한 세월을 보내고 있으니 이것이 어찌 우연한 일이겠는가?

이에 마음을 다스리고 행동을 닦는 방법을 대략 적어서 매달 초하루마다 서로 모여 읽으며 모두 다 듣고 알도록 할 것이다.

2 효(孝)는 백행(百行)의 근원이다. 부모가 이미 돌아가셔서 효도를 할 곳이 없어졌고 오직 제사 한 가지만 남아 있을 뿐이다. 그래서 무엇이든 얻는 것이 있으면 반드시 간직했다가 제수품으로 쓸 것이며, 다른 용도로 써서는 안 된다. 그리고 제사를 지낼 때에는 반드시 마음을 정성스럽게 하고 몸을 깨끗이 하여 선령(先靈)께서 즐겁게 음식을 드시도록 해야 할 것이다.

3 젊은이들이 부모를 섬길 때는 반드시 옛 성인의 가르침을 마음에 새겨 효도를 해야 할 것이다.

4 나의 형수님은 일가의 어른이자 제사의 주인이므로 그 아랫사람들은 특별히 공경하게 모시고 어머니처럼 대접하는 것이 옳다.

5 좋아하고 싫어하는 마음이 너무 한쪽으로 기울면 안 된다. 항상 온화한 얼굴과 따뜻한 말로 만나고, 가르치고 책할 때에도 성난 모습을 밖으로 보이지 말 것이며, 헐뜯는 말을 하지 말 것이며, 참언(讒言)을 믿지 말 것이며, 혹시 이간하는 말이 있으면 노복은 태(笞)를 가지고 훈계하고, 첩은 엄하게 꾸짖어야 한다. 그래도 뉘우치지 않으면 내보낸다.

6 동거자들은 사적인 재산을 가지면 안 되며, 부득이 사용(私用)할 것이 있으면 집의 주인이 나누어 준다. 자기 집에 많은 것을 가지려는 마음을 가지면 안 되고, 쓰는 데 적당한 정도에만 그쳐야 한다. 요컨대 길고 멀리 내다보는 생각이 필요하다.

7 처와 첩 사이에서 첩은 공순(恭順)함을 다해야 하고, 처는 자

애로워 틈을 만들지 않아야 한다. 각기 성심(誠心)으로 가장(家長)의 마음을 어기지 않는다면 어찌 좋은 일이 아니겠는가?

8 집안의 여러 사람들이 앉아서 일을 할 때에는 장자(長者)가 지나가면 반드시 일어나고, 대범 조심해야 하며, 항상 공순한 태도를 지녀야 한다.

9 일가 안에서 숙부에게는 마치 부모를 섬기는 것처럼 해야 하며, 종형제는 친형제의 예(禮)로써 서로 한 몸처럼 친애해야 하며, 서로 만날 때에는 몸은 반드시 공순하고 말은 반드시 온화하고, 안색은 반드시 평온해야 한다.

10 비복이 비록 착하지 못한 일을 하더라도 큰 소리로 꾸짖지 말고 반드시 따뜻한 말로 가르치고 훈계해야 하며, 그래도 듣지 않으면 가장에게 알려서 책벌(責罰)하도록 해야 한다. 소자(少者: 어린아이)는 비록 사사로이 부리는 노복이라도 가벼이 매질해서는 안 되며, 반드시 가장에게 알려야 한다.

11 무릇 일가 사람들이 서로 감싸고 화목하는 데 힘쓰고, 그 마음을 화평하게 가지면 가내에 길하고 좋은 일이 반드시 모이게 되며, 만약 서로 삐딱하여 틈이 생기면 흉하고 더러운 기(氣)가 생기는 법이니 어찌 두렵지 않은가? 우리는 서로 모여들어 아버지는 자식을 사랑하고 자식은 부모에게 효친하며, 남편은 처를 바르게 하고 처는 남편을 공경하며, 형은 동생을 사랑하고 동생은 형에게 공순하며, 처는 첩을 자애롭게 대하고 첩은 처에게 공순하며, 소자(少者)는 성심으로 장자(長者)를 섬기고 장자는 성심으로 소자를 사랑하여 비록 미치지 못하는 일이 있더라도 반드시 조용히 가르치고

타이르며 성을 내서는 안 된다. 착한 일을 하거든 서로 다투어 본 받고, 편안치 못한 일이 있으면 서로 참아야 한다. 가주(家主)는 비복을 자애롭게 대하고, 비복은 가주를 경애(敬愛)하며, 절대로 불평한 말이나 불평한 낯을 보여서는 안 된다. 일가 안에 언제나 온화하고 따뜻한 기운이 있으면 어찌 즐거운 일이 아니겠는가? 모름지기 각자 이런 뜻을 알고 스스로 힘써야 할 것이다.

「동거계사」에서 특히 주목되는 것은 서모가 있음에도 큰형수를 집안의 최고 어른으로 자리매김하고 있다는 것과 처와 첩은 자애와 공순으로 서로 화목할 것을 말하고 있으며, 비복에게도 따뜻한 배려를 보이고 있다는 점이다. 비복에게 자애롭게 대하고, 큰 소리로 꾸짖지 말고, 함부로 매질해서는 안 된다는 것이 강조되고 있으며, 비복도 함께 사당에 참배하도록 허용하고 있다.

○○ 파주에서 두 번째 「만언봉사」를 올리다

율곡이 42세 되던 1577년(선조 10년) 5월에 임금은 대사간의 벼슬을 다시 내렸으나 율곡은 이를 거부하면서 "저에게 시사(時事)에 대해 물을 것이 있으시면 하문하시고, 그 말이 채용될 수 없다면 다시 부르지 마십시오."라고 말했다. 어찌 보면 협박처럼 들리기도 한다. 이에 선조가 "그대가 품은 생각이 있으면 글을 써서 올리라."라고 하자 율곡은 파주로 내려가서 시폐(時弊)를 남김없이 진술하고, 그 해결 방안까지 제시했는데, 그 글이 만 자(字)에 이르렀다. 말하자면 두 번째 「만언봉사」에 해당한다.

율곡의 상소를 읽은 선조는 말로는 그의 충직함이 매우 가상하다고 칭찬했으나 마음속으로는 율곡이 너무 교만하고 과격하다고 생각하여 대사간직에서 해직시켰다.³ 이 상소문은 연보와 『선조실록』에는 보이지 않고, 오직 『선조수정실록』에만 보이는데, 구체적인 개혁의 내용을 담은 것은 없고, 처음부터 끝까지 선조의 잘못을 질책하는 것으로 일관하고 있는 점이 이채롭다.

율곡으로서는 이미 지난 10년간 경장의 방향을 수없이 되풀이해서 건의했기 때문에 이제 그 내용을 반복하기가 싫었고, 그 건의가 한 가지도 실현되지 않았다는 데 대한 실망감이 너무 컸기 때문에 이번에는 자신의 섭섭한 감정을 노골적으로 드러내는 글을 올린 것이다. 이런 글을 읽고 선조의 마음이 좋을 리 없었으니, 겉으로는 가상하다고 말하면서도 내심으로는 몹시 마음이 편치 않았다.

지금까지 율곡이 바친 어느 상소보다도 강경한 어조를 담고 있는 것이 이번 상소의 특징이다. 그 어투를 보면 피를 토하는 절규에 가깝고, 어찌 보면 협박처럼 들리기도 하고, 어찌 보면 애절한 하소연 같기도 하다. 율곡은 자신의 심정을 표현하여 "어리석은 신이 번번이 경장의 말을 올리기 때문에 전하께서 매우 듣기 싫어하고 계십니다. …… 아, 신의 계책은 참으로 자신을 헤아리지 못한 것이오나 신의 마음은 참으로 슬프다 하겠습니다."라고 말할 정도였다. 상소문 가운데 몇 구절을 소개하면 다음과 같다.

우선, 선조가 정치에 임하는 태도가 잘못된 것을 직설적으로 지적하고 있는데, 예를 들면 이렇다.

오늘날의 인심과 세도가 이 지경이 된 것을 보면 전하의 정치와 교화가 훌륭하지 못해서 그런 것이 아니겠습니까?

성색(聲色)을 좋아하다 보면 황음(荒淫)만을 즐기게 되어 그것이 짐독(鴆毒; 짐새의 독)보다 나쁜 것인 줄 발견하지 못하게 되고, 재화(財貨)를 좋아하다 보면 거두어들이는 것만을 일삼게 되어 백성들이 흩어지는 것을 알지 못하며, 놀기만을 좋아하다 보면 절도 없는 놀이에 정신이 팔려 잘못된 정치가 해됨을 느끼지 못하게 됩니다.

전하께서는 분발하여 성인이 되시려는 뜻이 없으셨기 때문에 여러 신하들이 모두 그럴 것으로 보고, 정심(正心), 성의(誠意)에 대한 말을 듣기 싫은 진부한 말이라고 하고, 책난(責難; 어려운 일을 책임 지움)하고 진선(陳善; 착한 일을 하라고 요청)하는 것을 어리석은 선비의 오활한 대책이라고 생각하고 계시므로, 신하들은 경연 석상에서도 다만 문자를 해석하는 것으로 계옥(啓沃; 임금을 깨우쳐 줌)의 책임을 때우고 있을 뿐이며, 전하께서도 반복하여 글자의 뜻과 문의(文義)만을 자문하시고 절실한 실천의 공부에 대해서는 물어본 적이 없습니다. 글을 읽으면서 글 뜻만을 찾고 자기의 몸에 반성하여 찾지 않는 것은 과거 공부를 하는 선비들이 명예를 구하고 작록(爵祿; 벼슬과 녹봉)을 찾는 일입니다. 속된 선비들이야 이렇게 해서 신분이 올라가고, 명성이 높아지고, 작록이 후하게 되면 자신들의 소원을 이루었다고 할 것입니다. 그러나 지금 전하의 소원은 요순 같은 성군이 되고, 요순시대의 백성같이 되어 주기를 바라는 것인데, 화려한 것만을 추구하고 실질적인 것은 추구하지 않아서야 되겠습니까?

전하께서는 총명이 남보다 뛰어나고, 기개가 한 세상을 다스릴 만하지만, 성상의 학문이 진보되지 않고, 도량이 넓어지지 않기 때문에 선비를 가볍게 여기는 뜻을 가져 그 사람을 불신하고, 그 사람의 말을 채택하지 않는 경향이 있습니다.

선비 중에 쓸 만한 재능을 가진 자가 있으면 전하께서는 그가 일을 좋아할까 걱정하시고, 곧은 말로 간쟁하는 자가 있으면 전하께서는 그가 명령을 어길 것이라고 여겨 싫어하시며, 유자의 행실을 수행하고자 하는 자가 있으면 전하께서는 그가 교만하게 꾸민다고 의심하시니, 어떤 도(道)를 배우고, 어떤 계책을 말씀드려야만 성상의 마음에 맞아 신용을 받을 수 있겠습니까?

아, 의(義)를 좋아하는 자는 국가를 위하고, 이(利)를 좋아하는 자는 자기 집을 위하기 마련입니다.

전하께서는 세상의 일을 유념하고 계시며, 백성들의 삶을 염려하고 계시지만, 지금까지 정사(政事)의 폐단을 한 가지도 고치지 못하였고, 백성이 받고 있는 고통을 한 가지도 해결하지 못하고 있는 것은 전하께서 옛날 법규만을 굳게 지키시고, 변통할 것을 생각하지 않기 때문입니다. 옛날부터 제왕이 왕업을 이룩하고 법을 제정할 때에는 비록 진선진미하였다고 하더라도, 시대가 바뀌고 사태가 달라지고 법이 오래되면 폐단이 생기는 것으로 볼 때 후세의 자손으로 선대의 사업과 뜻을 잘 계술(繼述; 계지술사)하는 자는 반드시 편의에 따라 고쳐야 하고, 옛 법만을 고집하지 않아야 합니다.

자손이 조상이 물려준 큰 집을 지키면서 오래도록 수리하지 않아서 들보와 기둥이 썩고 기와와 벽돌이 깨져 제대로 지탱하지 못하고 그 형세가 장차 무너지게 되었다면, 어찌 팔짱만 끼고 앉아서 그 쓰러져가는 모습을 보고만 있는 자를 계술을 잘했다고 하고, 반대로 깨진 기와를 바꿔 끼우고 썩은 기둥과 들보를 갈아 내는 자를 잘 유지하여 지키지 못한다고 말할 수 있겠습니까?

신하가 임금을 이토록 직설적으로 비판하고 질책하는 것이 과연 가능한가가 의심스러울 정도로 격렬한 내용을 담고 있다. 율곡의 입장에서 보면 10년간 물러나면 부르고, 부른 다음에는 피를 토하는 심정으로 경장을 건의해도 한 건도 실천하지 않는 임금에게 너무나 큰 실망감을 느꼈기에 이런 반응을 보였을 것이다. 율곡이 본 시대상은 나라가 이미 병이 깊어 정신이 오락가락하고 있으며, 형체는 겨우 보존하고 있으나 숨이 곧 끊어져 가는 사람과 같았다. 그런데 설상가상으로 안으로는 소인들이 사류(士類)들에게 화(禍)를 전가하려고 시도하고 있으며, 밖으로는 전쟁이 벌어질 조짐이 보이는데, 임금은 이 사실을 알고 있을 텐데도 전혀 손을 쓰지 않고 있다는 것이다. 율곡은 지금의 상황으로는 외적(外敵)이 불과 1만 명만 오더라도 막아 낼 사람이 없을 것이라고 걱정했다.

율곡의 절친한 친구인 성혼은 이 글을 읽어 보고 "참으로 곧은 말로 극진하게 간(諫)한 경국제세(經國濟世)의 글"이라고 격찬했다. 하지만 글이 아무리 아름다우면 무엇하겠는가? 듣는 사람은 섭섭한 마음뿐이고, 이미 집은 무너지고 있었으니.

○○ 해주에서 『격몽요결』을 편찬하고 향약을 실시하다

1577년(선조 10년) 5월에 대사간을 사양하면서 파주에 내려가 격렬한 상소를 올린 율곡은 이해 겨울에 해주 석담으로 돌아가서 교육사업에 전념했다. 먼저 초학자들의 교육 지침서가 필요하다는 것을 절감하고 『격몽요결(擊蒙要訣)』을 완성했다. 그 뜻은 초학자를 깨우쳐 주는 간추린 책이라는 뜻이다.

당시 초학자의 지침서는 주자와 그 제자가 지은 『소학』이 전부라 해도 과언이 아닌데, 이 책은 초학자의 행동 규범을 포괄적으로 제시하고는 있으나, 세부적인 행동 규범은 담고 있지 않았다. 이에 반해 『격몽요결』은 10장으로 구성되어 있으며 제의(祭儀)를 부록으로 넣었는데, 초학자들에게 학문의 중요성과 학문하는 방법을 일깨워 준 명문으로 알려져 있다.

『격몽요결』은 조헌(趙憲)을 비롯한 문인 제자들에게 큰 영향을 주었을 뿐 아니라, 인조(仁祖) 때는 활자로 간행되어 8도의 향교(鄕校)

에 반포되었다. 또 정조는 강릉에 보관되어 있던 친필본을 직접 보고 친히 서문을 짓고는 황해도 관찰사 이시수(李時秀)에게 명하여 그 서문을 목판에 새겨 율곡을 제사하는 소현서원(紹賢書院)에 걸게 했다. 이병모(李秉模)에게 대필하게 하여 지은 어제서문(御製序文)의 내용은 다음과 같다.

이문성(李文成; 율곡)은 내가 존중하고 사모하는 분이다. 그분의 전서(全書)를 읽고서 그 인품을 떠올릴 수 있었다. 요즘 강릉에 그분이 손수 쓰신 『격몽요결』과 남기신 벼루가 있다는 말을 듣고 얼른 가져다 보았다. 점과 획이 새롭고 시작과 끝이 한결같아, 영명하고 순수하신 뛰어난 품성과 비 갠 하늘의 달 같은 시원한 기상을 책을 펼쳐 보는 순간 은연중 감지할 수 있어 문득 이문성과 100여 년의 시대 차이가 있다는 사실을 잊었다.

『격몽요결』은 정조의 칭송을 받을 만큼 율곡의 대표적 저서의 하나이기 때문에 한층 자세한 설명이 필요하므로 10장에서 다시 논하기로 한다.

이해에 율곡은 해주에 머물면서 향촌 교화의 진흥을 위해 두 종류의 향약을 만들었는데, 하나는 해주향약(海州鄕約)으로서, 최충(崔沖)을 모신 문헌서원(文憲書院)의 교육을 강화하기 위해 만든 것이다. 또 하나는 자신의 거처지인 야두촌의 촌민을 위해 만든 사창계약속(社倉契約束)이다. 그리고 다음 해인 1578년(선조 11년)에는 해주목을 중심으로 운영되는 해주일향약속(海州一鄕約束)을 만들었다. 이로써 해주목 중심, 서원 중심, 농촌 중심의 세 가지 형태의 향약이 완성되었는데, 각각 공간적 특수성을 고려하여 만들었기 때문에 운영 방법에 차이가 보인다.

율곡이 만든 향약은 기본적으로 주자가 증손한 여씨향약을 모범으로 참고한 것이지만 우리나라 현실에 맞게 고친 것이 특징이다. 예를 들면 유생을 대상으로 한 해주향약은 매달 문헌서원에 모여 약문(約文)을 읽고 토론하도록 했으며, 농촌을 대상으로 한 사창계약속은 야두촌의 사족과 백성 가운데 가정이 어려운 사람을 위해 사창(社倉)을 설치하여 봄가을로 20퍼센트의 이식(利息)을 받아 도와주기도 했다.

이렇게 향약이 실시되면서 황해도의 풍속이 아름다워지고, 수십 년간 처(妻)를 버린 사람이 다시 처음처럼 화합하게 된 일도 있다고 한다. 율곡은 향약을 한꺼번에 전국적으로 시행하려는 정부의 시책은 적극 반대했지만, 이렇게 조선의 현실에 맞게 만들어 자신이 주관하는 향약은 스스로 개발해서 시행했다. 청주목에 이어 두 번째 시도이다. 율곡의 향약에 대한 자세한 설명은 뒤에 다시 하기로 한다.

한편 이듬해인 1578년에 율곡은 경치가 좋은 해주 석담에 은병정사(隱屛精舍)라는 학교를 세우고 본격적으로 후학 양성에 들어갔다. 은병정사는 문인들이 재목을 모아서 지은 것이며, 여기에 모여든 학생들의 지침서로 『격몽요결』을 사용했다. 은병정사에서 기른 제자 가운데 박여룡(朴汝龍)과 김진강(金振綱)은 율곡과 3년간 대화한 내용을 정리하여 『율곡어록(栗谷語錄)』을 편찬했다.[4] 특히 박여룡은 석담에 살고 있던 사람으로 은병정사를 지을 때 율곡의 설계를 따라 지었으

며, 문인 김의정(金義貞)이 유사(有司)를 맡아 일을 감독했다고 한다.⁵

그러면 은병정사의 위치는 어디인가?「해주읍지(海州邑誌)」를 보면 해주읍 서쪽 40리 지점에 고산(高山)이라는 지명이 있는데, 이곳에서 바다로 흐르는 개천이 석담천(石潭川)이다. 은병정사는 이 석담천에 있었으며, 정사의 위아래로 아홉 개의 연못이 있었다. 율곡은 이 연못들을 구곡(九曲)이라고 이름을 지었는데,⁶ 은병정사는 중간쯤인 제5곡에 있었다. 이곳에 먼저 주택으로 청계당을 짓고, 그 동쪽에 은병정사를 새로 지은 것이다.

학교가 있으면 학칙이 있어야 하므로「은병정사학규(隱屛精舍學規)」를 비롯하여「은병정사약속(隱屛精舍約束)」, 그리고「시정사학도(示精舍學徒)」등을 만들었다. 그 자세한 내용은 뒤에 다시 설명하기로 한다.

율곡은 은병정사를 세우면서 석담 일대의 아름다운 경관을 노래한「고산구곡가(高山九曲歌)」를 지었다. 이는 송나라 주희(朱熹)가 복건성(福建省) 무이구곡(武夷九曲)의 제5곡에 무이정사(武夷精舍)를 짓고,「무이구곡가(武夷九曲歌)」를 지은 것을 본딴 것이다.「고산구곡가」는 한글로 지었으나 뒷날 송시열이 이를 한문으로 번역해 놓기도 했다.

이렇게 석담에 청계당과 은병정사가 세워지자 멀고 가까운 곳에서 더욱 많은 학자들이 모여들었다. 율곡은 은병정사 북쪽에 주자사(朱子祠)를 세우고 여기에 조광조와 이황을 배향하려고 계획하여 규약까지 만들어 놓았으나 건물을 세우기 전에 세상을 떠나니, 2년 뒤에 제자들이 유지를 받들어 세웠다. 율곡은 최충을 모신 문헌서원의 학규도 마련했다. 이것도 뒤에 다시 자세히 설명하기로 한다.

5 중쇠기의 위험을 경고하며
   점진적 개혁책을 제시하다

○○ 해주 석담에서 『기자실기』를 저술하다

　　1579년(선조 12년), 그러니까 율곡이 44세가 되는 해부터 율곡은 점차 정치적으로 어려운 처지에 빠졌다. 동인의 집중적인 공격이 시작되었기 때문이다. 그동안 향촌에서 은거하면서 정쟁에 휘말리지 않았고, 또 양비양시론(兩非兩是論)을 가지고 중립적인 입장에서 동서의 조제 보합을 추구했던 율곡에게 정철을 비롯한 서인파가 율곡의 적극적인 개입을 요청하자 그가 서인을 두호하기 시작한 것이 문제의 발단이었다.

　　이해 5월에 율곡이 대사간 사직 상소를 올리면서 동인이 서인을 공격함이 너무 심하여 억지로 시비를 결정하고자 한다고 말하고,[1] 또 '수사율(收司律)'이라는 표현을 썼는데 이것이 빌미가 된 것이다. '수사율'이란 주자가 진양(陳亮)에게 보낸 글 가운데 "붕우들도 장차 수사

연좌율(收司連坐律)에 빠질 것이다."라고 한 말을 율곡이 인용한 것인데, 잘못하면 붕당의 친구들이 모두 연좌율에 빠져 집단적인 형벌을 받을 수도 있다는 뜻이었다. 이 말에 대해 유성룡(柳成龍), 홍혼(洪渾), 김우옹(金宇顒) 등 동인들이 율곡의 말이 경솔하다고 비판했다. 하지만 율곡의 천품이 고매하고 글을 많이 읽었으며 나라를 걱정하는 마음을 가진 인물이라는 점을 인정하여 큰 분란은 일어나지 않았다.

이해 후반기에는 백인걸(白仁傑)의 상소를 율곡이 대필한 것이 문제가 되었지만, 노수신, 정철, 박순 등이 나서 율곡을 옹호하고, 백인걸은 대필한 것이 아니라 윤색해 준 것이라고 말해 일단락되었다.

조정에서 논란이 일어나는 가운데에도 율곡은 여전히 석담에 머물면서 학문에 침잠했다. 그 결과 이해 3월에 『소학집주(小學集註)』를 완성했다. 이 책은 초학자가 반드시 읽어야 하는 『소학』에 대한 여러 학자들의 주해가 서로 엇갈리고 잘못된 것이 적지 않아, 이를 바로잡기 위해 여러 견해를 모아 절충하고 자신의 의견을 붙인 책이다.

45세 되던 1580년(선조 13년) 5월에는 『기자실기(箕子實記)』를 편찬했다. 율곡은 이미 『동호문답』에서도 우리나라의 왕도 정치가 기자로부터 시작되었다고 밝힌 바 있고, 기자의 업적을 찬미하는 여러 편의 시를 발표한 일도 있지만, 『기자실기』를 쓰게 된 것은 조금 특별한 이유가 있었다. 이 책은 바로 이해에 윤두수(尹斗壽; 1533~1601년)가 지은 『기자지(箕子志)』를 보완한 것인데, 『기자지』는 윤두수가 1577년에 중국에 사신으로 갔다가 기자에 대한 질문을 많이 받았으나 충분히 답변을 하지 못하고 돌아온 데 자극을 받아 기자에 관한 여러 자료를 수집하여 두 권으로 만든 것이었다. 그러나 『기자지』가 자료집의

성격이 강해 내용이 산만하다고 여긴 율곡이 다시 이를 간추려『기자실기』를 펴냈다.[2]

『기자실기』는 내용은『기자지』보다 간략해졌지만 그 대신 기자를 우리나라 최초의 성인 군주, 곧 군사(君師)로 보고, 그로부터 왕도정치가 시작된 것으로 해석하여 기자의 위상을 한층 높였다. 율곡은 우리나라 학자들이나 중국 학자들이 중국의 공자나 맹자 그리고 정주(程朱; 정호, 정이, 주자)가 위대하다는 것은 잘 알고 있지만, 공맹보다도 먼저 기자가 동방의 유학을 퍼뜨렸다는 것은 모르고 있다고 개탄하면서 우리나라 도학의 뿌리를 기자에서 찾고, 그 전통이 고려 말의 정몽주(鄭夢周) 등을 거쳐 조선 왕조에 들어와 김굉필(金宏弼), 조광조 등에 의해 이어져 왔다고 보았다.

기자를 이렇듯 성인으로 간주하는 이유는 그가 주나라 무왕에게 '홍범(洪範)'을 가르쳐 주나라를 높은 문명국가로 만들고, 조선에 와서도 홍범의 정신을 가지고 팔조교(八條敎)와 정전제(井田制) 등을 실시하여 고조선을 중국과 동등한 문명국가로 만들었기 때문이라는 것이다. 그런데 홍범은 무편무당(無偏無黨)과 왕도탕탕(王道蕩蕩)을 강조하는 황극(皇極)의 정치사상이 바로 왕도라고 해석했다. 그래서 기자가 바로 우리나라 왕도 정치의 시조가 된다고 보는 것이다.

기자는 이렇듯 위대한 성인일 뿐 아니라, 그 후손들은 41대 928년간 기자 조선을 이끌었으며, 그다음에는 기자 조선의 후손이 마한(馬韓)을 세워 200년을 이어 갔기 때문에 모두 1120여 년의 장구한 역사를 누렸다고 율곡은 생각했다.

율곡은 2년 뒤 1582년 11월에 중국에서 온 조사(詔使)를 맞이하는 원접사로 나갔는데, 조사가 기자의 고향에 가까운 곳에서 산다고 하면서 조선에서의 행적에 대해 묻자 율곡은 『기자실기』를 주었다.³ 요컨대 『기자실기』는 중국과 조선의 유학자들에 대하여 우리나라가 왕도 정치의 선진국임을 알리기 위한 저서라고 볼 수 있다.

○○ 호조 판서로서 경제사 설치를 건의하다

1580년(선조 13년) 9월에 해주에 은거하고 있던 율곡은 선조의 간곡한 요청에 따라 벼슬길에 나와 홍문관 부제학에 임명되고,⁴ 12월에는 대사간에 다시 취임했다.⁵ 41세에 은거한 뒤로 4년 만이었다. 당시 율곡은 생활이 매우 어려워서 처가의 집까지도 팔았다고 하는데, 바로 이때 둘째 형 이번이 율곡의 이름으로 소장을 올려 봉씨와 토지를 가지고 다투어서 뒷날 율곡이 공격을 받는 구실을 주었다. 율곡이 다시 벼슬길에 나온 것은 생활의 어려움도 있었던 것으로 보인다.

하지만 율곡은 여전히 강직한 신하의 모습을 보였다. 임금이 분발하지 않으면 희망이 없다는 사실을 다시 한번 경고하고, 현인을 가까이할 것을 권고하면서 성혼을 등용할 것을 요청했다.⁶

다음 해인 1581년(선조 14년)은 율곡이 46세가 되는 시기였다. 이 해 2월에 율곡은 대사간으로서 조강(朝講)에 나아가 『춘추(春秋)』를 강하는 자리에서, 임금이 호오를 분명히 하지 않기 때문에 백성들이 임금의 취향을 알 수 없어 요순이 되실 것인지, 걸주(桀紂)가 되실 것인지를 모르니 정치의 효과가 나타나지 않고 있다고 직언했다.⁷ 또 경장을 하면 나라가 시끄러워질 것을 염려하여 큰일을 하려고 하지 않는데, 이런 것을 염려하면 태평의 정치를 할 수 없다고 말했다. 역시 예전의 말이 반복되었다.

며칠 뒤에는 경연에 나가서 또 『춘추』를 강하면서 나라가 장차 토붕와해의 위기에 빠질 가능성이 있다고 지적하면서 다시 한번 임금의 분발을 촉구했다. 마치 10년 뒤의 임진왜란을 예견한 듯한 그의 말을 들어 보자.

> 지금 나랏일이 안으로는 기강이 무너져 백관이 맡은 직분을 다하지 않고, 밖으로는 백성이 궁핍하여 재물이 바닥나고 따라서 병력이 허약합니다. 만약 무사히 지낸다면 혹 지탱할 수 있겠지만, 만약 전쟁이 일어난다면 반드시 토붕와해되어 다시 구제할 계책이 없을 것입니다. …… 전하께서는 염려스러움을 깊이 아시어 예사롭게 보지 마시고, 스스로 면려하고 진작하시어 먼저 본원적인 학문을 더해 본원을 맑고 투철하게 한 다음에 신하들을 일깨우고, 훌륭한 인재들을 불러들여 중요한 자리에 앉혀 사공(事功)을 힘차게 일으키고 백성의 병폐를 제거하는 동시에 마음을 굳게 지켜 다시는 물러서지 않으시면 국가의 일이 희망이 있을 것입니다. …… 선과 악에 대한 호오를 분명히 해야 선비들이 감동하여 일어나고 여염의 민속도 선을 향하는 마음이 생길 것입니다.[8]

그런데 이해 4월에 기쁜 일이 생겼다. 뜻이 맞는 영의정 박순(朴淳)이 청류(淸流)들을 조정에 끌어들이고, 율곡의 절친한 학우이자 재야 명유인 성혼이 임금의 부름을 받고 조정에 들어와 내자시 첨정(僉正; 종4품)에 임명되자 율곡의 생각과 똑같은 개혁 상소를 올렸기 때문이다.9 이제 율곡은 좀 더 여유를 가지고 동인 세력을 포용하여 동서 보합을 할 수 있는 처지가 되었다. 율곡은 5월에 임금이 동서 분쟁을 염려하여 동인의 인물인 김효원을 등용하려 하지 않자 박순과 더불어 그의 재능이 쓸 만한데도 등용하지 않는다면 선비들이 불안해할 것이라고 말하여 사간(司諫)에 임명하도록 했다.10

또 5월에 가뭄이 심하여 흉년이 예상되었는데 그동안 매년 흉년이 들어 국고가 이미 바닥나 있었다. 율곡은 이 상황을 근본적인 경장을 추진할 수 있는 기회로 삼았다. 그리하여 뜻이 맞는 동료들과 상의하여 변통을 촉구하는 차자(箚子)를 임금에게 올렸다. 여기서 율곡은 세금을 더 거두어 재정을 확충하는 방법을 반대하고, 백성의 생활을 개선하여 안정시키는 일이 급선무라고 여겨 전부터 주장해 오던 공안(貢案)의 개정과 주현(州縣)의 합병, 감사(監司)의 구임 등을 임금에게 진언했다.11

율곡에 따르면, 민가의 빈부와 전결(田結)의 다소를 헤아리지 아니하고 부과하고 있으며, 토산물이 아닌 것을 바치고 있기 때문에 방납의 폐단이 크다는 것이다. 따라서 공안을 해결하기 위해서는 전결을 헤아려 공평하게 부과하고 반드시 토산물로 바치도록 할 필요가 있다. 또 백성이 편안하고 안 하고는 수령의 자질과 노력에 달려 있는데, 수령을 감시할 감사의 임기가 짧아 정사에 힘을 쏟지 못하고 있다. 이를 바로잡으려면 감사가 가족을 데리고 가서 오래 살도록 해 줄 필요가 있다는 것이다. 셋째로 백성의 부역 부담을 줄이려면 작은 주현을 큰 주현에 합병하는 것이 좋다는 것이다. 그러나 그의 주장은 실현되지 않았다.

이해 6월에 율곡은 가선대부(嘉善大夫; 종2품)로서 사헌부 대사헌에 올라 예문관 제학(提學; 종2품)을 겸하게 되었다.[12] 처음으로 2품직에 오른 것이다. 그런데 7월에 조식(曺植)의 문인으로 동인에 속한 정인홍(鄭仁弘; 1535~1623년)이 사헌부 장령(掌令; 정4품)이 되자 심의겸의 파직을 요청하고 나섰다. 심의겸은 동서 분당 직후 외직으로 나갔다가 벼슬을 그만두고 파산에 은거하고 있었는데, 1580년(선조 13년)에 다시 예조참판과 함경 감사의 벼슬을 얻게 되자 동인을 자극한 것이다.

이때 율곡은 처음에 정인홍의 입장을 따라 심의겸의 파직을 요청했다. 그러다 뒤에 정인홍이 심의겸이 윤두수, 윤근수(尹根壽), 정철 등과 연결하여 형세를 엿보고 있다는 말을 계사(啓辭)에 첨부하자, 율곡은 정철이 깨끗하고 강직한 사람인데 그를 공격하는 것은 옳지 않다고 하면서 정철을 비호했다. 이에 사간원 정언 윤승훈(尹承勳)을 비롯하여 삼사의 언관들이 율곡을 비판하고 나서자 영의정 박순은 젊은이들이 식견이 어두워 유림의 종장(宗匠)인 율곡의 말을 따라야 함에도 대단치도 않은 일로 율곡을 비판하고 있다고 걱정하면서, 마치 사슴을 쫓다가 태산(泰山)을 보지 못하는 격이라고 말했다.

이해 7월에 율곡은 대사헌으로서 경연에 참석하여 다시 한번 선조의 분발을 촉구하고 나섰다. 그 말이 중요하여 옮기면 이렇다.

예부터 나라가 중엽에 이르면 반드시 안일에 젖어 점차 쇠약해지기 마련인데, 그때 현명한 군주가 일어나 진작하고 분발하여 천명

(天命)을 다시 이어 가야 역년(歷年)이 오래가는 것입니다. 우리나라가 지금 200여 년을 전해 와서 이제 중쇠기(中衰期)에 들어가는 시기이므로 천명을 이어 주어야 할 때입니다. …… 오늘날 분연히 일어나지 못한다면 다시는 바라볼 날이 없을 것입니다. …… 지난번 한재(旱災)가 있을 때에는 근심하고 걱정하시더니 비가 조금 내리고 나니까 갑자기 안락하게 여기기를 마치 태평한 때처럼 하고 있으니 소신은 깊이 우려하는 바입니다. 세속의 논의는 새로운 일을 추진하면 일 벌이기를 좋아한다고 하고, 옛날대로 답습하면 안정된 것이라고 하지만, …… 만약 세속의 논의대로 한다면 한 가지 폐단도 고치지 않고 망하기를 기다릴 따름이니 어떻게 나라를 보전할 수 있겠습니까?[13]

위 글을 읽어 보면 율곡은 참으로 역사를 꿰뚫어 보는 혜안이 있는 사람이었음을 알 수 있다. 국가가 세워져 200년 정도가 지나면 심리적으로 타성에 빠져 중쇠기로 접어들게 마련인데, 이때가 가장 위험한 시기라는 것을 정확하게 지적한 것이다. 이는 국가가 유기체요, 생명체라는 것을 율곡이 알고 있다는 증거이기도 하다. 사람도 중년기에 건강을 잃으면 수명이 오래가지 못하는 이치와 같다. 하지만 선조는 율곡의 혜안을 제대로 이해하지 못하고, 발등의 불을 끄는 정도의 소극적인 정책을 추구했기 때문에 결국 임란이라는 엄청난 파국을 만나게 된 것이다.

이해 10월에는 율곡이 자헌대부(資憲大夫; 정2품)로서 호조 판서의 직책을 받았다.[14] 처음으로 판서직에 오른 것이다. 이때 율곡은 임금에게 또다시 중쇠기의 위험을 경고하면서 개혁을 추진할 중심 기구로서 경제사(經濟司)를 따로 설치할 것을 건의했다. 이보다 앞서 4월에 성혼도 개혁 기구로서 혁폐도감(革弊都監)을 두자는 건의를 한 바 있는데,15 율곡은 그 이름을 경제사로 칭한 것이다. 대신이 통솔하게 이 기구를 하고, 선비 가운데 시무(時務)를 잘 알고 국사(國事)에 마음을 둔 자를 택하여 실무를 맡게 하고, 모든 건의 사항을 이 기구에 내려서 의논하여 확정한 다음에 폐정을 개혁하게 하자고 제안했다. 그리고 개혁이 끝나면 그 기구를 혁파해도 좋다고 보았다.16 그러니까 임시 기구로 만들자는 것이다.

율곡의 경제사 제안에 대해 영의정 박순은 찬성 의사를 보였으나, 선조는 반대 의사를 보였다. 모든 일은 육조에서 하게 되어 있으므로 다른 기구가 필요 없을 뿐 아니라 이 일을 맡길 수 있는 마땅한 사람도 없고, 정공도감(正供都監)처럼 폐단이 생길 수도 있다는 것이었다. 여기서 정공도감은 1570년(선조 3년)에 이준경 등이 공물을 공평하게 징수하기 위해 설치한 임시 기구로서 1572년에 혁파된 기구를 말한다. 한번 실패한 기구를 다시 만들 필요가 없다는 것이 선조의 생각이었으나, 율곡은 선조의 우유부단한 태도에 또다시 실망하여 재차 아뢰었다.

전하께서는 (전적으로) 긍정하거나 부정하는 마음을 갖지 마시고, 대신 및 시무를 잘 아는 자와 시폐를 구제할 대책을 상의하여 정하시되 개혁을 위주로 하지도 말고, 그렇다고 보수를 위주로 하지도 말며, 조종의 좋은 법이면 닦아서 시행하시고, 근래의 법규로서 생민(生民)에게 해를 끼치는 것이면 고쳐 없애고, 새로운 계책으로 나라를 이롭게 하고 백성을 살릴 수 있는 것이면 강구하여 시행하소서. …… 그렇지 않고 그저 공구수성(恐懼修省)한다는 이름만 내세우고 그 내실이 없으면 장차 어떻게 위로 천심에 보답하고 아래로 인민의 여망을 위로할 수 있겠습니까?

선조는 율곡의 개혁 건의는 받아들이지 않으면서도 더 많은 직책을 부여했다. 이해 11월에 호조 판서로서 홍문관 대제학, 예문관 대제학, 지경연춘추관사, 지성균관사의 직책을 겸임하도록 한 것이다. 모두가 정2품직으로서 이른바 사관(四館)의 최고 책임을 모두 율곡에게 맡긴 것이다. 그러니까 율곡을 행정 실무자로서보다는 학자로서 인정하고 그에 맞는 직책으로 사관의 책임을 맡긴 것으로 볼 수 있다.

율곡은 이해에 벼슬과 병행하여 학문적 사업도 게을리하지 않았다. 회재 이언적(晦齋 李彦迪)이 지은 『대학보유(大學補遺)』의 후의(後議)를 짓고, 박운(朴雲)이 지은 『격몽편(擊蒙編)』의 발문을 쓰고, 명나라 진건(陳建)이 육구연(陸九淵)과 왕수인(王守仁)의 학문을 비판하기 위해 지은 『학부통변(學蔀通辨)』의 발문을 쓰고, 11월에는 자신의 『경연일기(經筵日記)』를 완성했다. 특히 『경연일기』는 그가 1565년(명종 20년)부터 1581년(선조 14년)에 이르기까지 경연에서 한 말과 들은 말을 모으고, 중요한 인물과 사건에 대한 자신의 의견을 안설(按說)로 붙여 놓은 것인데, 『실록』에 보이지 않는 내용이 많이 담겨 있어 율곡의 사상과 당시의 정치 정세를 이해하는 데 중요한 자료가 된다.

위 저술들을 보면 율곡이 얼마나 부지런한 사람인지를 알 수 있다.

○○「학교모범」,「인심도심도설」 등을 지어 올리다

    47세가 되던 1582년(선조 15년) 정월에 율곡은 처음으로 이조 판서의 중책을 맡았다. 세 차례나 사직 상소를 올렸으나 임금은 허락하지 않았다. 율곡은 사직 상소에서 문반의 인사(人事)를 맡은 이조의 가장 큰 문제점으로 청직에 속하는 관각(館閣; 사헌부, 사간원, 홍문관, 예문관 등)의 인사를 이조의 낭관(郎官; 5품 정랑과 6품 좌랑)에게 맡긴 것을 들었다.[17] 율곡에 따르면, 원래 국초의 이조 판서는 삼공(三公; 세 정승)이나 중신(重臣)이 겸직했고, 낭관은 다만 그 부족한 점을 도와주는 데 그쳤다. 그런데 지금의 이조 판서는 관각의 청선(淸選)을 낭관에게 맡기고 미관말직만 임금에게 추천하는 것을 임무로 삼고 있으며, 그것도 전후 사정을 살펴보고 청탁의 높고 낮음에 따라 경중을 가리고 있다는 것이다. 또 이조는 왕명이 공론(公論)에 어긋나면 반대하여 바로잡았는데, 지금은 왕명을 순순히 따를 뿐이고, 관리를 임명하는 데만 신경을 쓰고 관리의 고과(考課)에는 관심이 없어 관청의 기강이 무너지고 있다고 했다.

    율곡은 이조 판서가 된 뒤에 자신의 신념에 따라 현명한 인재를 청직에 임명하고 학문이 높은 사람을 대사성에 임명하고, 이재(吏才)가 있는 사람을 수령에 임명하고, 관찰사의 임명을 중하게 여기고, 수령의 천거를 엄하게 하여 백성을 사랑하도록 하려 했다. 하지만 청선이 낭관에게 있다는 율곡의 말에 대해 당시 여론은 율곡이 인사권을 마음대로 휘두르려고 한다고 비판하여 결국 그의 개혁안은 무산되고 낭관의 횡포는 그대로 이어졌다. 이에 율곡은 얼마 안 있다가 병을 이유로 사직했다. 참고로, 율곡이 제기한 이조 낭관의 낭천권(郎薦權)은 영조 대에 가서 해결되었으니, 율곡이 얼마나 선견지명이 있었는지를 여기서도 볼 수 있다.

이해 4월에 율곡은 이조 판서를 그만두고 홍문관 대제학으로 돌아갔는데,[18] 경연에서 성균관의 사도(師道)가 무너진 것을 개탄하자 임금이 사부(師傅)를 선택하고 선비를 배양하는 규범을 지어 올리라고 명했다. 이에 율곡은 이해 7월에 16개 조항의 규범을 만들고, 삼공과 의논하여 「학교모범(學校模範)」을 지어 올렸다.[19] 그러나 율곡을 싫어하던 사람들은 율곡이 자신의 문도(門徒)들을 성균관에 넣으려고 지은 것이라며 트집을 잡았다.

『격몽요결』이 율곡이 세운 해주의 은병정사 학생들을 위한 지침이라면 「학교모범」은 성균관 학생들을 염두에 둔 지침이라는 점에서 서로 대비되지만, 모두 율곡의 교육 사상이 잘 나타나 있는 글이다. 「학교모범」의 내용은 뒤에 다시 설명하기로 한다.

율곡에게 「학교모범」을 지어 올리라고 하던 날 임금은 「김시습전」도 지어 올리라고 명했는데,[20] 이 글은 이해 7월에 완성되었다. 여기서 율곡은 김시습의 행적이 지닌 장점과 단점을 객관적으로 자세히 소개하면서 마음으로는 유교를 숭상하고, 행동은 선가(禪家)와 도가(道家)를 따라 짐짓 미친 짓을 하여 진실을 가렸다고 평가했다. 아마도 율곡은 유불도(儒佛道)의 삼교를 넘나들었던 김시습의 행적을 보면서 자신의 모습과 유사한 점을 발견하려 했는지도 모른다.

또 같은 달에 율곡은 왕명을 받들어 「인심도심도설(人心道心圖說)」도 지어 바쳤다. 이 글은 그동안 퇴계 이황과 고봉 기대승 사이에 벌어진 사단과 칠정에 관한 논쟁에 대하여 율곡이 판정을 내린 글이라고 불러도 좋은 명문인 동시에 율곡의 이기론을 가장 요령 있게 정리한 글이기도 하다. 그동안 율곡은 성혼이나 박순 등과 더불어 기회 있을 때마다 이 문제를 토론해 왔는데, 그 결과가 이 글로 마무리되었다고 할 수 있다.

사단을 이(理)의 발현으로, 칠정을 기(氣)의 발현으로 해석하여 사단과 칠정을 반대 개념으로 본 퇴계의 이원론(二元論)과 달리, 「인심도심도설」은 칠정도 이와 기가 합쳐진 개념으로 해석하여 사단과 칠정을 서로 절충된 모습으로 본 것이 특징이다. 다시 말해 이기이원적 일원론의 시각이 담겨져 있다. 결과적으로 율곡의 해석은 칠정에도 이(理)가 있음을 인정한 것으로 인간의 감정을 한층 더 긍정적으로, 그리고 더 적극적인 성선설의 시각으로 바라보면서 인간에 대한 보편적 사랑을 넓히는 데 기여했다.

○○ 세 번째 「만언봉사」를 올리다

이해(1582년, 선조 15년) 9월 1일 율곡은 의정부 우참찬(右參贊; 정2품)을 거쳐 바로 숭정대부(崇政大夫)로서 우찬성(右贊成; 종1품)에 올랐는데, 세 번 사양했으나 허락을 얻지 못하자 직책을 맡았다. 처음으로 1품직에 오른 것으로 율곡이 평생 받은 벼슬 가운데 가장 높은 직에 해당한다.

그리고 얼마 뒤에 율곡은 「만언봉사」를 또 올렸다. 그는 주벌(誅

罰: 목을 베는 형벌)을 무릅쓰고 말하겠다고 전제하고는, 지금 나라를 위망(危亡)으로 이끄는 네 가지 시폐가 있음을 지적하고 이를 경장할 것을 다시 한번 강조했다. 이는 세 번째 「만언봉사」에 해당한다.

「만언봉사」에서 율곡은 정치인을 상지(上智), 중지(中智), 하지(下智)의 세 부류로 구분했다. 상지는 난이 일어나기 전에 미리 다스리고, 나라가 위태롭기 전에 미리 보전하는 사람이다. 중지는 사태가 발생한 뒤에 깨달아 다스리는 사람이다. 하지는 난이 닥치고 위태로움을 보고도 안정시킬 방도를 강구하지 않는 사람이다. 그러면서 율곡은 선조 임금이 상지에 속하는 자질을 가지고 있어 어린아이까지도 알고 있는 나라의 위태로움을 모를 리가 없을 것이라고 했다. 그런데도 임금이 나라를 보전할 수 있는 계책을 마련하고 있지 않는 것을 개탄하면서, 무엇이 위태로운 것인지를 다음 네 가지로 제시했다.

율곡이 지적한 네 가지 시폐는 첫째, 시속(時俗)을 따르는 데서 세도(世道)가 나빠진다는 것, 둘째, 작록(爵祿)을 탐하는 자를 먹여 주는 데서 공적(功績)이 무너진다는 것, 셋째, 부의(浮議)를 일으키는 데서 정사(政事)가 어지러워진다는 것, 넷째, 오랫동안 쌓인 폐단으로 백성들이 곤궁해진다는 것이다.

이를 좀 더 자세히 살펴보면 첫째, 시속에 얽매어 세도가 무너지고 있다는 것은, 선비들이 이익을 좇고 강상(綱常)이 무너지고 있는데도 시속을 바로잡으려고 하면 비방이 일어나 경장이 안 된다는 말이다.

둘째, 작록을 탐내는 자를 먹여 주는 데서 공적이 무너지고 있다는 것은, 관리들에게 녹봉을 주는 것은 나라를 잘 다스리기 위함인데, 지금의 관리들은 녹봉만 챙기고 직책을 수행하지 않으면서 자기의 직책을 성실하게 수행하면 바보라고 비웃고 욕하여 정치의 기강이 무너지고 있다는 것이다.

셋째, 부의 때문에 정사가 어지러워지고 있다는 것은, 근거 없는 뜬소문인 부의의 위력이 태산보다도 높고 칼날보다도 날카로워 일단 부의에 휩쓸리면 공경(公卿)도 힘을 잃고, 뛰어난 인재들도 명성을 잃어 하극상만 난무하고 있다는 말이다. 마치 큰 배가 망망대해를 항해하고 있는데 키를 잡는 사람이 없는 꼴과 같다.

넷째, 백성들이 오랜 폐단으로 곤궁해지고 있다는 것은 공납의 폐단을 지적한 말이다. 백성은 나라의 근본으로서 근본이 튼튼해야 나라가 편안해지는 법인데 그동안 권간(權奸)들이 국정을 운영하면서 많은 폐법(弊法)이 만들어져 민생의 곤궁함이 극에 이르고 있다는 것이다. 특히 그동안 인구와 개간된 토지가 옛날의 반으로 줄었는데도 공납은 오히려 전보다 늘어나서 백성들이 흩어지니 이에 따라 국가재정이 줄어들고 민생도 도탄에 빠졌다고 말한다. 이런 상태가 지속되면 백성들이 어린 자식들을 강보에 싸 업고 다른 나라로 도망가게 될 것이며, 그래서 항간에는 "우리를 보살펴 주면 임금이고, 우리를 학대하면 원수"라는 말까지 떠돌고 있다고 염려한다.

율곡은 이렇게 나라가 위망에 빠진 이유를 설명하면서 임금에게 다그쳐 물었다.

전하께서는 오늘날 국가의 형세에 대해 의관(衣冠)만 정제하고 가만히 앉아 있더라도 끝내 나라를 보전할 수 있다고 여기십니까? 아니면 바로잡아 구제하고 싶어도 그 대책을 모르고 계십니까? 아니면 그 뜻이야 갖고 있지만 어진 신하를 얻지 못해 일을 추진하기 어렵다고 여기십니까? 그도 아니면, 흥하든 망하든 천운(天運)에만 맡기고 아예 인력을 들이지 않으려고 하시는 것입니까?

이어 율곡은 임금이 나라를 제대로 다스리지 못하고 있는 이유를 다음과 같이 진단했다.

전하께서는 도(道)를 중시하고 선비를 존중하는 정성이 지극하지 못하기 때문에 호령을 내리고 거조(擧措)하는 데 시속을 따르는 자를 좋아하고 비상(非常)하게 행동하는 사람을 미워합니다. 그리고 곧은 절개가 있는 신하는 과격하다고 의심하고, 입을 다물고 말하지 않는 신하는 순후하다고 여기며, 고도(古道)의 이야기는 큰소리에 불과하다고 배척합니다. 이 때문에 …… 세상 사람들은 모두 "우리 임금은 도학(道學)을 좋아하지 않는다."라고 합니다. 그래서 선을 행하던 사람은 기가 꺾이고, 악을 행하던 사람은 기세를 부리면서 조금이라도 원칙을 지키려는 사람이 있으면 명예를 얻으려 한다고 손가락질하고, 세류(世流)에 같이 어울리면 천연스럽다고 좋아합니다. 그래서 교화가 무너지고, 윤리가 상실된 것입니다.

이 글을 꼼꼼하게 읽어 보면 선조 임금은 한마디로 나쁜 임금이라는 말과 같다. 그동안 여러 차례에 걸친 「만언봉사」의 격렬하고 직설적인 어투가 그대로 살아 있는 것이다.

선조 임금의 잘못을 지적하고 나서 율곡은 가장 시급한 경장의 과제를 공안 개정과 수령의 감축, 그리고 감사의 임기 연장을 들었다. 먼저 공안 문제는 율곡이 수십 년간 주장해 온 숙원의 과제로서 그 해결책으로는 토산품이 아닌 물품을 강요하는 것을 없애고 토산품만을 균등하게 배분하여 두세 관청에만 바치게 하면 백성의 부담이 10분의 9쯤 줄어들 것으로 제시했다. 이렇게 해서 민생이 나아지게 한 다음에 차츰 전세(田稅)를 올려 국가의 재정을 늘어나게 해야 한다고 보았다.

다음에 수령 문제는 백성이 줄어들어 고을이 텅 비었는데도 수령을 파견하여 빈 자리만 차지하고 있으므로 인근 고을을 합치면 수령의 수를 3분의 1쯤 줄일 수 있다고 주장했다. 이렇게 되면 백성의 부역도 3분의 1쯤 줄어들게 된다.

마지막으로 감사는 한 도(道)를 책임지고 수령을 통솔하면서 백성을 돌보고 유사시에는 내란과 외환에 대비하는 중요한 자리인데도 임기가 1년밖에 되지 않고 가족도 데려갈 수 없어서 정사를 제대로 펼 수가 없을 뿐 아니라 좋은 신하들이 감사 자리를 기피하고 있다는 문제이다. 따라서 경제에 밝은 신하를 감사로 보내고 임기를 길게 하며 가족을 데리고 가도록 하여 지방 행정을 강화하는 것이 시급함을 역설한다.

나라의 위망 상황을 이와 같이 진단한 율곡은 마지막으로 임금에게 이렇게 묻는다.

지금 백성은 흩어지고 군사는 쇠약하며 창고의 양곡마저 고갈되었는데, 은혜가 백성에게 미치지 않고 신의도 여지없이 사라졌습니다.

혹시라도 외적(外敵)이 변방을 침범하거나 도적이 국내에서 반란을 일으킨다면 방어할 만한 병력도 없고, 먹을 만한 곡식도 없고, 신의로 유지할 수도 없는데, 모르겠습니다만 전하께서는 이 점에 대하여 어떻게 대응하려 하십니까?

이 글을 읽어 보면 10년 뒤의 임진왜란을 이미 내다보고 있는 예언자 같은 느낌마저 든다. 그러나 율곡의 「만언봉사」를 읽은 선조의 대답은 옛날과 마찬가지로 소극적이었다. 율곡의 마음은 충성스럽지만, 자신의 능력이 부족하여 개혁이 되지 않아 한탄스럽다는 것이다.

경의 상소를 읽어 보고 충성스러움을 잘 알았다. 나 역시 마음을 가다듬고 일을 해 보고 싶지만 너무도 몽매하고 재주와 식견이 부족하여 지금까지 일이 마음대로 되지 않았으니 생각해 보면 한탄스러울 뿐이다.

그후 율곡은 입시할 때마다 앞에 올린 내용을 거듭거듭 촉구했는데, 임금은 「만언봉사」를 신하들에게 보이고 "우찬성이 전부터 이런 논의를 해 왔는데, 나는 매우 어렵다고 본다."라고 하면서 신하들의 의견을 물었으나 아무도 대답을 못했다. 다만 홍가신(洪可臣)만이 "이것(경장)이야말로 지금의 급무"라고 말했으나, 다음 날 부제학 유성룡(柳成龍)이 차자를 올려 율곡의 논의가 시의(時宜)에 맞지 않는다고 극론하여 그 의논이 중지되고 말았다. 홍가신이 유성룡에게 "공은 과연 경장하는 것을 그르다고 여기는가?"라고 묻자 유성룡은 "경장하는 것은 옳은 일이다. 다만 율곡의 재주로 그 일을 해내지 못할까 염려될 뿐이다."라고 말했다.

여기서, 율곡의 그토록 간곡한 경장이 실패로 끝난 이유를 선조의 책임만으로 돌리기 어렵다는 것을 느낄 수 있다. 당시 동인의 영수였던 유성룡이 율곡과 힘을 합쳐 경장을 밀고 나갔더라면 선조도 이를 따랐을 것이고, 왜란의 참화를 미연에 막을 수도 있었을 것이라는 아쉬움이 크다.

○○ 병조 판서로서 군정 개혁을 추진하다

1583년(선조 16년)은 율곡이 48세가 되는 해이며, 세상을 떠나기 1년 전이다. 지난해 12월에 율곡은 우찬성을 그만두고 병조 판서의 직책을 맡았는데, 품계는 비록 낮아졌지만 실권은 오히려 더 커진 것이었다. 임금이 율곡에게 병조 판서를 맡긴 데는 그가 줄기차게 요구해 온 경장안 가운데 군정 개혁도 들어 있었으므로 군정에서 경장을 해 보라는 임금의 뜻이 담겨 있었다고 볼 수 있다. 마침 그때 함경도 두만강 지역의 여진족이 변방을 괴롭혀 국방 문제가 현안으로 대두했으므로 병조 판서의 책임은 매우 무거웠다.

율곡은 1583년 2월에 임금에게 군정을 포함한 「시무육조(時務六條)」를 올렸는데,[21] 지금과 같이 국방이 허술한 상태에서 미봉책만 쓴다면 장차 뜻밖의 환란이 생길 것이라고 예견하면서 여섯 가지 개혁안을 내놓았다. 그 요지를 설명하면 다음과 같다.

첫째, 현능(賢能)한 신하를 오래 관직에 두자. 지금은 관리가 너무 자주 바뀌어 업적을 낼 수 없는데, 관직이 자주 바뀌는 것은 두 가지 이유가 있다. 하나는 병을 핑계하고 물러나는 정사(呈辭)이고, 다른 하나는 언관(言官)이 언론을 잘못했다는 비판을 받으면 금방 사직 상소를 올리는 이른바 피혐(避嫌)이다. 이를 시정하기 위해서는 병을 핑계로 한 정사를 금지하고, 언관의 피혐을 막아야 한다.

둘째, 군(軍)과 민(民)을 기르자. 양병(養兵)을 하려면 양민(養民)이 우선이다. 백성이 곤궁하면 군대에 나갈 사람이 없어지고, 군대를 먹일 식량도 확보할 수 없기 때문이다. 그런데 지금 군대가 도망가면 그 일족이 책임을 지도록 연좌제를 실시하고 있기 때문에 마을이 텅 비는 사태가 초래되었다. 이를 해결하려면 별도의 국(局)을 설치하여 군적(軍籍)을 관장케 하고, 역(役)을 균등하게 하고, 일족의 책임을 없애야 한다.

셋째, 재용(財用)을 풍족하게 만들자. 군대를 키우려면 군량미가 풍족해야 되는데 지금 국가 재정이 텅 비어 1년 수입으로 1년도 지탱하기 어려운 지경에 있어 군량을 확보하기 어렵다. 이를 해결하기 위해서는 세 가지 방법이 있다.

하나는 권설(權設: 임시로 설치한 관직)과 용관(冗官: 쓸데없는 관직)을 혁파하여 지출을 억제하는 것이다.

그다음은 급재(給災)에 대한 혜택이 지나쳐 전세율(田稅率)이 너무 낮아진 것을 바로잡아야 한다. 즉 토지의 등급을 여섯으로 나누어 세금을 매기는 전분육등(田分六等)과 농사의 풍흉을 아홉 등급으로 나누어 세금을 매기는 연분구등(年分九等)이 시행되고 있지만, 실제로는 가장 낮은 세율이 모든 땅에 적용되어 세율이 20분의 1세도 되지 않는다. 이것은 맹자가 말한 맥도(貊道)로서 국가를 유지하기 힘들다. 그러면 이를 해결하는 방안은 무엇인가? 율곡은 백성들이 가장 고통을 받고 있는 공물 상납, 즉 공안을 70~80퍼센트 정도 절감시켜 백성들의 생활을 향상시킨 다음에 형편을 보아 전세(田稅)를 올리는 방안을 강구하여 국고를 늘려야 한다.

재용을 풍족하게 만드는 마지막 방안은 국가의 제사를 줄이는 것이다. 제사가 너무 많아 재정에 지장을 주고 있으니 종묘를 제외한 능제(陵祭), 문소전(文昭殿), 연은전(延恩殿)의 제사는 줄여야 한다.

넷째, 번병(藩屛)을 튼튼하게 만들자. 번병은 서울을 둘러싸고 있는 울타리, 즉 지방의 주현(州縣)을 말한다. 이를 튼튼히 하자면 자립도가 낮은 작은 군현(郡縣)을 큰 군현에 합치고, 관찰사의 임기를 길게 하고 가족을 거느리고 살 수 있도록 해야 지방이 행정적으로도 안정되고, 유사시에 국방에도 도움이 된다.

다섯째, 전마(戰馬)를 준비하자. 전쟁이 일어나면 전마, 즉 기마병이 절대 필요한데 지금은 보병밖에 없다. 전마를 키우려면 무사 가운데 기사(騎射)에 능한 자를 뽑아 목장으로 보내 감목관(監牧官)과 더불어 계획적으로 전마를 키우고, 당마(唐馬; 중국 말)와 호마(胡馬; 몽고 말)도 수입하여 무사에게 주어 유사시에 대비해야 한다.

여섯째, 군대를 밝게 교화하자. 군대의 충성심을 높이려면 군인을 예(禮)와 의(義)로서 가르쳐야 하는데, 그러기 위해서는 서울의 태학(太學)과 사학(四學), 그리고 지방의 향교에 우수한 교관을 보내 유풍(儒風)을 진작시킬 필요가 있다. 유풍이 진작되어야 군대의 충성심도 높아질 수 있다.

율곡은 나아가 무과에 응시하는 수험생들을 시험이 끝나는 대로 정로위(定虜衛)에 소속시켜 각 요해처에 배치하자고 건의했다. 그러나 이 안은 집안 좋은 자제들이 시험을 기피하여 그만두었다.[22]

임금은 율곡의 상소를 비변사(備邊司)에 내려 검토하게 하고는, 승지에게 비관적으로 말했다. "율곡이 나라를 걱정하는 마음이 지극하지만, 관리들이나 사대부들이 뇌물을 주고 청탁하거나 편지를 보내 청탁하는 관습이 없어지지 않는다면 아무리 법을 고친다 해도 보탬이 되지 않을 것이다."[23]

율곡은 4월에 들어와서 2월에 올린 「시무육사」를 다시 건의하고 여기에 덧붙여 서얼로서 북변에 들어가 방수(防戍)를 하는 자는 벼슬길을 허통할 것과 공사천인(公私賤人)으로서 북변에 들어가 방수하는 자는 곡식을 받고 양인으로 올려 주는 속량(贖良)을 해 줄 것을 요청했다.[24]

율곡의 건의에 대해 선조는 4월에 이르러 답을 내렸는데, 공안 개정에 대해서는 조정에서 합의를 이끌어 내기가 어려울 것 같고, 다사다난한 시기에 한꺼번에 고치는 것이 어렵다고 했다. 또한 군적에 관한 것은 병조가 집행하기를 바라며, 서얼과 천인을 허통하는 문제는 즉시 시행하도록 명령했으나 반대하는 사람들이 있어 다시 비변사에서 논의해 보도록 하겠으며, 주현의 합병 문제는 한번 시험해 볼 것이고, 감사의 임기를 길게 하는 문제는 우선 양남(兩南; 전라도와 경상도)에서 시험해 보겠다고 답했다.[25]

율곡의 건의 가운데 용관을 혁파하자는 주장은 5월에 이르러 전설사수(典設司守), 사온서령(司醞署令), 사지서 주부(司紙署主簿), 돈녕부 주부(敦寧府主簿) 등을 각 1명씩 감원하고, 의서강예(醫書講隸), 천문습독관(天文習讀官)의 녹봉도 혁파하는 것으로 반영했다.[26] 하지만 이 정도의 개혁으로 국가 재정이 개선되기는 어려운 일이었다.

율곡은 이 무렵 좋은 인재를 천거하라는 임금의 명령을 받들어 성혼, 성윤해(成允諧), 정구(鄭逑), 김우옹 등을 천거했는데, 율곡에 대한 임금의 신뢰가 커지자 율곡을 시기하고 개혁을 반대하는 세력도 상대적으로 커져 갔다.

또한 이즈음 율곡은 경연에서 10만 명의 군대를 양성하여 불우의 사태에 대비하자는 이른바 '10만 양병설(十萬養兵說)'을 임금에게 건의했다고 하는데, 이 사실은 『선조수정실록』과 『율곡전서』의 연보에는 기록되어 있으나 『선조실록』에는 보이지 않아 의문을 제기하는 학자들이 있다. 먼저, 인조 때 서인들이 다시 편찬한 『선조수정실록』에는 선조 15년 9월 1일조(병진)에 10만 양병설이 등장한다. 그 내용은 바로 이날 10만 양병설을 주장했다는 것이 아니고, 그 이전에 경연에서 10만 양병설을 주장했는데 유성룡이 반대하여 무산되었으며, 왜란이 터진 뒤에 비로소 율곡에게 선견지명이 있었다고 말했다고 기록되어 있다.[27] 그러니까 10만 양병설이 나온 시기를 정확하게 지적하지 않은 것이다. 한편 연보에는 한층 구체적인 내용이 보인다.

선생이 경연에서 말했다. "국세(國勢)가 떨치지 못한 것이 극에 이르렀습니다. 앞으로 10년이 못 되어 집이 무너지는 화(禍)가 일어날 것입니다. 미리 10만 병을 양성하되, 도성에서 2만 명, 각 도에서 1만 명을 양성하여 요역을 면제해 주고, 무재(武才)를 훈련시켜 6개월씩 교대로 도성을 지키게 하고, 변란이 일어나면 10만 명을 합쳐서 파수하게 하여 완급에 대비해야 합니다. 그렇게 하지 않으면, 갑자기 변란이 일어났을 때 시민(市民)을 몰아다가 싸우게 하는 사태를 면할 수 없을 것입니다."그런데 당시 유성룡은 이를 옳지 않다고 하면서 "무사할 때 양병하는 것은 화를 기르는 것입니다."라고 말했으며 경연의 신하들도 모두가 선생의 말이 지나친 염려라고 생각하여 실행되지 않았다. 선생은 물러나 유공(柳公: 유성룡)에게 말하기를, "속유(俗儒)들은 시의(時宜)를 모르지만 공은 어찌 그런 말을 하는가?"라고 하면서 한동안 추연해졌다. 임진란이 일어나자 유공은 묘당에서 탄식하면서 "이문성(李文成)은 참으로 성인(聖人)이다."라고 말했다.

『선조수정실록』과 연보의 내용 가운데 서로 차이가 나는 것은 10만 양병설을 제기한 시기다. 『선조수정실록』에서는 그 시점을 선조 15년 9월 1일 이전으로 보았고, 연보에서는 율곡이 병조 판서를 하던 선조 16년 4월로 보고 있어 서로 다르다. 또 두 기록 모두 명확한 날짜를 제시하지 못한 것도 약점이다.

    그렇다면, 율곡이 말하지도 않은 10만 양병설을 『율곡전서』의 편찬자들이 꾸며서 넣었다면 중대한 실수가 아닐 수 없으며, 반대로 이 기록이 사실이라면 "양병(養兵)은 양화(養禍)"라고 주장한 서애 유성룡이 큰 실수를 저지른 셈이다. 어느 것이 진실인지는 판단하기 어려우나, 율곡이 양병에 적극적이었던 것과 동인에 속한 유성룡이 양병을 그다지 지지하지 않은 것은 사실로 보아야 할 것이다.

그런데 이해(1583년, 선조 16년) 6월에 이르러 중대한 사건이 북방에서 일어났다. 니탕개(泥湯介)가 이끄는 여진족 2만여 명이 함경도 종성(鍾城)을 포위하는 사태가 벌어진 것이다. 율곡이 병조 판서이면서 비변사 당상으로서 군무(軍務)를 전부 관할하는 위치에서 국방의 중요성을 심각하게 느끼고, 양병의 필요성을 절감했던 것은 사실이다. 율곡이 이 무렵에 10만 양병설을 건의했다면 그것은 일차적으로 니탕개의 침입에 대비한 대책이었을 것으로 보인다. 여진족에 대한 대비책이라 하더라도 양병이 일단 실현되었다면 결과적으로 9년 뒤에 일어난 임진왜란 때 그토록 참혹한 육전(陸戰)의 패배를 당하지는 않았을 것이다.

율곡은 니탕개의 침입에 대한 대책을 다각적으로 제시했다. 우선 서울에서 활 잘 쏘는 사람 1만여 명을 뽑아 북도(北道)로 보내고, 군자감의 면포를 군사들의 의복 자료로 주었으며, 백관의 녹봉을 감하여 군사의 처자들을 먹였고, 국가에 곡식을 바치는 자들을 모집하여 그 곡식을 변방으로 보내 식량으로 지급했다. 북변에 나가거나 곡식을 바치는 사람은 서얼이라도 과거 응시 자격을 주고 공사천인은 양민으로 면천시켜 주자는 주장도 폈다.

율곡은 옛날 1555년(명종 10년)의 을묘왜변(乙卯倭變) 당시 군사들이 전장에 나갈 때 말이 없어서 서울에서 말을 약탈하여 타고 간 사실을 알고 있었다. 하여 3등 이하의 군사 가운데 전마를 바치는 자에게는 북변으로 가는 것을 면제해 주는 조치를 취했다. 그런데 율곡이 임금에게 미리 아뢰지 않고 시행했다가 뒤늦게 임금에게 계(啓)를 올려 "황공하다."라는 뜻을 표했는데, 그 계를 병조의 낭청(郎廳)에게 시켜 아뢰게 했다. 또 임금이 변방의 일을 논의하기 위해 병조의 당상관을 불렀는데, 율곡은 궁궐 안에 있는 내병조(內兵曹)까지 왔다가 현기증이 일어나서 승정원에는 가지 않았다. 승지가 이 일을 임금에게 아뢰자 임금은 오히려 내의(內醫)를 보내 병을 돌보게 하고, 율곡이 물러가 조리하도록 했다.28

위 사건은 엄밀하게 따지면 율곡이 임금을 무시한 것으로 볼 수도 있지만, 임금이 군정 개혁을 율곡에게 전적으로 위임하다시피한 상황을 고려하거나, 율곡이 세상을 떠나기 6개월 전 일로서 건강이 극히 나빴던 점을 생각해 보면 크게 문제 삼을 일은 아니었다. 그럼에도 사헌부와 사간원은 이 기회에 율곡을 곤경에 빠뜨리기 위해 율곡의 파직을 며칠에 걸쳐 강력하게 요구하고 나섰으며 율곡도 스스로 죄를 인정하고 사직을 요청했으나 임금은 허락하지 않았다.29 그러나 양사(兩司)에 이어 홍문관까지 가세하여 율곡을 '오국소인(誤國小人; 나라를 그르친 소인)'으로 규탄하고 나섰다.

선조는 이같은 삼사의 탄핵을 보고, 시속에 따라 당(黨)에 붙어다니는 젊은 신진배(新進輩)들이, 이를 걱정하던 율곡을 싫어하여 틈을 보고 있다가 작은 실수를 트집 잡아 공격하면서 당을 만들고 있다고 걱정했다.30 그러나 선조의 이러한 염려에도 불구하고 서인이 나서 율곡을 비호하고, 동인들이 나서 율곡에 대한 인신공격까지 서슴지 않으면서 사태는 점점 동서 양당의 전면적 대결 구도로 커지게 되었다.

○○ 동서 갈등의 격랑 속에서 생애를 마감하다

　1583년(선조 16년) 6월의 전마 사건으로 시작된 율곡에 대한 삼사의 비판과 이에 대한 서인의 변호는 7월과 8월에 들어서자 절정에 이르렀다. 율곡은 이미 병조 판서를 사직하고 파주와 석담으로 내려가 있었으므로 파직을 요구한 비판은 없었지만 그 대신 율곡의 생애 전체를 비난하여 소인(小人)이니, 오국소인이니, 무군(無君)이니 하는 인신공격적 발언과 이를 역비판하는 말들이 봇물처럼 쏟아져 나왔다.

　율곡을 비판하는 데 가장 적극적인 인물은 대사간 송응개였는데, 그가 7월 16일에 올린 상소는 최악에 속한다고 볼 수 있다.[31] 그가 말하기를, 율곡은 젊었을 때 중이 되어 임금과 어버이를 버린 죄인이며, 척신 심통원의 비호를 받아 성균관에 출입할 수 있었으며, 척신 심의겸의 추천으로 청현직(淸顯職)에 나갔으며, 동서 분당 이후에는 동서인을 조제 보합하는 척하면서 동인을 무너뜨릴 계책만 생각했으며, 향리에 물러나 있을 때에는 뇌물과 재물을 탐하는 데 여념이 없었으니, 율곡은 왕안석(王安石)보다도 더 나쁜 인물이라는 것이다.[32]

　선조는 송응개의 상소를 보고 어이가 없어 "네 말이 모두 사실이라 하더라도 이제 와서야 말한 것은 불충(不忠)이다. 본직을 체차하라."라고 말하면서 그를 파직시켰다.

　그런데 송응개의 상소가 있기 하루 전에 성혼은 율곡을 둘러싼 그동안의 비판에 대한 변명 상소를 올렸다. 그의 말을 들어 보자.[33]

　신이 보건대 이이의 사람됨은 소통(疏通)하고 명민(明敏)하고 천성이 매우 고매하여 젊은 시절부터 구도(求道)의 뜻을 가지고 학문으로 자신을 격려하여 왔습니다. …… 임금을 사랑하고 나라를 걱정하는 것도 그의 지성에서 나온 것으로, 오직 나라가 있는 것만 알고 자신이 있는 것은 모르며, 시무(時務)를 구제하는 데 급급하여 자신의 따뜻함과 배부름 따위는 생각에도 두지 않음이 바로 그의 일생의 소양입니다. …… 그러나 …… 병통(病痛) 또한 없는 것은 아닙니다. 너무 소통했기 때문에 소탈한 병통이 있어 침착하고 치밀한 기풍이 적습니다. 성품이 결백하고 정직하고 오활한 만큼 진실하기 때문에 겉모양을 꾸민다거나 남의 뜻을 맞추려고 하는 태도는 전혀 없고, 뜻이 큰 만큼 미세한 일에는 소략하며, 스스로를 믿어 시속(時俗)과는 어울리지 않습니다. 그래서 그를 사랑하는 자는 매우 적고, 비웃는 자는 많으며, …… 게다가 시론(時論)과는 맞지 않는 시폐를 논한 것이 당시 사람들의 꺼리는 바가 된 것입니다. 또 정철을 쓸 만한 사람이라고 추천한 것이 더욱 중정(衆情)에 맞지 않는 원인이 된 것입니다.

성혼의 율곡 평은 비록 가까운 학우의 입장에서 쓴 것이지만 율곡의 장점과 단점을 모두 지적했다는 점에서 매우 공정한 평가로 보인다. 그 요점은 율곡이 사심이 없이 오직 나라를 걱정하는 인물이라는 것과 성격이 활달하고 명민한 것이 때로는 단점으로 작용하여 침착성과 세밀성이 부족하다는 것이며, 너무 바른 말을 하고, 시폐를 고치려는 경장을 주장하다 보니 이해관계가 엇갈리는 사람들이 많아 적을 많이 만들었다는 것으로 요약된다. 성혼은 나아가 얼마전에 빌미가 되었던 전마 문제에 대해서도 그것이 방법상 잘못되었다는 것은 인정하면서도 그렇게 된 상황의 불가피성을 다음과 같이 변명하고 있다.

말을 바치면 북변 방어의 임무를 면제해 준 일은 이이가 일찍이 을묘년의 왜변 당시 전쟁에 나가는 군사들이 서울에서 말을 약탈해 가는 것을 보고 그것이 난계(亂階)가 될 것을 깊이 우려한 나머지 처음에는 임금에게 아뢰어 청하려 했으나 말을 바쳐 올 자가 있을지 없을지 몰라 감히 청하지를 못했던 것이고, 급기야 말들이 모였을 때는 군사의 갈 길이 임박하여 말을 먼저 주고 나서 아뢰었던 것인데, 너무 급한 나머지 경솔하게 했던 탓으로 그러한 죄를 저지른 것입니다. 임금의 명(命)을 청하지 않고 영(令)부터 내린 것은 당연히 이이의 죄이지만, 그렇다고 그것이 국병(國柄)을 마음대로 휘두른 죄는 아닐 것입니다. 그가 승정원에 나아가지 않은 것은 현훈증(眩暈症; 어지럼증)이 거듭 일어났기 때문인데 그가 교만하여 임금을 업신여긴 죄는 아닐 것입니다.

선조는 성혼의 상소를 보고 크게 감복하여 영의정 박순, 좌의정 김귀영(金貴榮), 우의정 정지연(鄭芝衍; 불참) 등 정승을 불러 시(是)와 비(非)를 분명히 알아서 처리하라고 명했다.
송응개와 성혼의 상소가 있은 뒤에도 율곡에 대한 삼사의 공격은 계속되었는데, 이제는 율곡뿐 아니라 율곡을 옹호하는 영의정 박순과 성혼에게도 심의겸의 문객이라는 이유로 비판의 화살을 겨누었다. 이때 대사성 김우옹은 중도적인 입장에서 율곡의 장단점을 지적하고, 삼사의 비판도 지나치다는 점을 지적하여 두 입장을 조정하고자 했다.[34] 김우옹은 기본적으로 동인에 속하는 인물이었으나, 율곡이 그를 좋은 인물로 추천한 일도 있었다. 어쨌든 김우옹은 동서 조제(調劑)에 힘써 전적으로 어느 한편을 옹호하지는 않았다. 그의 말을 들어 보자.

> 이이는 명민한 학문과 해박한 지식으로 밝은 시대를 만나 전하께서 그를 믿고 의지하여 난국을 타개해 보려 했고 이이 또한 스스로 세도(世道)를 책임져서, 물과 물고기의 사이처럼 계책을 내면 실현되고 말만 하면 다 들어주시는, 참으로 천년을 두고도 만나기 어려운 지우였습니다. 그러나 애석하게도 그는 뜻만 컸지 재주가 소략하고 도량이 얕고 소견이 편협하여 …… 일국의 공론을 모아 천하를 위한 일을 해내지 못하고, …… 선비들의 인심을 잃은 지 오래인데도 깨닫지 못하고 오히려 빈번하게 장주(章奏)를 올려 강변(强辯)으로 상대를 이기려고 했으며, 하는 일도 경솔하고 조급한 데가 있어 거의 인망(人望)에 부응하지 못하고 …… 이이의 본심은 조정을 안정시켜 시사(時事)를 목적대로 달성해 보려는 것이었지만 그의 의견에 편협된 바가 있어 그 해가 이 지경에 이른 것입니다. …… 삼사의 비난도 지나칩니다. …… 이이가 또 다른 실수를 했으니, 경안부령(慶安副令) 이요(李瑤)를 만났을 때 유성룡 등 네 사람을 가리키며 전권(專權)을 한다고 물리쳐 멀리하도록 하라고 했는데, 유성룡 등은 사림의 존경을 받고 있는 사람들로서 …… 이 때문에 이이에 대

한 사림의 의혹이 더욱 커지고……이이의 본심은 이해하시되 소루한 병이 있음을 아시고, 삼사에 대해서는 그들의 부조(浮躁)함을 억제하되 사류들의 근본 심정을 살펴 주십시오.

김우옹의 평은 상당 부분 성혼의 평과 비슷한 점이 있다. 한마디로 율곡은 좋은 일을 하려고 한 사람인데, 방법이 급하고 세밀하지 못하다는 것이다. 여기에 퇴계 문인으로서 사림의 존경을 받고 있는 유성룡 등을 비판한 것이 사류들의 반발을 일으키는 요인이 되었다고 덧붙였다.

그해 8월에 들어서자 이번에는 율곡을 옹호하는 상소가 성균관을 비롯하여 전국 각지에서 들어오기 시작했다. 먼저 왕자사부 하낙이 율곡이 나라와 백성을 사랑하는 마음으로 온몸을 던진 인물임을 거듭 강조하고 옹호하는 상소를 올렸는데, 특히 율곡이 뇌물을 받았느니, 사람을 죽였느니 하는 말들을 아무 사실도 근거도 없이 임금에게 말하면서 공론을 자처하는 삼사의 태도를 신랄하게 비판했다.[35] 하낙은 평소 율곡이나 박순, 성혼 등과는 아무런 친교 관계가 없는 인물이지만 세상 사람들이 전하는 말을 듣고 이런 상소를 올린 것이라고 하면서 자신의 생각도 공론이라고 주장했다.

같은 날 성균관 유생 유공진(柳拱辰) 등 460여 명이 삼사의 공격이 지나치다고 비판하는 상소를 올렸으며, 며칠 뒤에는 경기전(慶基殿) 참봉 변사정(邊士禎)도 율곡과 성혼을 강력하게 옹호하는 상소를 올렸고,[36] 호남과 황해도의 유생들도 집단적으로 율곡과 성혼을 옹호하는 상소를 올렸다. 그 가운데 황해도 유생들이 올린 상소는 율곡에게 뒤집어씌운 누명들이 얼마나 거짓인가를 일일이 반증을 들어 해명하고, 나아가 대사간 송응개가 율곡을 곤경에 빠뜨린 이유까지도 밝혀냈다.37 그 요지는 이렇다.

첫째, 율곡이 선세(船稅)를 받아들였다는 설의 실상은 율곡이 석담에 은병정사를 세울 때 제자들이 나무를 모아 지었지만, 학생들이 먹을 것이 없었는데, 황해도 관찰사가 선세로 받아들인 어염(魚鹽; 물고기와 소금)을 제공한 것이다.

둘째, 남의 땅을 부당하게 억압하여 빼앗았다는 이야기는 실상이 이러하다. 율곡의 둘째 형 이번이 배천의 바닷가 빈 땅을 얻어 이미 입안을 받았는데 봉흔이라는 자에게 뺏겼다가 소송을 내어 이겼다. 봉흔이 이를 문제 삼아 원망하자 율곡이 형에게 권하여 포기하게 한 것이다. 따라서 이 사건은 율곡과는 아무런 상관이 없다.

셋째, 관청에 다른 사람 이름으로 문서를 제출하여 땅을 절수받았다는 것은 사실과 다르다. 율곡의 형 이번이 고문서를 호조에 제출하여 개성부 혜민국 밖의 빈터를 절수받으려 했으나 호조에서 허락하지 않아 얻지 못했다. 따라서 이 일도 율곡과는 아무 관계가 없다.

넷째, 율곡이 곡식 100섬을 받았다느니, 바다의 이익을 도모했느니, 그의 형이 사람을 죽였느니 하는 것은 전혀 근거가 없는 이야기로서 송응개가 지어낸 말이다. 만약 이런 일이 있었다면 마땅히 국법으로 죄를 다스려야 할 것이다.

황해도 유생들이 올린 상소에는 송응개가 왜 그런 거짓말을 했는지에 대해서도 이유를 밝히고 있다. 즉 송응개는 악행을 많이 한 사람으로 특히 민가를 철거시키고 그곳에 아비의 무덤을 썼는데, 이를 율곡이 발설했다고 하여 입에 모래를 물고 원망하면서 복수하려고 했다는 것이다.

황해도 유생들은 율곡의 생활을 가까이서 관찰했기 때문에 그가 억울한 누명을 쓴 사실을 너무나 잘 알고 있었다. 임금은 이 상소를 보고 간신들의 뼛속까지 서늘하게 만들었다고 칭찬했다.

선조는 율곡을 둘러싼 시비와 갈등에 대해 단호할 만큼 율곡을 비호하는 입장을 견지했다. 이조 좌랑 김홍민(金弘敏)이 율곡을 비판했을 때는 선조가 "이이를 일러 당을 만들었다고 하는데, …… 참으로 군자라면 당이 있음을 걱정할 것이 아니라 당이 적을까를 걱정해야 할 것이다. 나도 주희의 말을 본받아 이이와 성혼의 당에 들어가고 싶다. 지금부터 너희들은 나를 이이와 성혼의 당이라고 부르도록 하여라."라고 하면서까지 율곡과 성혼을 비호했으며,38 율곡 공격에 앞장선 대사간 송응개, 승지 박근원(朴謹元), 창원 부사 허봉(許篈) 등 동인의 중진 세 사람을 먼 지방으로 유배 보냈다. 이 사건을 계미삼찬(癸未三竄)이라 부른다.

드디어 선조는 9월에 파주에 은거하고 있던 율곡을 판돈녕부사(判敦寧府事)로 임명했다가 다시 9월 8일에 이조 판서에 임명했다.39 두 번째로 이조 판서직을 맡게 된 것이다. 선조는 그에게 인사권을 맡길 만큼 전폭적으로 율곡을 신임했다. 율곡은 물론 사직 상소를 올렸으나 임금은 "아아, 하늘이 우리나라를 태평의 치세로 만들고 싶지 않은 것인가? 어찌하여 경과 같은 사람이 때를 얻지 못한단 말인가? …… 남들이 떠드는 말은 한바탕 웃음거리도 안 되는 것으로 마음에 둘 것이 무엇이며, 그 때문에 사직한다고 해서야 되겠는가?"라고 답하면서 급히 역마를 타고 오라고 명했다.[40] 선조가 진심으로 율곡을 신임하여 국정을 맡기려고 한 것은 바로 이때였다.

율곡은 임금의 간곡한 요청에 응하여 벼슬길에 나오자 임금에게 인사 정책의 방향을 건의했다. 우선 지방으로 방축된 계미삼찬의 인물 가운데 허봉은 나이가 어리지만 간사한 사람이 아니므로 풀어 주기를 청했다. 그리고 동인이나 서인이나 모두가 군자만 있는 것도 아니고, 모두가 소인만 있는 것도 아니므로 가려서 쓸 것을 건의하고 정여립(鄭汝立)과 정구(鄭逑), 성혼을 불러들일 것을 요청하고, 김우옹은 착한 사람이지만 시비가 분명치 못한 사람이라고 말했다.[41] 하지만 그가 추천한 정여립은 뒤에 율곡을 배신하고 반란 음모에 가담했다.

그러나 이조 판서직은 불과 3개월 정도에 그치고 그다음 해인 1584년(선조 17년) 1월 16일에 율곡은 서울 대사동(大寺洞) 우사에서 49세로 길지 않은 생애를 마감했다. 그런데 광해군대 북인들이 편찬한 『선조실록』에는 그의 졸기(卒記)가 실려 있지 않다. 정승이 세상을 떠났는데도 졸기를 넣지 않은 것은 실록 편찬의 규칙을 위반한 것이다. 그러다가 서인이 집권한 뒤 편찬한 『선조수정실록』에 장문의 졸기를 넣었다. 그 졸기를 보면 다음과 같은 정보가 실려 있다.

집안이 가난하여 장례 비용은 친구들이 부담했으며, 처자들이 살 집이 없어 문생(門生)과 고구(故舊) 들이 재물을 모아 조그만 집을 사 주었으나 그래도 가족들은 살아갈 방도가 없었다. 장지는 아버지와 어머니가 모셔져 있는 파주 자운산으로 정하고 3월 20일에 안장했는데 아버지 무덤 뒤 수십 보에 있었다. 장례식 날에는 거리마다 곡성이 진동하고 금군과 시민들이 모두 나와 횃불을 밝혀 수십 리 밖에도 불빛이 환하게 비쳤다.

6 선비 사회의 추앙을 받다

○○ 율곡 문인들의 칭송과 문집 간행

　율곡이 세상을 떠난 뒤에도 율곡의 인품과 행적을 놓고 찬반 양론이 끊이지 않고 일어났는데, 가장 적극적으로 율곡과 성혼을 묶어 칭송하면서 무함을 받은 사실을 임금에게 올린 사람은 공주 교수(公州敎授)로 있던 중봉 조헌(重峰 趙憲; 1544~1592년)이었다. 그는 1586년(선조 19년) 10월에 장문의 글을 올렸는데,[1] 임금은 그의 마음이 가상하다고 칭찬했다. 조헌은 원래 파주에서 가까운 김포(金浦) 사람으로 율곡의 문인 가운데 한 사람이었다. 왜란 때 의병을 일으켜 왜군과 싸우다가 금산 전투(錦山戰鬪)에서 장렬하게 순국했으며, 영조 때 문묘에 배향된 인물이다.
　조헌의 상소가 있은 지 1년 뒤인 1587년(선조 20년) 3월에는 역시 율곡의 문인인 유생 조광현(趙光玹)과 이귀(李貴) 등이 스승 율곡이 무고받은 사실을 극론하는 상소를 올렸다.² 이귀는 15세 때부터 해주 석담에 와서 배웠는데, 뒤에 인조반정(仁祖反正)을 일으켜 공신에 오른 인물이다. 특히 이 상소에서는 옛날에 심의겸에 아부하던 무리들이 도리어 동인에 가세하여 율곡을 비난했다고 언급했는데, 선조가 그들의 이름을 대라고 하자 백유양(白惟讓), 노직(盧稙), 송언신(宋彦愼), 이호민(李好閔), 노직(盧稷), 박근원, 송응개, 윤의중(尹毅中), 정희적(鄭熙積) 등을 거론했다.³

광해군 때에는 율곡의 『문집』이 1차로 간행되었다. 율곡이 세상을 떠난 뒤에 해주 석담 출신 문인 박여룡이 성혼의 자문을 통해 편차를 정했는데, 시집(詩集)은 박지화(朴枝華)가 뽑아서 광해군 3년에 해주에서 판각했다. 그뒤 「속집(續集)」, 「외집(外集)」, 「별집(別集)」은 뒤에 박세채가 편찬했다.

○○ 인조반정 이후의 본격적 추숭 사업

율곡의 문인 이귀 등 서인이 반정으로 인조 정권을 세우면서 율곡에 대한 추숭 사업은 비로소 본궤도에 올랐다. 1623년(인조 원년) 3월에 이정귀(李廷龜)의 요청으로 증직이 수여되었는데, 대광보국숭록대부 의정부영의정 겸 영경연홍문관예문관춘추관관상감사(大匡輔國崇祿大夫議政府領議政兼領經筵弘文館藝文館春秋館觀象監事)가 그것이다. 이는 증직으로서는 최고의 벼슬에 해당한다. 이어 1624년(인조 2년) 8월에는 시호가 문성(文成)으로 정해졌다. 문(文)은 도덕박문(道德博聞)이라는 뜻이고, 성(成)은 안민입정(安民立政)이라는 뜻이다. 그러니까 '문'은 학문이 높다는 뜻이며, '성'은 백성을 편안하게 하는 정치를 행했다는 뜻이다.

율곡을 가장 명예롭게 만든 문묘 배향은 1635년(인조 13년)부터 전국 각지의 유생들이 요청 상소 운동을 벌이기 시작했다. 이 운동은 효종과 현종 대에도 그대로 이어졌으나 경상도 유생들의 반대 상소도 있어서 결정을 보지 못하다가, 드디어 1681년(숙종 7년)에 이르러 임금의 윤허를 받았다. 이때 율곡과 성혼이 함께 배향되었다.

조선 왕조에서 처음으로 문묘에 종사(從祀)된 인물은 김굉필, 정여창(鄭汝昌), 조광조, 이황, 이언적 등 이른바 5현(賢)으로서 1610년(광해군 2년)에 결정되었다. 광해군 때 대북파의 요인 정인홍 등이 이황 대신에 자기 스승인 조식(曺植)을 배향하려고 하다가 유생들의 반발로 실패한 일이 있는데, 그만큼 문묘 종사는 전국 유생들과 조정 신하들의 전폭적인 동의를 얻지 못하면 불가능한 일이었다.

1681년에 문묘에 배향된 이후 1689년(숙종 15년) 3월에 기사환국(己巳換局)으로 남인이 집권하자 문묘 배향이 폐지되는 사태가 벌어졌으나 1694년(숙종 20년) 6월에 갑술환국(甲戌換局)으로 서인이 다시 집권하자 문묘 배향이 복원되었다.

○○ 군사를 실현한 영조와 정조의 추숭 사업

영조와 정조 시대에는 임금이 군사(君師)를 자처하면서 탕평 정치를 추진하던 시기로서 이는 바로 율곡이 명종과 선조에게 요구하던 이상적인 군주상이었음은 앞에서 이미 설명한 바와 같다. 따라서 영조와 정조는 누구보다도 율곡을 추숭하는 데 앞장섰다. 영조는 1739년(영조 8년)에 파주의 자운서원(紫雲書院)에 제사를 지내 주었으며, 경연에서『성학집요』를 강의하고 임금이 서문을 친히 써 주었다. 1744년(영조 20년)에는 드디어 38권의『율곡전서(栗谷全書)』가 완성되었는데 5년 뒤에는 6권의 습유(拾遺)가 보완되었다. 1760년(영조 36년)에는 율곡의 가묘(家廟)에도 제사를 지내 주고, 황해도 관찰사에 명하여 석담서원(石潭書院)과 옛 집터를 그려서 바치도록 했다.

정조도 1781년(정조 5년)에 파주의 자운서원과 해주의 소현서원(紹賢書院; 옛 은병정사)에 제사를 지내고, 황해도 관찰사에 명하여 고산구곡(高山九曲)을 그려 바치도록 했다. 1788년(정조 12년)에는『격몽요결』의 서문을 쓰고, 오죽헌에 보관 중인 연(硯; 벼루)을 직접 보고는 연명(硯銘)을 써서 새겨 넣게 했으며 오죽헌 옆에 각(閣)을 세워 그것을 보관하도록 했다. 1794년(정조 18년)에는 궁에서 사서삼경을 석담서원에 하사했으며, 그뒤『오경백편(五經百編)』,『춘추좌전(春秋左傳)』,『향례합편(鄕禮合編)』,『아송(雅頌)』,『규장전운(奎章全韻)』 등의 책을 하사했다. 율곡에 대한 추숭 사업은 그뒤 순조 대에도 계승되었다.

○○ 각지의 서원에서 율곡의 학덕을 기리다

율곡이 세상을 떠난 뒤에 그의 학덕을 기리는 서원이 전국 각지에 세워졌는데, 모두 22개소에 이른다. 주로 율곡이 인연을 맺었던 파주와 강릉, 황해도에 집중되어 있고, 그 밖에 평안도, 함경도, 그리고 충청도와 경상도에 분포되어 있다.

1   소현서원(紹賢書院) | 율곡이 해주 석담에 세운 은병정사이다. 조광조와 이황을 모셨는데, 율곡이 세상을 떠난 뒤에 문인들이 사우(祠宇)를 세웠고, 뒤에 사액서원이 되었다. 현종 때 성혼, 숙종 때 김장생, 정조 때 송시열의 위패를 추가했다.

2   자운서원(紫雲書院) | 1615년(광해군 7년)에 파주의 율곡 묘소 아래에 세웠는데, 뒤에 파주 남쪽 5리쯤에 이건했으며, 그 뒤에 묘소 아래로 다시 이건했다가 1651년(효종 원년)에 사액되었다. 숙종 때 박세채, 김장생을 함께 모셨다.

3   송담서원(松潭書院) | 1646년(인조 14년)에 강릉 외가 부근의 석천(石川)에 창건했으며, 1652년(효종 3년)에 감사와 부사가 강릉부 남쪽 구정촌(求正村)으로 이건했다. 현종 때 사액되었다.

4   죽림서원(竹林書院) | 인조 때 김장생이 여산(礪山)의 황산(黃山)에 창건했으며, 율곡과 성혼, 조광조, 이황을 모셨는데, 뒤에 김장생도 모셨다. 현종 때 사액되었으며, 숙종 때 송시열을 추가로 모셨다.

5   신항서원(莘巷書院) | 1570년(선조 3년), 청주 목사로 있을 때 청주 동쪽에 세웠는데, 뒤에 율곡, 이색(李穡), 이연(李延), 김정(金淨), 박훈(朴薰), 한충(韓忠), 송인수(宋麟壽), 송상현(宋象賢), 이사윤(李思胤)을 모셨다.

6   귀암서원(龜巖書院) | 숙종 때 율곡의 관향(貫鄕)인 풍덕부(豊德府)

서북에 세웠으며, 숙종 때 사액되었다.

7 　비봉서원(飛鳳書院) | 1596년(선조 29년)에 연안부 동북 2리쯤 비봉산 밑에 세웠는데, 주자, 최충, 김굉필, 율곡을 모셨으며, 숙종 때 사액되고, 그뒤 성혼, 박세채가 추가되었다.

8 　문회서원(文會書院) | 배천에 서원이 있었는데, 선조 때 문회(文會)라고 사액했다. 숙종 때 율곡과 성혼, 조헌, 안당(安瑭), 신응시(辛應時), 오억령(吳億齡), 김덕함(金德諴) 등을 모셨다.

9 　백록서원(白鹿書院) | 황주(黃州) 동쪽 10리쯤에 있으며, 주자를 모셨다가 숙종 때 율곡을 추향하고 사액을 받았다.

10 　취봉서원(鷲峰書院) | 1589년(선조 22년)에 안악(安岳) 북쪽 2리쯤에 창건했으며, 주자와 율곡을 제사하고, 숙종 때 사액되었다.

11 　경현서원(景賢書院) | 1646년(인조 24년)에 재령(載寧) 남쪽 25리쯤에 있는 청수리(淸水里) 금장산(金藏山) 아래 세심대(洗心臺) 위에 세웠으며, 현종 때 주자와 율곡을 제사하고, 숙종 때 남쪽으로 이건하여 사액했다.

12 　병암서원(屛巖書院) | 1698년(숙종 24년)에 청송(靑松)에 창건되었는데, 율곡과 김장생을 제사했으며 1702년(숙종 28년)에 사액되었다.

13 　문공서원(文公書院) | 1701년(숙종 27년)에 평안도 선천(宣川)에 창건했으며, 주자와 율곡을 제사했다.

14 　운전서원(雲田書院) | 1667년(현종 8년)에 함경도 함흥에 창건했으며, 정몽주, 조광조, 이황, 율곡, 성혼을 제사하고, 뒤에 송시열, 조헌, 민정중(閔鼎重)을 추배했다.

15 　용암서원(龍巖書院) | 1709년(숙종 35년)에 황해도 장연(長淵) 거문

산 아래에 창건했으며, 주자와 율곡을 제사했다. 1721년(경종 원년)에 사액되었다.

16 도동서원(道東書院) | 1605년(선조 38년)에 황해도 송화(松禾) 남쪽 20리쯤 용곡(龍谷)에 창건했으며, 주자와 조광조, 이황, 율곡을 배향하고 숙종 때 사액받았다.

17 봉암서원(鳳巖書院) | 1613년(광해군 5년)에 황해도 은율(殷栗) 남쪽 원평에 창건했으며, 주자, 김굉필, 율곡을 제사했다. 숙종 때 월악(月岳)으로 이건했다.

18 봉강서원(鳳岡書院) | 1656년(효종 7년)에 황해도 문화(文化) 서쪽 20리쯤 오동(烏洞)에 창건했다. 주자와 조광조, 이황, 율곡을 제사하고 숙종 때 사액을 받았다.

19 문정서원(文井書院) | 1672년(현종 13년)에 황해도 봉산(鳳山) 남쪽 14리쯤에 창건했으며, 1680년(숙종 6년)에 율곡, 김장생, 김집을 제사하고, 뒤에 강석기(姜碩期)를 추향했다.

20 화곡서원(花谷書院) | 1706년(숙종 32년)에 황해도 서흥(瑞興)에 창건했으며, 김굉필과 율곡을 제사했다.

21 정원서원(正源書院) | 황해도 신천(信川)에 창건하여 주자와 이황, 율곡을 제사했다.

22 덕수서원(德水書院) | 율곡의 장인 노경린이 평안도 숙천 부사로 있을 때 덕수동(德水洞)에 율곡이 초당을 짓고 밤나무를 심었는데, 영조 때 문인들이 서원을 창건하여 율곡을 제사했다.

○○ 율곡의 대표적 문인들

『율곡전서』에는 85명에 달하는 율곡의 문인을 소개한 문인록(門人錄)이 실려 있다.[4] 이들의 명단을 모두 소개하는 것은 번거로워 생략하기로 한다. 이들은 서울이나 파주에서 기른 문인들, 또는 해주 석담에서 가르친 문인들이다. 그 가운데에는 고관대작에 오른 이도 있고, 학자로 대성한 이도 있으며, 왜란 때 의병 운동을 일으킨 이도 여섯 명에 이른다. 출신 지역을 보면 서울, 경기도, 황해도, 그리고 멀리 호남에서 석담까지 올라온 문인도 세 명이나 되며 영남에서 퇴계 이황과 남명 조식(南冥 曺植)에게 배우다가 올라온 사람도 여러 명이 있다. 신분상으로 보면, 집안이 좋은 사람도 있지만, 그렇지 않은 인물이 적지 않고, 특히 황해도 출신 문인 가운데에는 평민으로 보이는 인물이 대부분이다. 이들은 대개 벼슬을 하지 못했다. 중요한 문인 몇 사람을 소개하면 다음과 같다.

우선, 김장생(金長生; 1548~1631년)은 충청도 연산(連山) 출신으로 본관은 광산(光山)이고 호는 사계(沙溪)이다. 과거를 포기하고 학문에 정진하다가 유일(遺逸)로 천거되어 참봉을 거쳐 왜란 때 현감과 호조 정랑에 이르렀다. 광해군 때에는 수령을 역임하다가 인목 대비 폐비 논의가 일어나자 고향으로 낙향하여 예학(禮學) 연구에 몰두했다. 인조반정 후 조정에서 여러 벼슬을 내렸으나 사양하고, 정묘호란이 일어나자 의병을 일으켰다. 인조가 아버지 정원군(定原君)을 왕으로 추존하는 데 반대하고 재야에 은거하며 제자를 길러, 아들 김집을 비롯하여 송시열, 송준길, 이유태(李惟泰), 강석기, 장유(張維), 이후원(李厚

源) 등을 배출했는데, 이들은 서인과 노론으로 활약했으며, 기호 유학을 주도했다. 저서로는 『가례집람(家禮輯覽)』, 『상례비요(喪禮備要)』 등이 있으며, 1717년(숙종 43년)에 문묘에 배향되었다.

조헌(趙憲: 1544~1592년)은 김포 출신으로 본관은 배천이며 호는 중봉(重峯)인데 집안이 한미하다. 명종 때 문과에 급제하여 선조 때 공주 제독관(公州提督官)을 지냈는데 동인들이 율곡을 추죄하고 나서자 극력 반대하다가 길주(吉州)로 귀양 갔다. 왜란이 일어나자 옥천(沃川)에서 의병을 일으켜 싸우다가 금산 전투에서 전사했다. 고종 때 문묘에 배향되었다.

정엽(鄭曄: 1563~1625년)의 본관은 초계(草溪), 호는 수몽(守夢)이다. 선조 때 문과에 급제하여 벼슬이 인조 때 대사헌에 이르렀다. 저서로 『근사록석의(近思錄釋義)』, 『주역석의(周易釋義)』 등이 있다.

이귀(李貴: 1557~1633년)는 본관이 연안(延安)이고 호는 묵재(默齋)이다. 선조 때 문과에 급제하여 광해군 때 평산 부사가 되었으나, 광해군의 폭정에 분개하여 김유(金瑬)와 함께 인조반정을 일으켜 좌찬성과 정사공신(靖社功臣)으로서 공서(功西)의 영수가 되었다. 정묘호란 때 임금을 강화도로 호종하고 최명길과 함께 화의를 주장하다가 탄핵을 받았다. 이귀는 인조 때 해주에서 『성학집요』를 간행하여 임금에게 바쳐 읽어 보기를 권하기도 했다.

윤방(尹昉: 1563~1640년)은 명신 윤두수(尹斗壽)의 아들로서 본관이 해평(海平)이다. 인조 때 벼슬이 영의정에 올랐다.

2부

시대를 통찰한 선각자

7   토붕와해의 위기를 벗어날 길은 경장뿐이다

○○ 체계적 경장 사상의 시작 『동호문답』

율곡의 개혁 사상이 체계적으로 짜여 임금에게 전달되기 시작한 것은 선조 즉위 이후부터다. 특히 율곡이 34세 되던 해인 1569년(선조 2년) 9월 25일에 홍문관 교리로서 올린 『동호문답』은 율곡의 경장 사상이 처음으로 체계화되어 18세의 선조에게 바쳐졌다는 점에서 의미가 크다. 『동호문답』은 모두 11개 항목으로 나누어 정치의 요체를 설명하고 있는데, 객이 질문하면 주인이 대답하는 대화체 형식으로 되어 있는 것이 특징이다. 먼저 목차를 소개하면 다음과 같다.

1   군도(君道)
2   신도(臣道)
3   군신상득지난(君臣相得之難)

    4 동방도학불행(東方道學不行)
    5 아조고도불복(我朝古道不復)
    6 당금지시세(當今之時勢)
    7 무실위수기지요(務實爲修己之要)
    8 변간위용현지요(辨姦爲用賢之要)
    9 안민지술(安民之術)
    10 교인지술(敎人之術)
    11 정명위치도지본(正名爲治道之本)

여기서 1, 2, 3은 중국 역사에서 어느 때 치세(治世)가 되고 어느 때 난세(亂世)가 되었는가를 임금과 신하의 자질을 통해 정리한 것이다. 율곡은 치세에도 두 가지 유형이 있고, 난세에도 두 가지 유형이 있음을 말한다.

먼저, 치세의 두 가지 유형 가운데 하나는 임금의 재지(才智)가 출중하면서 호걸(豪傑)을 잘 부리는 경우이며, 또 하나는 임금의 재주는 부족하지만 어진 신하에게 맡기는 경우이다. 그런데 치세를 가져오는 방법에도 두 가지가 있다. 하나는 왕도(王道)이고 다른 하나는 패도(覇道)이다. 왕도는 인의(仁義)의 정치를 베풀어 천리(天理)의 올바름에 도달하는 것이고, 패도는 인의의 이름만 빌린 채, 권모(權謀)의 정치를 베풀고 공리(功利)를 추구하는 것이다.

역사적으로 보면, 오제(五帝; 황제(黃帝), 전욱(顓頊), 제곡(帝嚳), 요, 순)와 삼왕(三王; 하나라 우왕, 은나라 탕왕, 주나라 문왕과 무왕)은 가장 모범적인 치세를 가져온 임금으로서 그야말로 군사의 책임을 다한 임금이다. 그

다음에 상(商: 은(殷))나라의 태갑(太甲)이나, 주나라의 성왕(成王)은 자질은 오제 삼왕에 미치지 못하지만, 태갑은 이윤(伊尹)을 등용하고, 성왕은 주공(周公)을 등용하여 왕도를 실천했다. 다음에 패도로서 치세를 가져온 임금에는 진(晉)나라 문공(文公), 한(漢)나라 고조(高祖), 한나라 문제(文帝), 당나라 태종(太宗), 송나라 태조(太祖)가 해당하며, 임금의 자질이 부족하나 현능한 이를 등용하여 패도를 가져온 임금에는 관중(管仲)을 등용한 제 환공(齊桓公), 제갈량(諸葛亮)을 등용한 한 소열(漢昭烈) 등이 속한다.

다음에 난세를 가져오는 두 가지 유형 가운데 하나는 임금이 스스로 총명하다고 자만하고 아랫사람을 믿지 않는 것이고, 두 번째는 임금이 간사하고 아첨하는 신하만을 믿어 눈과 귀를 막는 경우이다. 그런데 난세를 불러오는 임금의 행태에는 세 가지가 있다.

하나는 폭군(暴君)인데, 욕심이 많아 중용을 잃고, 대중을 선동하여 바깥을 공격하며, 백성의 힘을 빼앗아 자기를 받들게 하고, 충언(忠言)을 배척하고 스스로 성인으로 자처하다가 멸망하는 경우이다. 예를 들면 하나라 걸왕(桀王), 주나라 여왕(厲王), 한(漢)나라 환제(桓帝), 수나라 양제(煬帝)가 그렇다.

두 번째는 혼군(昏君)으로서, 치세를 가져오려는 뜻은 있으나, 간신을 분간하는 밝음이 부족하고 어진 신하를 믿지 않고 재능 있는 신하에게 일을 맡기지 않아 패란(敗亂)을 불러오는 임금이다. 예를 들면, 당나라 덕종(德宗), 송나라 신종(神宗)이 있다.

세 번째는 용군(庸君)으로서, 정신이 유약하여 뜻을 세우지 못하고, 우유부단하여 정치를 떨치지 못하고, 구습에 얽매어 날로 쇠약해지는 임금이다. 주나라 난왕(赧王)과 당나라 희종(僖宗)이 여기에 속한다.

한편, 조정에 나아가 벼슬하는 신하에도 세 유형이 있는데, 바로 대신(大臣), 충신(忠臣), 그리고 간신(幹臣)이다. 도덕을 몸소 체득하고 임금을 요순으로 만들고, 백성을 요순의 백성으로 만들며, 임금을 섬기고 자신을 돌보기를 한결같이 정도(正道)로 하는 사람이 대신이다. 고(皐), 기(夔), 직(稷), 설(契)이 여기에 속한다.

항상 나라를 근심하고 제 몸을 돌보지 않으면서 임금을 섬기고 백성을 보호하며, 정도에는 다소 출입이 있지만 처음부터 끝까지 나라만의 안정만을 생각하는 신하가 충신이다. 영무자(甯武子), 제갈량, 적인걸(狄仁傑), 사마광(司馬光)이 여기에 속한다.

자기의 지위에 맞는 일을 잘 수행하고, 그릇은 다소 나라를 경영하는 데 부족함이 있지만 재주는 일관(一官)을 맡기에 합당한 신하가 간신이다. 조과(趙過), 유안(劉晏), 조충국(趙忠國)이 여기에 해당한다.

대신이 임금을 만나면 삼대(三代)의 정치를 실현할 수 있고, 충신이 임금을 만나면 나라가 위태롭지 않다.

물러나서 스스로를 지키는 신하도 세 유형이 있다. 불세(不世)의 보배를 품고 시대를 구할 수 있는 도구를 가지고 있으면서 유유하게 때를 기다리는 사람은 천민(天民)이다. 그런데 그 가운데 이윤(伊尹), 부열(傅說), 태공(太公)은 뒤에 성군을 만났고, 주염계(周濂溪), 정명도(程明道), 소강절(邵康節), 주자(朱子)는 때를 만나지 못했다.

스스로 학문이 부족한 것을 알고 공부를 더 하고, 재주가 부족한 것을 알고 재주를 넓히려고 애쓰면서 스스로를 팔지 않는 사람은 학자(學者)이다. 칠조개(漆雕開)가 여기에 해당한다. 고결하고 청개하여 세상일에 빠져들지 않고 우뚝하게 세상을 잊고 사는 사람이 은자(隱者)다. 천민이 때를 만나면 천하의 백성들이 모두 그 혜택을 받으며, 학자는 비록 밝은 시대를 만나더라도 믿지 못할 일이 있으면 가볍게 나아가지 말아야 한다. 은자는 세상을 등진 사람이므로 시중(時中)의 도(道)를 지닌 사람이 아니다.

성리학자인 율곡의 논리를 따르면, 왕도가 시행된 이상 시대는 삼대뿐이고, 그 뒤로는 지력(智力)으로 천하를 장악하는 기나긴 어두운 밤이 계속되었을 뿐이다. 그 이유는 도학(道學)을 하는 진유(眞儒)가 나오지 않은 까닭이다. 맹자(孟子) 이후로 진유가 나온 것은 송 대로서 주염계와 정자(程子), 주자뿐이다.

그러면 우리나라의 정치사는 어떠했는가? 『동호문답』의 목차에서 네 번째 이후는 모두가 우리나라의 정치사에 대한 글이다. 율곡에 따르면 우리나라에서는 기자가 처음으로 왕도를 행한 군사(君師)였다. 그가 시행한 정전제(井田制)와 팔조교(八條敎)가 바로 왕도 정치에서 나온 것이다. 율곡은 나중에 따로 『기자실기』를 저술하여 그의 왕도 정치를 더욱 자세하게 소개한 바 있다.

기자 이후로 삼국 시대와 고려 시대에는 왕도 정치가 없었고, 오직 지력으로 서로 이기려는 정치뿐이었다. 그러다가 고려 말에 이르러 정몽주가 나와 조금 유자의 기상을 갖추었으나, 학적(學跡)과 행사(行事)가 충신에 지나지 않았을 뿐이다.

그러면 조선 시대에는 왕도 정치나 진유가 없었는가? 율곡에 따르면, 조선 왕조는 태조가 계운(啓運; 창업)하고, 세종이 나와서 숭유중도(崇儒重道; 유교를 숭상하고 도를 중히 여김)하고 인재를 기르고 제례작악(制禮作樂; 예를 만들고 음악을 제정)하여 마치 요순과 같은 수성(守成)의 치적을 올렸다. 그러나 아래로 직계(稷契) 같은 신하들이 없어서 백성들이 잘살고 번성하는 데 머무르고 말았다.

그다음 성종도 성군이었으나 보필하는 신하가 없어서 국부민급(國富民給; 나라가 풍족하고 백성이 넉넉함)하는 데 머물렀고, 중종은 연산의 학정을 시정하기 위해 조광조 같은 현인을 등용하여 요순시대의 꿈을 꾸었으나 아직 이들은 치용(致用)의 학문을 크게 만들지 못한 데다 이름을 드러내기를 좋아하는 선비들이 잡다하게 나아가서 논의가 너무 날카롭고(논의태예(論議太銳)), 일을 추진함에 있어서 점진성이 없었다(작사무점(作事無漸)). 그래서 임금을 바로잡는 데 실패하고 그다음에 명종 때에는 이기와 윤원형 등이 을사사화를 일으켜 선비들의 탄식이 극에 이르게 되었다.

하지만 선조가 즉위하면서 율곡은 큰 기대를 걸었다. 우선 선조 임금이 성군이 될 자질이 있고, 권간들이 없어진 것이 희망적이라고 본 것이다. 그러나 비관적인 요소도 두 가지가 있다고 보았다. 하나는 수천 년간 왕도를 해 본 일이 없어 민심이 왕도를 이상하게 여기고 있다는 것이며, 또 하나는 거듭된 사화(士禍)로 선비들의 사기가 꺾여 우국애군(憂國愛君)의 기풍이 사라졌다는 것이다. 그렇더라도 임금이 위에서 분연히 떨치고 일어나면 삼대의 정치가 회복될 수 있다고 생각했다.

그럼 선조가 삼대의 정치를 회복하려면 어떻게 해야 하는가? 율곡은 우선 임금이 왕도의 뜻을 세우는 것이 급선무라고 여겼으며,

다음에는 적극적으로 실천을 통해서 실효를 가져와야 한다고 보았다. 그리고 지금의 경연은 지나치게 형식적이어서 예의가 너무 엄하고 말이 별로 없이 침묵으로 일관하고 있다고 생각했다. 따라서 경연 이외에도 따로 유신(儒臣)들을 마치 가족이나 부자처럼 수시로 만나 도(道)와 정무(政務)를 논의할 것이며, 나아가 간신(姦臣)과 현신(賢臣)을 구별하여 간신이 끼어들지 못하게 하고 현인을 가까이해야 한다고 주장했다.

『동호문답』의 제9항은 백성을 편안하게 만드는 방법을 제시한 것으로 율곡이 추구하는 경장론의 핵심에 해당한다. 무엇보다 먼저 해야 할 일은 언로(言路)를 넓게 열어서 선책(善策)을 강구하는 것이다. 위로는 공경(公卿)으로부터 아래로는 여대(輿儓)에 이르기까지 모두 시폐(時弊)를 말하도록 하여, 쓸 만한 말이면 모두 받아들여 폐법(弊法)을 바꿔야 한다고 말한다.

율곡은 당면한 폐법으로 크게 다섯 가지를 들었다. ① 일족절린(一族切隣)의 폐, ② 진상번중(進上煩重)의 폐, ③ 공물방납(貢物防納)의 폐, ④ 역사불균(役事不均)의 폐, ⑤ 이서주구(吏胥誅求)의 폐가 그것이다.

먼저, 일족절린의 폐는 군역을 피해 도망간 사람이 생기면, 그 부담(군포(軍布))을 일족이나 절린(切隣: 가까운 이웃집)에게 부담시키는 제도의 폐단을 말한다. 이 때문에 백성들이 모두 도망하여 옛날에 100호가 있던 마을이 지금은 10호도 남지 않았다는 것이다. 이를 시정하려면 도망간 자의 이름을 부적(簿籍)에서 빼 버려야 한다고 율곡은 주장한다. 그렇게 되면 나머지 사람들의 생치가 번성해져서 뒤에는 군액의 부족을 충당할 수 있다는 것이다.

둘째, 진상번중의 폐는 꼭 임금의 어선(御膳)에 필요한 것만 바치는 것이 아니라 필요하지도 않은 바다와 육지의 온갖 물건을 받아들이고 있다는 문제이다. 따라서 율곡은 이런 불필요한 물건을 없애고 수량을 줄여서 백성의 부담을 덜어 주어야 한다고 주장한다.

셋째, 공물방납의 폐는 관청에서 필요로 하는 공물을 백성이 직접 관에 바치는 것이 아니라, 중간에 이서(吏胥)들과 상인들이 사비(私費)로 준비한 물건을 관청에 바치고, 그 대가를 백성에게서 백배로 거두어 들이는 것을 말한다. 이를 시정하는 방법으로 율곡은 황해도 해주의 예를 들어 1결마다 1두의 쌀을 관청에 바치도록 하는 이른바 수미법(收米法)을 제안했다. 이것이 조선 후기에 대동법(大同法)으로 불리게 된 것인데, 율곡이 일찌감치 그 대안을 내놓았음을 알 수 있다.

넷째, 역사불균의 폐는 정군(正軍), 보솔(保率), 나장(羅將), 조예(皂隸) 등이 장번(長番; 쉬지 않고 역을 짐), 분이번(分二番; 2교대로 역을 짐), 분삼번(分三番; 3교대로 역을 짐), 또는 분육칠번(分六七番; 6교대나 7교대로 역을 짐) 등으로 고르지 못해 도망가는 자가 속출하고 있는 문제이다. 율곡은 이를 시정하려면 대신(大臣)이 해당 관청과 더불어 의논하여 역사가 고르게 만들어 주어야 한다고 말한다.

다섯째, 이서주구의 폐는 권간들이 정치를 혼탁시키면서 관작의 승진이나 옥송(獄訟) 등이 모두 뇌물에 따라 결정되고 있는데, 그 실무를 모두 이서들이 맡고 있다는 것이다. 이를 시정하기 위해서는 악질적인 이서들을 모두 북방의 육진(六鎭)으로 이사 보내는 동시에 그렇지 않은 이서들의 생계를 위해 각 관청에서 무용지물로 버리는 속포(贖布)나 작지(作紙)를 모아들이면 1년에 수만 필(匹)에 이를 것이므로 이를 가지고 이서의 녹봉으로 쓰자고 주장한다.

율곡은 이 밖에도 고쳐야 할 민폐를 많이 들었다. 묵혀 둔 땅이나 황무지에서 세금을 거두는 것, 노비종모법(奴婢從母法)을 양녀(良女)에게는 적용시키지 않아 양민이 사천(私賤; 사노비)이 되는 것, 쓸데없는 용관이 너무 많은 것, 인구는 점점 줄고 있는데 군현이 너무 많은 것 등이다. 그래서 이런 폐단으로 몇 년이 못 가서 백성들의 기력이 떨어져 평일에 숨쉬기도 어려워지고 있는데, 만약에 남과 북에서 전쟁이라도 일어난다면 질풍에 낙엽이 쓸려 가는 꼴이 될 것이라고 예언했다.

다음에 율곡이 제시한 경장의 대상은 교육 제도였다. 율곡은 양민이 교화보다 먼저라는 것을 언제나 강조했다. 다시 말해 경제가 안정되지 않으면 교화는 먹히지 않는다는 것이다. 창름(倉廩; 창고)이 가득 차야 백성들이 예의와 염치를 알게 된다고 한 것과 같은 뜻이다. 그렇지만, 양민이 우선이라는 전제하에 교육도 바꿀 필요가 있다.

교육이 나아지려면 우선 선생인 훈도(訓導)의 자질과 권위부터 높여 주어야 한다. 그러기 위해 감사가 훈도의 성적을 평가하여 우수한 자는 6품직을 주도록 한다. 다음에 학생의 질을 높이기 위해 이조와 예조가 합동으로 8도와 서울 5부의 생원(生員), 진사(進士), 유학(幼學) 가운데 도학(道學)을 숭상하는 자 200명을 뽑아 성균관에 상사생(上舍生)으로 보내고, 200명의 유학을 서울의 사학(四學)에 각 50명씩 보내되 이들을 5번으로 나누어 매번 10명을 선사(選士)라 하여 도학 위주의 특별 교육을 시킨 뒤에 대간(臺諫)이나 시종직(侍從職)으로 보낸다.

한편 지방에서는 유학으로 뽑힌 사람을 향교와 서원에 적당히 나누어 보내 관에서 학비를 부담하고, 학행이 뛰어난 자는 성균관의 하재(下齋)에 입학시킨 후 성적을 보아 조정에 천거한다. 다만 선사에 들지 못한 생원과 진사는 성균관에 적(籍)을 두고, 유학은 사학에 적을 두며, 지방의 교생(校生)으로 선사에 들지 못한 자는 군대로 보낸다. 서얼 자제인 업유자(業儒者)도 마찬가지로 가르칠 만한 사람은 향교로 보내고 그렇지 못한 자는 군액(軍額)에 충당한다.

그러면 과거 응시는 어떻게 하는가? 선사와 그렇지 않은 학생은 차별을 두어 정시(庭試)에는 선사만 응시하게 하고, 식년시(式年試)나 별시(別試)는 차별을 두지 않는다. 이상과 같은 제도는 주나라 빈흥제도(賓興制度)의 정신을 살린 것이다.

끝으로 『동호문답』의 제11조에는 정명(正名)에 대해 논했는데 그 요지는 을사사화를 일으킨 오간(五奸; 정순붕(鄭順朋), 윤원형, 이기, 임백령(林百齡), 허자(許磁))의 위사공신(衛社功臣) 녹훈을 박탈하고, 피해자들의 무죄를 종묘와 사직에 고해야 국시(國是)가 바로 선다는 것이다.

○○ 선조를 향한 직설적 진언 「만언봉사」

1574년(선조 7년), 율곡은 39세의 장년이었고 선조는 23세의 청년으로 성장해 있었다. 이해 1월에 재이(災異)로 임금이 신하들에게 구언(求言)을 요청하는 교지를 내리자 율곡은 이에 응하여 우부승지로서 장문의 개혁 상소를 올렸다. 이를 「만언봉사」라고 부른다. 이 글은

『선조실록』에는 보이지 않지만, 『선조수정실록』¹과 『율곡전서』에는 실려 있다.

「만언봉사」는 그동안 경연에서 일상적으로 말했던 주장을 다시 글로 정리한 것으로 특별히 새로운 내용은 없다. 같은 말이 반복되는 이유는 선조가 변통을 어렵게 여겨 실천하지 않았기 때문인데, 율곡은 천천히 정성을 쌓으면 언젠가는 임금의 마음이 돌아올 수 있을 것으로 믿었다. 그러나 주변에는 율곡의 말이 과감하기는 해도 내용이 소루하여 임금을 계옥(啓沃)하지 못하는 데 원인이 있다고 생각하는 식자들도 있었다.

「만언봉사」에서는 총론 격으로 지금 걱정할 일 일곱 가지를 들고, 이어 수기(修己)와 안민(安民)을 위한 구체적 방안을 각론으로 제시했다.

먼저 걱정해야 할 일 일곱 가지는 다음과 같다. ① 임금과 신하가 가족이나 부자(父子)처럼 친밀하게 정사를 논의하지 못한다. ② 신하들이 자기의 책임을 다하지 않는다. ③ 경연이 형식으로 흘러 성취한 일이 없다. ④ 재야의 현인을 등용하는 것이 제대로 되지 않고 있다. ⑤ 천재지변을 만나도 하늘의 뜻에 따르는 개혁을 하지 않는다. ⑥ 여러 정책들이 백성의 고통을 구제하는 데 도움이 되지 못하고 있다. ⑦ 인심이 구태에 얽매어 착한 일을 하려는 마음이 없어졌다.

이어 각론으로 제시한 수기와 안민에는 각각 네 가지와 다섯 가지 방안이 있다. 먼저 수기를 위한 네 가지 방안은 다음과 같다. ① 임금이 삼대를 회복하려는 마음을 가질 것. ② 임금이 성의(誠意)와 정심(正心)을 기르는 학문에 힘쓸 것. ③ 임금이 궁관(宮官)을 멀리하여 사(私)를 버리고 내탕(內帑; 왕실 재산)을 없애 공(公)을 넓혀 국가 재정에서 왕실 재정을 충당할 것. 이것이 궁부일체(宮府一體)이다. ④ 경연 제도를 강화하고, 윤대(輪對; 신하들을 교대로 면담함)와 소대(召對; 신하들을 불러서 면담함)를 자주 가지며 어진 신하를 가까이하여 임금의 지혜를 깨우치는 데 도움을 받아야 한다.

한편 안민을 위한 다섯 가지 방안은 ① 언로를 넓게 열고 성심을 다하여 백성들의 뜻을 따를 것, ② 공안을 개혁하여 지나친 수탈을 없앨 것, ③ 수입을 헤아려 지출을 결정하는 양입위출(量入爲出)로 절약과 검소함을 숭상하여 왕실의 사치를 없앨 것, ④ 공노비도 백성이므로 지방의 공노비가 서울에 올라와 역(役)을 지는 이른바 선상을 줄여서 고통을 줄일 것, ⑤ 군정을 개혁하여 군졸에게서 미포(米布)를 거두지 말고, 한정(閒丁; 놀고 있는 장정)을 수괄하여 내외의 국방을 공고히 할 것 등이다.

율곡의「만언봉사」를 적극 지지하고 나선 이는 홍문관 부제학 유희춘이었다. 그는 율곡이 상소한 공물, 선상, 군정에 관한 일을 묘당에서 강구하여 시행한다면 백성의 고통을 덜어 주는 데 도움이 될 것이라고 말했다.[2] 율곡도 그후 경연에서 계속하여 경장의 필요성을 임금에게 역설하고, 특히 공안은 연산군 때 만든 것으로 조종의 법이 아니라고 강조했다.

결국 율곡의「만언봉사」는 실행되지 못했고, 실망한 율곡은 벼슬을 버리고 파주와 해주로 돌아갔으며, 9월에 잠시 황해도 관찰사에 나갔다.

○○ 왕도 정치 사상서의 백미 『성학집요』

    율곡의 경장론은 1569년에 홍문관 교리로서 지어 바친 『동호문답』에서 시작하여 1574년에 우부승지로서 올린 「만언봉사」를 거쳐 1575년(선조 8년) 9월 1일에 40세의 나이로 홍문관 부제학으로 있을 때 지어 바친 『성학집요』에서 집대성되었다.³ 앞서 율곡이 선조에게 「만언봉사」를 올렸으나 실행되지 않자 해주로 돌아가서 다시 이론을 가다듬어 만든 것이 『성학집요』이다. 선조는 이 책을 받고 "책이 참으로 절실하고 긴요하다. 여기에 실린 말은 부제학의 말이 아니라 성현의 말이다. 치도(治道)에 큰 도움이 될 것이다. 내가 영특하지 못해서 몸소 실행하지 못할까 두렵다."라고 말했다.

    율곡이 명종과 선조 대에 임금에게 올린 상소나 경연에서 한 이야기들 모두가 그의 경장 이론을 담고 있지만 『성학집요』는 율곡의 왕도 정치 이념과 경장 이론을 가장 체계적이고도 가장 상세하게 정리한 것으로 명종 때 이황이 지어 바친 『성학십도』와 더불어 16세기 왕도 정치 이념을 대표하는 정치서이기도 하다. 다만 『성학십도』는 10장의 도표 형식으로 요약한 저서로서 명종이 병풍으로 만들어 보았던 것인 데 반하여 『성학집요』는 여덟 권에 이르는 방대한 분량의 저서라는 점에서 차이가 있다.

    『성학집요』는 기본적으로 송나라 학자 진덕수가 편찬한 『대학연의』에 대한 불만에서 출발한 것이다. 『대학연의』는 격물(格物)에서 시작하여 치지(致知), 성의(誠意), 정심(正心), 수신(修身), 제가(齊家), 치국(治國), 평천하(平天下)의 순서로 나아가야 한다는 정치 이론서인데 율곡은 이 책의 분량이 43권 12책으로 매우 방대할 뿐 아니라 논지가 산만하여 초점이 부각되지 못하고 있다고 믿었다.⁴ 이 책은 조선 초기부터 경연의 교재로 사용해 왔지만, 정사에 바쁜 임금이 이런 책을 읽는다면 공부의 실효를 얻기 어렵다고 보았다.

『성학집요』는 『대학연의』의 단점을 보완하되 분량은 『대학연의』보다 한층 간결한 8권으로 압축했다. 사서오경에서 핵심이 되는 말을 뽑아 주제로 부각시키고, 여기에 주자를 비롯한 송유(宋儒)의 의견을 주(註)로 붙였으며, 『사기』와 『사략(史略)』을 비롯한 역사책에서 발췌한 중국의 사례들을 보태고, 또 율곡 자신의 의견을 덧붙여 해설한 것이다. 특히 조선의 현실에서 제기되는 시무(時務)의 과제까지도 아울러 제시했다는 점에서 16세기 왕도 정치 사상서의 백미라고 할 수 있다. 조선 후기 탕평 군주인 영조가 경연의 교재로 사용한 이유도 여기에 있다.

그러면 『성학집요』에 담긴 사상은 무엇인가? 우선 목차를 보면 다음과 같다.

진차(進箚)

서(序)

범례(凡例)

목록도(目錄圖)

1편 통설(統說) | 수기치인의 공부를 합쳐서 말함. 『대학』의 명명덕(明明德; 명덕을 밝힘), 신민(新民; 백성을 새롭게 만듦), 지어지선(止於至善; 지극

히 착한 것에 도달)에 해당.

2편 수기(修己) | 『대학』의 명명덕에 해당.
  1장 총론(摠論) | 『대학』의 기본에 해당.
  2장 입지(立志) | 뜻을 세울 것.
  3장 수렴(收斂) | 흩어진 마음을 추스를 것.
  4장 궁리(窮理) | 『대학』의 격물치지에 해당.
  5장 성실(誠實) | 성의 정심, 곧 『대학』의 수신에 해당.
  6장 교기질(嬌氣質) | 나쁜 기질을 고칠 것. 『대학』의 수신에 해당.
  7장 양기(養氣) | 기(氣)를 기를 것. 『대학』의 수신에 해당.
  8장 정심(正心) | 마음을 바르게 가질 것. 『대학』의 수신에 해당.
  9장 검신(檢身) | 『대학』의 수신에 해당.
  10장 회덕량(恢德量) | 덕량을 넓힐 것. 『대학』의 성의, 정심, 수신의 남은 뜻을 부연한 것.
  11장 보덕(輔德) | 위와 같음.
  12장 돈독(敦篤) | 위와 같음.
  13장 공효(功效) | 『대학』에서 "수기가 지선(至善)에 이른다는 뜻(修己止於至善)"에 해당.

3편 정가(正家) | 『대학』의 제가(齊家)에 해당.
  1장 총론
  2장 효경(孝敬) | 부모에 대한 효경.
  3장 형내(刑內) | 아내에게 모범이 됨.

4장 교자(敎子) | 자식에게 모범이 됨.

　5장 친친(親親) | 부모에 대한 효도, 처자에게 모범, 형제간의 우애.

　6장 근엄(謹嚴) | 『대학』의 미진한 뜻을 보완한 것.

　7장 절검(節儉) | 절약하고 검소할 것. 『대학』의 미진한 뜻을 보완.

　8장 공효(功效) | 제가의 지어지선에 해당.

4편 위정(爲政) | 『대학』의 신민(臣民)과 치국평천하에 해당.

　1장 총론

　2장 용현(用賢) | 『대학』에서 "어진 사람이라야 능히 사랑하고 미워할 수 있다는 뜻(仁人能愛能惡之意)"에 해당.

　3장 취선(取善) | 착한 사람을 등용함.

　4장 식시무(識時務) | 시무(時務)를 알 것. 『대학』에서 "은나라를 거울삼고, 하늘의 명을 따르기가 쉽지 않다는 뜻(儀監于殷 峻命不易之意)"에 해당.

　5장 법선왕(法先王) | 선왕을 본받음.

　6장 근천계(謹天戒) | 하늘의 경계를 삼감.

　7장 입기강(立紀綱) | 『대학』에서 "임금이 치우치면 천하를 죽인다는 뜻(有國者不可以不愼 辟 則爲天下僇之意)"에 해당.

　8장 안민(安民) | 백성을 편안하게 할 것. 『대학』에서 "군자가 혈구(絜矩)의 도를 가지면 효(孝)와 제(弟)를 일으키는 것이 두 배 이상 된다는 뜻(君子有絜矩之道而興孝興弟 不倍之意)"에 해당.

　9장 명교(明敎) | 교화를 밝힐 것. 안민(安民)에서 소개한 『대학』의 뜻과 같음.

10장 공효(功效) | 『대학』에서 "치국평천하가 지선에 이른다는 뜻〔治國平天下 止於至善之意〕"에 해당.

5편 성현도통(聖賢道統) | 『대학』의 실적(實跡)에 해당.

이제 목차의 순서를 따라 이 책의 요지를 소개하면 다음과 같다.

1_ 진차(進箚)와 서(序)

진차와 서에서는 『성학집요』를 쓰게 된 동기를 밝히고 있다. 우선 진차에서는 이 책을 쓴 목적이 임금과 후생을 위해서라는 것을 밝히고, 도학(道學)의 요체는 성현의 책을 많이 읽고 견문을 넓히는 데 있는 것이 아니라, 그 이치를 살피고 실천하는 데 있다고 한다. 그런데 이치를 알려면 요점을 이해해야 하고, 요점을 이해하면 자연히 그 맛을 알게 되며, 그 맛을 알게 되면 성의(誠意)를 다하게 된다고 하여 수많은 성현의 책에서 요점을 추려 내는 일이 중요함을 말한다. 그래서 이 책은 성현의 말씀 가운데 요점이 되는 정수를 추려서 모아 놓은 것이다.

그러면 율곡이 이 책을 통해서 선조에게 기대하는 것은 무엇인가? 율곡이 본 선조 임금은 총명과 지혜, 효도와 우애, 공손함과 검소함을 지니고 있으며, 성색(聲色: 음악과 여색)과 이욕을 멀리하여 삼황오제와 같은 성군이 될 만한 자질을 지니고 있다. 다만 아쉬운 것은 너무 영특하여 착한 것을 받아들이는 도량이 넓지 못하고, 노기(怒氣)를 쉽게 드러내면서 신하들과 겨루어 이기기를 좋아하며, 부드러운 말을 따르고 면전에서 직언하는 신하를 싫어하는 병통이 있다. 또 개혁의 부작용을 너무 걱정하여 백성의 고통을 덜어 주지 않는 것도 문제점이다. 그래서 그런 기질을 변화시키지 않으면 성현이 되기 어렵다는 것이며, 이 책은 바로 선조의 기질을 바꾸고자 하는 데 목표를 둔 것임을 알 수 있다.

다음에 서(序)에서는 『성학집요』의 내용을 간추려 설명한다. 도학은 이미 사서와 육경(六經:『시(詩)』, 『서(書)』, 『역(易)』, 『춘추(春秋)』, 『악(樂)』, 『예기(禮記)』)에 모두 갖추어져 있고, 또 송나라 진덕수가 편찬한 『대학연의』가 제왕(帝王)의 지침서로서 훌륭한 책이지만, 방만하고 간결하지 못하여 종지(宗旨; 큰 줄거리)가 분명치 않다. 그래서 율곡은 『대학연의』를 모범으로 삼아 『성학집요』를 편찬했지만, 종지를 확실하게 부각시키면서 여기에 자신이 현실에서 경험한 의견을 덧붙여 놓았다. 그리하여 『성학집요』와 『대학연의』의 내용을 각 편과 장별로 서로 비교했는데, 그 내용은 앞의 목차에서 소개한 것과 같다.

율곡은 서문의 말미에 자신의 의견으로 성학(聖學)의 본질을 수기치인(修己治人; 자기 몸을 닦고, 사람을 다스림)으로 요약한다. 수기치인의 방법은 천명(天命)의 성(性)에 따라 조용히 있을 때에는 경계하고 두려운 마음을 가져야 하며(계구(戒懼)) 행동할 때에는 자기만 알고 있는 자신의 악(惡)을 삼가는 마음(신독(愼獨))을 지님으로써 모든 것이 절도(節度)에 맞도록 하여(중화(中和)) 천지가 제자리를 찾고 만물이 성장하도록 하는 것이다. 중화가 한 가정에 머물면 가정의 천지(질서)가 안정되고 생명이 성장하여 밝은 덕이 더욱 밝아지고(명명덕(明明德)), 중화가 나라와 천하에 이르면 나라와 천하의 천지가 안정되고 만물이 생육하여 밝은 덕이 나라와 천하에 밝아진다. 그런데 삼대 이후로 한 집안의 질서가 자리잡고 생명이 발전한 일은 간혹 있었지만 한 나라와 천하의 천지가 자리잡고 생명이 발전했다는 말은 듣지 못했으니, 선조 임금이 그런 세상을 열어 주기를 바란다는 것이다.

율곡은 서에서도 선조 임금이 군사의 자리에 있다고 치켜세웠는데, 이는 선조가 진정한 군사의 모습을 지녔다는 것을 인정하기보다는 군사와 같은 성군이 되기를 기대하는 마음이 담겨 있는 것이다. 하지만 이 군사론이 뒷날 영조와 정조에 의해 당당하게 채용된 것을 보면 그 이론적 바탕을 율곡이 제공한 셈이다.

2_ 통설(統說)

통설은 『대학』에 담긴 내용을 요약한 것으로 우주 자연의 이치를 아는 데서 출발하여 천하를 평정하는 데 이르는 과정을 설명하고 있다. 정치의 최종 목표는 평천하, 곧 천하를 평화롭게 만드는 것인데, 천하를 평정하려면 먼저 치국, 곧 나라를 잘 다스려야 하고, 나라를 잘 다스리려면 제가, 곧 집안을 먼저 안정시켜야 하며, 집안을 안정시키려면 수신, 곧 제 몸을 먼저 깨끗하게 수양해야 하며, 제 몸을 깨끗하게 수양하려면 정심, 곧 마음을 바르게 가져야 하며, 마음을 바르게 가지려면 성의, 곧 뜻(목적)을 진실되게 가져야 하며, 뜻을 진실되게 가지려면 치지, 곧 아는 것이 지극해야 하며, 아는 것이 지극해지려면 격물, 곧 사물에 나아가서 우주 자연의 이치를 연구해야 한다.

위 과정을 다시 역으로 정리하면, 격물 — 치지 — 성의 — 정심 — 수신 — 제가 — 치국 — 평천하의 순이다. 이것이 바로 우주 자연의 이치를 아는 데서 출발하여 천하를 평화롭게 만드는 과정을 설명한 『대학』의 가르침이다.

그러면 우주 자연의 이치는 무엇인가? 우주의 만물은 음양과 오행이 변화하여 만든 것인데, 형태를 만들어 주는 것은 기(氣)이고, 기가 있으면 반드시 이(理)가 기 가운데 있어 이기(理氣)가 작용하여 형태와 성격을 만들어 낸다. 사람도 마찬가지로 이와 기를 타고나는데, 이가 만들어 주는 인의예지신(仁義禮智信)을 성(性)이라고 한다. 그리고 성을 따라 행동하는 것은 도(道)라고 하며, 도를 닦는 것을 교(敎)라고 한다.

이렇게 사람은 누구나 착한 성을 타고 나는데, 왜 실제로는 성인(聖人)도 있고 악한 사람도 있는가? 그 이유는 사람마다 기가 다르기 때문이다. 하지만 기가 나쁘다고 해도 두려워하고 조심하면 자기의 마음에 숨겨져 있는 성과 도를 찾아 누구나 성인이 될 수 있다고 보았다. 그런데 사람은 어둡고 깊숙한 곳과 아주 작은 일에서 나쁜 마음이 싹트는데, 아직 행동으로 나타나지 않아서 남들은 모르지만 자기 혼자만은 알고 있다. 이렇게 혼자만 아는 상태를 '독(獨)'이라고 하는데, 이때가 가장 위험하다. 그래서 '독을 조심(愼獨)'해야 성과 도를 찾을 수 있다.

그러면 성과 도는 어떤 모습으로 찾아야 하는가? 사람은 희로애락(喜怒哀樂)의 정(情)을 가지고 있는데, 이 정이 밖으로 드러나지 않을 때는 치우치거나 기울어짐이 없기 때문에 성(性) 또는 중(中)이라고 부르고, 밖으로 드러날 때 절도(節度)에 맞게 나타나는 것을 화(和)라고 부른다. 화가 이루어지면 천지가 안정되고 만물이 생명을 키워 갈 수 있게 된다. 그런데 정이 나타날 때 그것이 화에 이르도록 조심하는 것이 바로 '독을 조심'한다는 신독이다. 신독하지 않으면 정이 화에 이르지 못하고 악(惡)에 빠지게 된다. 신독은 다른 말로 '경(敬)'이라고도 한다.

이렇게 우주 만물의 이치를 따라 마음을 바르게 가져 중화(中和)에 이르는 것이 격물, 치지, 수신의 과정이라고 한다면, 그런 중화의 마음을 가지고 집안을 다스리고, 나라를 다스리고, 천하를 다스리는 것이 바로 제가, 치국, 평천하이다.

결국『성학집요』는 격물에서 시작하여 평천하에 이르는 과정을 차례로 설명한 책이며 통설은 바로 그것을 요약해 놓은 총론에 해당한다.

3_ 수기(修己) 편

『성학집요』는 크게 수기 편, 정가 편, 위정 편, 성현도통 편 등 네 편으로 구성되어 있는데, 그 가운데 수기 편이 13장이나 되어 가장 많은 비중을 차지하고 있다. 그 이유는 수기가 모든 것의 시작이므로 수기를 잘하면 그다음 정가와 위정은 저절로 잘된다고 보았기 때문이다.

수기 편에서 가장 주목되는 부분은 4장 궁리(窮理)이다. 여기서 율곡은 사서와 육경을 비롯한 경전과 사책(史冊)을 어떻게 읽어야 하는가의 방법을 제시하고, 나아가 자신이 일가견을 가지고 이론화한 인심도심설(人心道心說), 심성론(心性論), 사단칠정론(四端七情論) 등 이기설(理氣說)을 모두 압축해 놓았다.

율곡이 궁리 장에서 경전과 사책을 읽는 방법을 설명한 것은, 궁리가 독서에서 시작하는데 독서에 대해서는 체계적으로 제시한 저서가 없는 것에 불만을 가지고 있었기 때문이다. 그래서 율곡은 독서하는 방법과 아울러 어떤 책을 어떤 순서로 읽을 것인가를 차례로 설명하고 있다. 뒷날 선조 10년에 율곡이 지은 『격몽요결』에도 독서(讀書) 장이 들어 있는데, 그것은 『성학집요』의 독서 이야기를 다시 정리하여 넣은 것으로 보인다. 따라서 두 글은 서로 내용상 중복이 많은 것도 사실이다.

여기서 율곡은 독서하는 방법으로서 다독(多讀)보다는 정독(精讀)과 숙독(熟讀)이 필요하다는 것을 역설하고 있으며, 의문 나는 점을 그냥 넘기지 말라고 충고한다. 다음에 독서의 대상과 순서는 『소학』에서 시작하여 『대학』, 『논어(論語)』, 『맹자(孟子)』, 『중용(中庸)』, 『시경(詩經)』, 『예기(禮記)』, 『악경(樂經)』, 『서경(書經)』, 『역경(易經)』, 『춘추(春秋)』 등 사서와 육경으로 나아갈 것을 설명한다. 그러면 『소학』과 사서와 육경은 어떤 책인가?

먼저 『소학』은 모두 6편으로, 내편은 입교(立敎), 명륜(明倫), 경신(敬身), 계고(稽古), 외편은 가언(嘉言), 선행(善行)으로 되어 있다. 이 책은 주자의 지시를 따라 제자 유자징(劉子澄)이 1187년에 지었는데 일상생활의 예의범절과 삼강오륜의 윤리를 가르치고 있으며 초학자가 반드시 먼저 읽어야 할 책으로 여겨진다.

『대학』은 앞에서 이미 설명한 대로 격물치지에서 수신제가를 거쳐 평천하에 이르는 수기치인의 지침서이다. 즉 윤리와 정치사상이 모두 포함되어 있다. 정치사상이 들어 있기 때문에 조선 시대 경연의 교재로 가장 널리 읽힌 책이기도 하다.

『논어』와 『맹자』는 널리 알려진 바와 같이 각각 공자와 맹자의 언행을 기록한 것이며, 『중용』 및 『대학』과 더불어 사서로 일컬어진다. 『중용』은 중(中)과 용(庸)을 가르치고 있는데, 중은 한쪽에 치우치지 않고 지나치거나 미치지 못하는 것이 없는 것을 말하고, 용은 바뀜이 없고 평상을 유지하는 것을 말한다.

결론적으로 율곡은 주자의 말을 빌려 사서 읽는 법을 이렇게 말한다. 먼저 『대학』을 읽어 규모를 정하고, 다음에 『논어』를 읽어 근본을 세우고, 『맹자』를 읽어 발월(發越: 뛰어남)을 보고, 『중용』을 읽어 옛사람의 미묘함을 구하는 것이다.

다음에 육경 가운데 『시경』은 인정(人情)에 바탕을 두고 사물의 이치를 갖추고 있어서 풍속의 성쇠를 알 수 있고, 정치의 득실을 볼 수 있으며, 사리(事理)가 확 트이고, 마음이 화평해진다. 또 시는 성정(性情)에 근본을 두고 있어서 나쁜 것도 있고 바른 것도 있는데, 그 말이 아주 쉬워서 읊조리는 사이에 억양이 반복되면서 사람을 감동시켜 쉽게 빠져들게 한다. 그래서 학자들에게 흥이 일어나고, 착한 것을 좋아하고 악한 것을 싫어하는 마음이 끊이지 않는다.

『예기』는 예(禮)를 가르친다. 예는 하늘이 높고 땅이 낮은 것에서 출발하여 인간 사회를 높고 낮음으로 구분해 관혼상제를 비롯해 군신, 부자, 형제, 부부, 붕우 관계를 만들고, 음식과 그릇, 의복의 제도를 만들어 질서를 세우고자 하는 것이다.

『악경』은 악(樂)을 가르치는 책이다. 덕(德)은 성(性)에서 나오는 것인데, 그 덕을 꽃피우는 것이 악이다. 시(詩)는 뜻을 말하고, 노래는 소리를 읊는 것이며, 춤은 몸을 움직이는 것인데, 이 세 가지가 마음에 근본을 둔 다음에 악기(樂器)가 따른다. 그러니까 음악(연주)은 시, 춤, 노래와 더불어 하나가 되면서 정이 깊어지고 문명의 기가 왕성해지고 신통한 변화가 일어난다. 그래서 조화롭고 순한 것이 마음에 쌓여 아름다운 꽃(영화(英華))이 밖으로 나타나게 한다. 쉽게 말하자면 음악은 사람을 화락(和樂)하게 만듦으로써 악한 마음을 씻어 준다.

『서경』은 이제(二帝; 요, 순)와 삼왕의 도(道)를 보여 주는 역사책이기도 하다. 따라서 성현의 마음을 배우려면 반드시『서경』을 읽어야 한다. 이제 삼왕의 마음은 '정일집중(精一執中)'과 '건중건극(建中建極)'이다. 정일집중은 '생각을 정밀하게 갖고 마음을 한결같이 가져서 중(中)을 잡는 것'을 말하고, 건중건극은 '중을 세우고, 표준을 세운다'는 뜻이다. '중'이란 바로 치우치지 않음을 말한다.

『역경』은 사람이 아직 모르는 이치를 깨달아 이를 실지로 시행하여 성공을 거두는 것을 가르치는 책인데, 구체적으로 괘(卦)와 효(爻)에 담긴 길흉의 이치를 복점(卜占)을 통해 깨달아 사업을 성공시키는 것을 말한다. 또『역경』을 보면 시(時)의 성쇠와 세(勢)의 강약을 알아서 그 시세에 맞추어 적응하면서 도를 따르게 된다.

『춘추』는 노(魯)나라의 역사를 기록한 책이다. 공자가 적을 것은 적고 깎을 것은 깎아서 만들었으며, 옳은 일과 나쁜 일을 분명히 드러내어 큰 뜻을 밝힘으로써 삼대의 이상 시대로 돌아갈 수 있는 교훈을 얻기 위해서 지은 것이다. 이를 춘추대의(春秋大義)라고 하는데, 구체적으로 말하면 임금을 높이고 신하를 낮추었으며, 인의(仁義)를 귀하게 여기고 속임수를 천하게 여기며, 중국과 이적(夷狄)을 구별하는 것이다.

 사서 육경에 대한 설명에 이어 율곡은 역사책을 읽는 방법에 대해서도 언급한다. 우선 역사책을 읽는 목적은 정치를 잘한 때와 잘못한 때, 현인과 군자가 언제 벼슬길에 나아가고 언제 물러났는지를 알아서 사물을 바로잡는 데 도움을 얻으려는 것이다. 이렇게 도덕적 목적에서 역사를 읽어야 하기 때문에 그냥 사건만 많이 아는 것은 헛된 일이다. 반드시 나라가 흥하고 망하는 이치를 알아 정치를 잘하는 교훈을 얻어야 하는 것이다.

 율곡은 정자가 역사책을 읽은 방법을 다음과 같이 소개하고 있다.

 나는 역사책을 읽다가 반쯤 읽으면 책을 덮고 성공한 일과 실패한 일을 곰곰히 생각해 본다. 그런 뒤에 다시 읽다가 이치에 맞지 않는 것이 있으면 정밀하게 다시 생각하였다. 그러면 요행으로 성공한 경우도 있고, 불행하여 실패한 경우도 많다. 그런데 요즘 사람들은 성공한 사람은 문득 옳다고 말하고, 실패한 사람은 문득 그르다고 말하는데, 실은 성공한 사람도 도리어 잘못이 있고, 실패한 사람도 도리어 옳은 점이 있다는 것을 모르고 있다.[5]

 이는 바꿔 말하면 올바른 사람이 반드시 성공하고, 악한 사람이 반드시 실패하는 것이 아니라, 요행에 의해서 나쁜 사람이 성공하기도 하고 올바른 사람이 실패하기도 한다는 의미다. 따라서 성공과 실패는 도덕성과 반드시 일치하는 것은 아니요, 역사적으로 도(道)가 무너진 이유가 여기에 있다고 본다. 이를 뒤집어 말하면 사람의 행동

을 평가할 때 성공과 실패를 평가하기보다는 그 행동의 목적이 좋은
것이었나 나쁜 것이었나를 먼저 평가하여 좋은 목적이면 본받고, 나
쁜 목적이면 경계하는 마음을 가져야 한다는 것이다.

　율곡의 성리설, 즉 인심도심설, 사단칠정설, 이기설 등은 뒤에 다
시 자세히 설명하겠으므로 여기서는 생략한다.

　끝으로 궁리 장의 마지막에는 이단(異端)에 대한 비판이 실려 있
는데, 여기서 이단으로 지목한 것은 양자(楊子)와 묵자(墨子), 노자와
장자, 불교, 육상산(陸象山)이다. 율곡의 말에 따르면 양자의 자애설(自
愛說)은 임금을 무시하는 설이고, 묵자의 겸애설(兼愛說)은 부모를 무
시하는 설인데, 임금과 부모를 무시하는 것은 짐승과 같다.

　노자와 장자의 설 가운데 무위(無爲)와 무욕(無欲)만은 이치에 가
까워 취할 만한 것이 있다. 하지만 그 밖에 신선이 되어 죽지 않는다
는 양생설(養生說)이나 공허(空虛)한 것을 묘용(妙用)이라고 주장하는 공
허묘용설 등은 모두 허황된 것으로 폐단이 크다.

　불교는 양자나 묵자보다는 이치에 가깝지만 그 폐단은 더 크다.
불교는 정밀한 점도 있고, 조잡한 점도 있다. 조잡한 점은 윤회설과
인과응보설로서 죄와 복을 말하면서 우매한 사람들을 유혹하여 공
봉(供奉)을 바치게 하는 데 있다. 정밀한 점은 심성론(心性論)으로서,
마음을 이(理)로 이해하고, 마음을 만법(萬法)의 근본이자 성(性)으로
보는 것인데, 다만 성이 보고 듣는 것에 작용하여 적멸(寂滅)을 종지
로 삼고, 천지만물을 환망(幻妄: 실제 존재하지 않는 환상)으로 보아 세속을
떠나는 것을 도(道)로 보고, 인륜을 질곡으로 간주하는 것이 문제다.

　특히 선학(禪學)에서 공부하는 방법은 불립문자(不立文字: 문자를 쓰

지 않음), 직지인심(直指人心; 바로 인심을 가리킴), 견성성불(見性成佛; 성을 보면 부처가 됨), 돈오점수(頓悟漸修; 문득 깨달은 뒤에 점차로 수양함)를 내세우고 있다. 그런데 아주 우수한 사람은 간혹 문득 깨닫고 점차로 수양하는 사람도 있을 수 있다. 하지만 조용히 좌선하다가 조금 심성을 보면 모든 것을 다 깨달은 듯이 방자하게 행동한다.

육상산은 주자학의 격물치지가 번잡하다고 배척하고 본심(本心)에만 힘을 쏟는데, 이것이 마음을 함양하는 데 도움이 되지 않는 것은 아니지만 본질적으로 시비와 도리를 가리지 않고 학문을 거부한다는 점에서 선학과 다르지 않다. 그런데 육학(陸學)은 지금 주자학과 병립하여 영향을 미치고 있기 때문에 근로를 싫어하고 간편한 것을 좋아하는 무리들이 따르고 있다. 그렇지만 그들은 공맹(孔孟)을 말하고, 효제(孝悌)를 근본으로 삼고 있기에 그 폐단은 불교보다 더 심하다. 불교가 외구(外寇)의 침략과 같다면, 육학은 나라를 그르치는 간신(奸臣)과 같다.

이상 율곡의 이단 특히 선학과 육학에 대한 비판은 마음의 수양이라는 면에서는 일단 긍정적인 평가를 내리면서도 그들이 꾸준한 학문을 거부하고 세속의 윤리와 시비에 대한 철저한 대안을 제시하지 못한다는 점에서 해악이 크다고 말한다.

4_ 정가(正家) 편과 위정(爲政) 편

『성학집요』의 정가 편은 주로 왕실에서의 정가에 초점을 둔 것으로 남녀 관계나 부자 관계뿐 아니라, 적첩 관계(嫡妾關係), 외척 문제와 세자 교육, 절검(節儉) 문제까지 망라하고 있다는 점에서 한국적 현실을 반영한 것이 특징이다. 이는 율곡의 경장론과 연관되어 있으므로 자세한 소개는 하지 않는다.

『성학집요』의 위정 편은 모두 10장으로 구성되어 있다. 2장 용현(用賢)에서는 주자와 구양수(歐陽脩) 등의 붕당론을 인용하여 붕당을 미워할 것이 아니라 군자와 소인의 구별이 더 중요함을 강조한 것이 주목된다. 또한 여기서 임금의 직책은 재상과 정치를 함께 논의하는 것, 즉 논상(論相)에 있고, 재상은 임금을 바로잡는 것이 임무로서 옳은 일을 받들고 옳지 않은 일을 바꾸도록 하는 헌가체부(獻可替否)의 직임을 맡아야 한다는 것이 강조되고 있다.

위정 편 4장에 식시무(識時務)를 넣어 창업, 수성, 경장의 도를 언급하면서 지금은 바로 경장의 시대라는 것을 강조한 것은『성학집요』를 쓴 목적이 바로 경장에 있음을 알려 준다. 시무란 그 시대가 요구하는 정치적 과제를 말한다. 왕도 정치의 기본 원칙은 시대가 달라져도 바뀔 수 없는 것이지만, 제도적인 문제는 시대에 따라 바뀔 수 있다는 것이다. 이에 따라 율곡이 제시한 세 가지 시무, 창업, 수성, 경장은 다음과 같다.

구름이 비가 되지 못하는 것은 둔(屯) 때문인데, 군자는 둔의 상(象)을 보면 천하의 일을 경륜하여 둔난(屯難)에서 구제해야 한다. 또『주역』에는 궁(窮)하면 변(變)하고, 변하면 통(通)하며, 통하면 오래간다고 했다. 옛날과 지금은 풍기(風氣)가 같지 않고 기용(器用) 또한 다르다. 그래서 성인은 변화를 통하여 백성들이 게으르지 않고 각기 그 때를 따르도록 해야 한다. 이렇게 시대가 달라져 새로운 것을 필요로 할 때 바꾸는 것이 창업이다. 그런데 요, 순, 탕, 무(武) 같은 덕을 가진 임금이라도 하늘과 백성의 뜻에 순응하지 않으면 창업은 할 수 없다.

그러면 수성은 무엇인가? 성군과 현상(賢相)이 처음으로 법을 만들고, 정치 도구를 펼치고, 예악을 가지런히 만들어 놓으면 그 뒤에 나오는 왕과 현인들이 그 성규(成規)를 지키고 이어가는 것이 수성이다.

경장은 무엇인가? 성(盛)이 극에 달하면 중간에 잘못이 생기고, 법이 오래되면 폐(弊)가 생기는 법이다. 이럴 때 편안하게 앉아서 고루함에 빠지면 백도(百度)가 무너지고 날이나 달마다 잘못된 일이 생겨나고, 장차 나라를 경영하기 어려워지는데, 이럴 때는 명군(明君)과 철보(哲輔: 현명한 재상)가 분연히 일어나서 기강을 다시 세우고, 혼탁하고 게으른 것은 각성시키고, 구습을 씻어 내고, 오래된 폐단을 바로잡고, 선왕의 유지를 잘 계승하되 일대의 규모를 새롭게 바꿔야 한다. 수성이 필요할 때 경장을 하면 마치 병이 없는 데 약을 써서 도리어 병을 만드는 것과 같고, 경장이 필요할 때 구법을 지키는 데에만 힘쓰면 이는 병자에게 약을 주지 않고 죽기를 기다리는 것과 같다.

경장은 집에도 비유된다. 집이 오래되어 썩어서 무너질 지경이 되면 재주 있는 목수가 아니면 수리할 수가 없다. 이때 그 집 주인은 천리를 멀다 하지 않고 재주 있는 목수를 급히 부르는 것이 옳은가, 아니면 재주 있는 목수에게 맡기지 아니하고 앉아서 집이 무너지는 것을 바라보아야 옳은가? 경장도 오래된 집을 수리하는 것과 비슷하다.

율곡은 시무의 3대 요소인 창업, 수성, 경장의 논리를 구체적으로 조선 왕조의 역사에 대입하여 논하였다. 조선 왕조는 태조 때 창업하고 세종과 세조, 성종 때 수성하여 좋은 법을 만들고 민생이 안정되었으나, 연산조 이후로 아랫사람을 수탈하여 윗사람을 보태 주는 나쁜 법을 만들었는데, 그것을 고치지 않고 있다. 그래서 지금은 개국한 지 200년의 세월이 흘러서 중쇠기(中衰期)에 접어들었다는 것이 그의 해석이다. 중쇠기는 곧 중엽의 쇠퇴기라는 뜻이다. 사람에 비유하자면 마치 노인이 원기가 쇠진하여 다시 일어날 수 없는 지경에 이른 것과 같다. 이럴 때 경장을 하여 면목을 일신하면 왕업이 오래갈 수 있지만, 그러지 않고 구습에 얽매어 있으면 흙벽이 무너지고 기와가 부서져 구제할 수 없는 지경에 이른다는 것이다.

율곡은 자신이 주장하는 경장은 조종의 법을 모두 바꾸자는 것이 아니라 기본적으로 선왕의 아름다운 뜻은 그대로 계승하면서 부분적으로 바꾸는 것이라고 하면서 이를 계지술사(繼志述事)라고도 불렀다. 그러니까 '경장'과 '계지술사'는 똑같은 뜻이라고 보는 것이다. 말하자면 혁명적인 개혁도 아니고 그렇다고 현실에 안주하는 것도 아닌 중간적 형태의 온건한 개혁을 이르는 말이다.

이에 따라 5장에 법선왕(法先王)을 넣어 경장의 목표가 삼대의 이상 시대로 돌아가는 데 있음을 분명히 했다. 삼대가 이상 시대라는 것은 분배 정의가 이루어지고, 정치와 교화가 비여족당(比, 閭, 族, 黨)의 아래로부터 시작되어 민주적으로 운영되었으며, 나라의 재정이 9년치가 축적되어 있었다는 사실 등에 기초하고 있다.

7장 입기강(立紀綱)에서는 임금의 사인(私人)과 사재(私財) 소유를 혹독하게 비판한다. 율곡에 따르면, 임금은 하늘이 덮고 있고 땅이 싣고 있는 모든 것을 가지고 있으므로 사(私)를 따로 가질 필요가 없다. 그런데 지금의 임금들은 마음의 사(邪)를 이기지 못하여 사심(私

心)을 가지고 있으며, 가인(家人)이나 근습(近習; 측근)을 바르게 하지 못하기 때문에 사인(私人)을 가지고 있다. 그런데 사인을 쓰게 되면 자연히 사비(私費)가 필요하여 안으로 국가의 경비(經費)를 손상시키고, 밖으로 백성들이 바치는 공물을 넉넉하게 받아서 사재(私財)를 갖게 된다. 만사의 폐단이 바로 여기서 생겨난다.⁶

율곡의 경장론 가운데 가장 중요하게 거론되고 있는 것이 공안이다. 이것이 바로 백성들이 바치는 공물의 일부를 진상으로 받기도 하고, 또 방납 형식으로 바꾸어 지나치게 수탈함으로써 백성을 병들게 하고 있다는 것이다. 또 임금의 사재인 내탕(內帑)이나 내수사(內需司)를 혁파하여 그 재산을 호조에 넘겨 국가의 공비(公費)로 삼아야 한다고 주장한다. 여기서 율곡의 말을 직접 들어 보자.

> 신이 생각건대, 천자의 부(富)는 사해(四海; 천하)에 저장해 두는 것이며, 제후의 부는 백성에게 저장해 두는 것입니다. 창름과 부고(府庫)는 공공(公共)의 물건으로서 사저(私貯)로 가지면 안 됩니다. 나라의 임금이 사저를 가지는 것은 이익을 다투는 것이 됩니다. 이(利)의 근원이 한번 열리면 아랫사람들이 다투어 이익을 추구하여 어떤 일이라도 하게 됩니다. 신이 생각하기에, 전하께서 진실로 큰일을 하고자 하시면 먼저 내탕과 내수사를 호조에 넘겨 국가의 공비로 만들어야 합니다. 그리하여 사재를 갖지 않아, 전하께서 터럭만큼도 이를 다투는 마음이 없다는 것을 신하와 백성들이 환하게 깨닫게 되면 더러운 풍습이 깨끗해지고 도덕이 지극하게 될 것입니다.⁷

임금의 사재를 없앤다는 것은 현실적으로 쉬운 일이 아니다. 왕실 가족의 생계를 경영해야 한다는 문제가 있기 때문이다. 하지만 왕실 경비를 절약하는 방법은 얼마든지 있을 수 있다. 그 방법이 바로 '양입위출(量入爲出)'이다. 다시 말해 국가의 수입에 맞추어 지출을 하는 것을 말한다. 그런데 현재의 공안은 지출을 먼저 정해 놓고 그에 맞추어 세금을 거두는 것이기 때문에 백성들이 고통을 당하고 있다는 것이다.

물론 현대 국가의 시각에서 본다면, 국가의 지출을 먼저 상정하고 수입을 정하고 있으므로 공안이 합리적인 방법으로 볼 수도 있다. 하지만 농업 위주의 자급자족 경제를 운영하던 율곡의 시대에서 본다면 공안은 분명히 문제가 있다. 왜냐하면 농업은 자연재해의 영향을 크게 받아 수입을 예측하기 어려운 점이 많기 때문이다. 특히 16세기의 율곡 시대에는 과거 어느 때보다도 자연재해가 많아 흉년이 계속되고 있어서 민생이 크게 어려웠던 점을 고려할 필요가 있다.

그리하여 8장 안민(安民)에서는 민본(民本), 애민(愛民), 외민(畏民)의 중요성을 역설하면서 형벌의 신중, 부세와 요역의 경감을 강조한다. 여기에 환과고독에 대한 배려도 잊지 않고 있는데, 이것들은 모두 그 당시 경장의 대상이 되는 일들이었다.

위정의 마지막 장인 공효(功效)에서는 『예기』에 보이는 대동 사회(大同社會)를 소개하고 있는 것이 주목된다.[8] 이는 삼대 이상 정치의 마지막 단계를 대동 사회에 두고 있음을 의미한다.

5_ 성현도통(聖賢道統) 편

『성학집요』의 마지막 편은 성현도통이다. 이는 중국뿐 아니라 우리나라의 성현도통이 각각 상고 시대에 끝났으며, 그 뒤로 임금 가운데에는 성현이 나오지 않고, 재야의 학자로만 이어져 왔다는 것을 제시한 것으로, 경장의 당위성과 방향의 지침을 분명히 한 것으로 볼 수 있다.

여기서 율곡이 그리고 있는 이상적 군주는 성인과 같은 학문을 가지고 인의(仁義)에 입각한 왕도 정치를 펴는 인물이다. 중국 상고 시대의 요순 삼대 또는 오제 삼왕, 또는 고조선의 기자와 같은 임금이 바로 성인 군주에 해당하는데, 율곡은 이들을 '군사(君師)'라고 부른다. 군사란 '임금인 동시에 스승'이라는 뜻이니, 이를테면 권력의 정당성인 치통(治統)과 도덕적 정당성인 도통(道統)을 겸비한 인물이다.

율곡은 군사의 자격을 갖추고 왕도를 행한 임금은 요순 삼대나 오제 삼왕, 그리고 고조선의 기자와 조선의 세종대왕을 제외하고는 중국에도 없고 우리나라에도 없었다고 본다. 그래서 성현의 도통이 삼대 이후로는 임금이 아닌 재야의 학자에게서 명맥이 유지되었다고 보아 그 도통이 이어져 온 역사를 서술한 것이 바로 『성학집요』의 성현도통 편이다.

임금은 군사의 모습이 가장 바람직하지만, 세습 군주제에서 반드시 군사가 나오기는 어렵다고 본다. 율곡은 자신이 섬긴 명종이나 선조 임금도 군사가 될 만한 자질은 갖추고 있지만, 선조는 항상 "내가 감당할 수 없다."라는 말만 되풀이하고 실천을 하지 않아 군사로 보지는 않았으며, 그렇기 때문에 임금에게 군사가 되기 위한 마음가짐을 하라는 요구를 지속적으로 상주했다. 또 이와 병행하여 현능인(賢能人)을 등용하여 그들의 말을 따라 실천하면 치세를 이룰 수 있다고 하면서 현능인 등용을 수시로 건의했다. 율곡은 어질고 재능 있는 신하를 등용하여 치세를 이룬 대표적 임금으로서 항상 세종대왕을 예로 들었다.[9]

여기서 참고 삼아 우리나라 역사상 군사를 자처한 임금을 찾아보면, 영조와 정조가 있으며, 임금이 군사의 모습을 지녀야 한다는 말을 최초로 한 사람은 세종~성종기의 학자 관리인 양성지(梁誠之)였다.[10]

선조는 『성학집요』를 보고 "이 책은 부제학의 말이 아니라 성현의 말씀이다. 다만, 나는 불민하여 행하지 못할 것 같다."라고 답했다. 뜻은 좋지만 이를 실천할 자신은 없다는 말이다.

『성학집요』는 율곡의 대표적 저술일 뿐 아니라, 조선 전기 200년간을 통틀어 성리학적 경세서(經世書)의 최고봉이다. 그래서 조선 후기 역대 임금에게 가장 큰 영향력을 미친 저서이기도 하다. 인조는 이귀가 간행해서 바친 이 책을 읽어 보고 찬탄하면서 율곡에게 영의정을 추증했다.[11]

숙종 때에는 오도일(吳道一), 김수항(金壽恒), 김만길(金萬吉), 박세채 등이 잇달아 『성학집요』를 경연에서 읽는 것이 좋겠다고 건의하여,[12] 숙종은 재위 7년부터 수시로 이 책을 읽었으며[13] 마침내 재위 23년부터 26년에 걸쳐 경연의 교재로 읽었다.[14]

영조는 재위 5년부터 51년까지 경연 교재로 『성학집요』를 읽었으며,[15] 세손인 정조에게도 읽어 보라고 권하여 정조 또한 이 책을 읽고 신하들에게도 읽기를 장려했다. 그다음 순조도 경연에서 이 책을 읽었으며, 고종은 일본 공사 하나부사에게 이 책을 기증하기도 했다. 이렇게 『성학집요』는 조선 후기 300년을 통해 임금의 필수 교재로서 사랑을 받았다.

○○ 경장의 추진 기구로 경제사 설치를 주장하다

1581년(선조 14년) 10월에 율곡은 46세의 장년으로 호조 판서로 있으면서 자신이 오랫동안 주장해 온 경장의 추진 기구로서 경제사 설치를 처음으로 주장했다.[16] 이해에도 천재가 일어나자 임금은 그 대책을 강구하기 위해 대신들을 잇달아 방문하여 의견을 물었는데, 이때 율곡이 올린 진언이 바로 경제사 설치였다.

율곡은 늘 말하던 대로 나라를 세운 지 200년이 되어 중쇠기에 이르렀다는 문제의식에서 출발하여 사람에 비유하면 마치 노인이 원기가 부족하여 다시 일어날 수 없는 지경에 이른 것과 같다고 진단했다. 그런 다음 그래도 임금이 앞장서서 분연히 진작한다면 우리나라가 억만년 번영할 운이 있을 것이고, 그러지 않으면 구제할 수 없는 지경에 이를 것이라고 희망과 절망을 섞어 간언했다.

하면 어찌해야 나라가 다시 일어날 수 있는가? 한마디로 목표를 삼대에 두고, 반드시 실학(實學)에 힘써 몸소 행하고 마음으로 체득하고, 현능한 인재를 두루 찾아 백관(百官)에 배치하여 각자 그 직책을 다하게 하고, 그들의 말을 듣고 잘 따라 주어야 공(功)이 성취될 것이라고 말한다.

　여기까지는 율곡이 늘 상투적으로 임금에게 해 오던 말로서 새로울 것이 없다. 그러면 이를 실천할 구체적인 기구로서 제시한 경제사는 무엇인가? 율곡은 이에 대해 자세한 설명은 하지 않고, 대신이 이 기구를 통솔하게 하고, 시무(時務)를 잘 알고 국사(國事)에 마음을 둔 자를 택하여 선임케 하며, 모든 건의 사항을 이 기구에 내려서 의논하여 결정하고 폐정을 개혁하게 하자고 했다.

　그러나 임금은 율곡의 건의에 대해 부정적으로 답했다. 나라의 모든 공적인 일은 육부(六部: 육조)에서 나누어 관장하고 있는데, 경제사를 따로 설치하면 나중에 큰일이 생길 것이라고 염려했다. 그러면서 옛날에 정공도감을 세웠다가 폐단이 생겼다는 말도 덧붙였다. 그런데 영의정 박순은 율곡의 경제사 설치에 동의를 표하고, 율곡을 다시 불러 자세한 이야기를 들어 보기를 청했다. 이에 율곡은 답하기를, "소신이 창졸간에 경제사에 대한 말을 자세하게 못하여 뜻을 다 전달하지 못했다."라고 전제하고 나서 "지금 갖가지 폐단이 쌓여 군왕의 은택이 백성에게 미치지 않으니 반드시 시무에 마음을 둔 사람을 얻어 한곳에 모아 서로 대책을 강구해서 시폐를 개혁해야 합니다. 폐단만 다 개혁되면, 관서를 도로 혁파할 수도 있으며, 오래도록 보존하자는 것이 아닙니다."라고 말했다. 그러니까 임시로 개혁을 위한 특별 기구를 두었다가 일이 끝나면 없애자는 것이다.

　임금은 끝내 율곡의 제안에 대해 "오활하다. 그리고 어떤 사람에게 맡긴단 말인가?"라는 평가를 내리고 시행을 거부했다. 여기서 선조가 실패한 선례로 언급한 정공도감에 대해 알아 보면 다음과 같다.

정공도감은 1570년(선조 3년)에 공물의 폐단을 시정하기 위해 만든 임시 관청으로 보이는데, 물자 생산이 없는 지역에다 공물을 배당하여 무리가 따르기 때문에 이를 조정하는 기구이다. 그해 9월에 전라 감사가 올린 장계를 보면, 정공도감이 책을 출판하는 교서관(校書館)에서 필요로 하는 책지(冊紙)와 장흥고(長興庫)에서 필요한 견양지(見樣紙)는 다른 지방으로 옮겨 마련하라고 요청하고, 영암, 강진, 해남 지역은 녹미(鹿尾)나 녹설(鹿舌), 쾌보(快脯) 등이 생산되지 않음에도 공물로 부과하고 있어 고통이 심하므로 이를 장록(獐鹿)이 많이 생산되는 제주 지역으로 옮겨서 받도록 해 달라고 요청한 데서 정공도감의 역할을 짐작할 수 있다.[17] 율곡이 쓴 『경연일기(經筵日記)』에도 정공도감이 공물을 균등하게 징수하기 위해 설치한 기구인데 이준경 등이 민폐를 구제하기 위해 만들었으며, 삼공이 이를 관장하고, 재주와 학식이 있는 관리를 낭관으로 차출하여 실무를 맡게 했는데, 임금도 개혁에 뜻이 없고 대신들도 경장을 꺼려 흐지부지되었다고 한다.[18]

정공도감은 1572년 9월에 홍문관 수찬 우성전(禹性傳)의 요청에 따라 혁파했다.[19] 다음 달인 10월에 대간(臺諫)이 정공도감의 혁파를 반대하고 나섰으나, 임금은 따르지 않았다.[20] 이듬해 10월에 홍문관 직제학으로 있던 율곡은 경연에 나아가 정공도감 설치와 폐지에 대해 자신의 의견을 다음과 같이 말했다.

위에서 큰일을 하실 뜻이 없으면 대신(大臣)도 의심하고 염려하는 것이 많아서 품은 뜻이 있더라도 감히 말씀드리지 못합니다. 정공도감으로 말하면, 가볍게 설치했다가 갑자기 폐지하였으니 이제 도감을 따로 세울 것은 없습니다. 대신(大臣) 한 사람이 정사(政事)를 잘 아는 관원 한 사람을 데리고 공물을 변통하여, 여러 지방에서 지금 생산되지 않는데도 옛날대로 거두는 것은 생산되는 다른 지역으로 옮기고, 줄일 것은 줄이는 것이 좋습니다.[21]

그러니까 정공도감 같은 기구를 갑자기 설치했다가 갑자기 없애는 일은 너무 경솔한 일이고 다시 세울 수도 없지만, 공물의 폐단을 시정하는 일만큼은 대신에게 맡겨 반드시 바로잡아야 한다는 것이다.

정공도감이 폐지된 지 거의 10년이 지난 시점에 율곡이 다시 경제사 설치를 들고 나온 것은 단순히 공물만을 대상으로 한 것이 아니고, 자신이 주장해 온 개혁 전반을 다루는 기구의 필요성을 느낀 것으로 보이며, 나아가 자신이 대신으로서 이 일을 감당할 자신이 있다는 뜻으로 여겨진다. 하지만 선조는 정공도감의 실패를 이유로 경제사 설치를 거부하여 율곡의 주장은 다시 한번 좌절을 맛보게 되었다.

8 민생을 살피는 현실적 향약을 시행하다

○○ 조선 현실에 맞춘 율곡의 향약

율곡이 일생 동안 시행한 개혁 운동 가운데 지방에서 자신이 주도하여 시행한 향약도 큰 비중을 차지한다. 그럼에도 율곡은 국가적 차원에서 전국적으로 시행하는 향약은 누구보다도 앞장서서 반대했다. 1573년에 직제학으로 있을 때 그는 선조가 향약을 전국적으로 시행하려고 하는 데 대하여 분명히 반대하는 입장을 취했다. 그가 선조에게 한 말의 요지는 다음과 같다.

향약은 거행하기 어렵습니다. 교화보다 정치 개혁과 백성의 고달픔을 먼저 제거하는 것이 급합니다.[1]

향약의 절목(節目)은 해조(該曹)에만 맡길 수 없습니다. 대신(大臣) 및

유신(儒臣) 들과 함께 의논해야 합니다.²

향약은 삼대의 법인데, 전하께서 이를 명하여 행하시니 참으로 근고(近古)에 없는 경사입니다. 다만, 모든 일에는 본말이 있으니, 조정의 백관들이 바르지 못한데, 먼저 만민(萬民)을 바르게 하려고 하는 것은 본(本)을 버리고 말(末)을 다스리는 것입니다. 일이 반드시 이루어지지 못할 것입니다.³

먼저 백성을 구제하고 폐단을 개혁하는 행정을 한 다음에 향약을 시행하소서.⁴

향약은 너무 빠릅니다. …… 양민이 위선이고, 교화는 다음에 해야 합니다. …… 덕으로 교화하는 것은 고량진미와 같은 것이지만, 비위(脾胃)가 극도로 손상되어 미음도 내려가지 않는다면 고량진미가 아무리 좋아도 먹을 수 없을 것입니다.⁵

위 이야기를 다시 정리하면, 향약은 원래 삼대의 법으로 이상적인 것이지만, 우리 현실에는 맞지 않는다는 것이다. 덕을 가지고 백성을 교화하는 것은 마치 고량진미를 먹이는 것과 같은데, 위가 약해서 미음도 먹을 수 없는 사람에게는 고량진미가 아무 소용이 없다는 것이다. 그만큼 현재 백성들의 삶이 힘들고 고달프므로 시급한 것은 백성들의 삶의 고통을 먼저 해결하는 것이고, 그다음에 교화를 시도하라는 것이다. 그래서 율곡은 양민이 우선이고, 교화는 다음이라는 것을 누누이 강조하고 있다.

율곡이 향약의 조속한 시행을 반대하는 이유 가운데에는, 향약을 운영할 지도자의 덕성이 중요한데, 당시의 형편으로는 그런 지도자를 구하기가 어렵다는 문제도 있었다. 그에 따르면, 송나라의 여씨(呂氏: 여대균(呂大鈞))나 주자도 향약의 강목(綱目)을 정비하여 뜻을 같이하는 사(士)와 더불어 실시한 데 불과했고, 소민(小民)에게는 실시하지 못했다는 것이다. 향약의 집행자인 약정(約正)이나 직월(直月)은 마땅한 사람을 얻기가 극히 어려워, 만약 동네 호강자(豪强者)들이 향약을 이용한다면 반드시 소민에게 해를 끼칠 것인데 그를 통제할 사람이 없다는 것이다. 따라서 무리하게 향약을 시행한다면 백성들은 더욱 곤궁하게 될 것이라는 것이 율곡의 판단이었다.[6]

또 향약을 실시하는 경우에도 그 방법과 목표는 우리나라 형편에 맞게 해야 하므로 주자가 만든 여씨향약을 그대로 전국에 시행하는 것은 안 되고, 대신과 유신들이 시행 절목을 다시 만들어 시행해야 한다는 것을 강조하고 있다. 여기서 주자가 증손한 여씨향약은 잘 알려진 바와 같이 덕업상권(德業相勸), 과실상규(過失相規), 예속상교(禮俗相交), 환난상휼(患難相恤)의 네 분야로 구성되어 있는데, 구체적인 절목은 우리나라 현실에 맞지 않는 내용이 적지 않다.

율곡이 이렇게 향약에 대해 조심스러운 태도를 보인 것에는 중종 때 조광조 일파가 성급하게 전국적으로 향약을 실시하다가 기묘사림의 몰락과 더불어 중단된 것도 큰 경험으로 작용했다. 왜냐하면 향약이 오히려 지방 세력가들이 백성을 탄압하는 수단으로 악용되는 폐단이 생겼기 때문이었다.

위와 같은 사정을 고려하여 율곡이 추구하는 향약은 크게 세 가지 문제를 전제 조건으로 삼았다. 하나는 앞에 말한 것처럼 생활이 어려운 백성들이 사방으로 흩어지고 있는 상태에서 도덕적 교화가 실효를 거둘 수 없다는 것이다. 또 하나는 향약이 단순한 도덕적 교화만을 목표로 해서는 안 되고 백성들의 경제적 고통을 완화하는 데 도움을 주는 방향으로 방법과 목표가 수정될 필요가 있다는 것이다. 그리고 세 번째는 지방에서 양심적으로 향약을 지도할 수 있는 덕망 있고 양심적인 지도자가 나와야 한다는 것이었다.

율곡이 생각하기에 조광조가 한 것처럼 주자가 만든 여씨향약을 우리나라에 그대로 적용하는 것은 문제가 있기 때문에 조선의 현실에 맞는 새로운 향약의 모델을 만들어야 했다. 이런 문제의식에서 율곡은 자신이 목사(牧使)의 행정을 맡았던 청주(淸州; 서원(西原))와 자신이 은퇴하여 살고 있던 해주의 여러 지역에서 지역 특성에 맞는 향약을 스스로 창안하여 운영했다. 이를 연대순으로 소개하면 다음과 같다.

1 26세, 1560년(명종 15년) | 파주향약서(坡州鄕約序)
2 36세, 1571년(선조 4년) | 서원향약(西原鄕約)
3 42세, 1577년(선조 10년) | 해주향약(海州鄕約)
4 42세, 1577년(선조 10년) | (해주 야두촌) 사창계약속(社倉契約束)
5 43세, 1578년(선조 11년) | 해주일향약속(海州一鄕約束)

여기서 1560년에 쓴 「파주향약서」는 율곡이 아직 벼슬길에 나가기 전인 26세 때 만든 것이다. 향약의 구체적인 내용은 알 수 없으나, 파주 수령으로 부임한 변협(邊協)이 향인(鄕人) 유지들과 의논하여 여씨향약을 참고하여 만든 것인데 절목은 많이 다르다고 한다.[7] 어쨌든 율곡은 이 향약이 만들어진 것을 큰 행운으로 생각하여 서문을 지었다. 이를 보면 율곡은 이미 젊었을 때에도, 자신이 직접 향약을 만들지는 않았지만, 향인의 의견을 들어 현실에 맞게 만든 향약에 대해서는 호의적인 입장을 지니고 있었음을 알 수 있다.

율곡이 직접 만든 향약은 모두 네 종류로서 첫 번째는 자신이 목사로 있던 청주에서 만든 서원향약인데 청주의 면(面; 장(掌))과 이(里)를 망라하는 향약이라는 점이 특징이다. 그러니까 청주목 전체를 포괄하는 향약으로서 규모가 크기 때문에 그 책임자인 도계장(都契長)을 네 명 두어 집단 지도 체제로 운영하는 것이 다른 향약과 다르며, 중요한 범죄자에 대한 처벌은 수령(목사)에게 맡기고 있다는 점에서 실제로는 관주도형 향약이라고도 볼 수 있다.

두 번째 향약은 율곡이 은퇴하여 복거하고 있던 해주에서 만든 것이다. 해주향약은 고려의 유신 최충을 모시고 있는 문헌서원의 유생을 중심으로 운영되는 향약이다. 사창제(社倉制)를 서원과 연계시켜 유생들의 경제적 상부상조 기능을 강화하고, 유생의 도덕적 언행의 함양을 목표로 만들어진 것이 특색으로서 관(官)과 민(民)의 관계는 그다지 중요한 의미를 갖지 않는다.

세 번째 사창계약속은 율곡의 주거가 있던 야두촌의 촌민을 대상으로 한 향약으로서 경제적 상부상조를 통한 민생 안정에 역점을 두고 사창제와 연계시켜 향약을 운영했다는 점이 특이하다. 이는 민생이 안정되지 않으면 교화가 효과를 볼 수 없다는 율곡의 시각이 그대로 반영된 것이다.

네 번째 향약인 해주일향약속은 해주목의 반관반민(半官半民) 자치 기구인 향소(鄕所)를 중심으로 운영되는 향약이다. 덕망 있는 사족(士族) 지도자가 향소를 하부 집행 기구로 흡수하여 자율적으로 관과 민의 중간에 서서 관이 민을 보호하고, 민이 관을 도와주면서 스스로 도덕적 규범을 높여갈 수 있도록 조정자 역할을 하는 기구라고 할 수 있다.

율곡이 만든 네 개의 향약은 지역적 특성과 참가자의 신분에 맞추어 만든 것으로 각기 독특한 개성을 지니고 있다. 이제 율곡향약의 구체적 내용을 차례로 소개하기로 한다.

○○ 청주 목사로서 만든 서원향약

서원향약은 율곡이 36세에 청주 목사로 재직 중이던 1571년(선조 4년)에 청주목을 대상으로 시행한 향약이다. 이보다 앞서 목사 이증영(李增榮)이 처음으로 시행하고, 그 뒤 목사 이인(李遴)이 증손한 향약에 율곡이 다시 여씨향약을 참고하여 보탤 것은 보태고 뺄 것은 빼어 만든 것이다. 서원향약의 중요한 절목을 소개하면 다음과 같다.

1_ 향약의 임원

도계장(都契長) | 4명

계장(契長) | 25명(청주목 25개 장(掌; 면(面))마다 1명씩)

동몽훈회(童蒙訓誨) | 1명

색장(色掌) | 각 이(里)마다 1명(양천(良賤)을 가리지 않고, 부지런하고 착한 사람을 택함)

별검(別檢) | 각 이마다 1명(양천을 가리지 않고, 부지런하고 착한 사람을 택함)

여기서 최고 지도자에 해당하는 도계장이 네 명으로 집단 지도제의 모습을 띠고 있는 것이 우선 눈에 띈다. 목의 하부 행정 기관인 25개의 면에도 계장을 두고, 면의 하부 기관인 이에도 색장과 별검의 임원을 두고 있는데, 이들은 신분적으로 양인과 노비를 가리지 않고 부지런하고 착한 사람을 뽑는다는 것이 주목된다. 노비에게도 향약의 하부 책임을 맡기고 있는 것은 율곡이 노비를 어떤 시각으로 바라보고 있는가를 단적으로 드러낸다.

2_ 선행과 악행에 대한 규약

향약은 착한 일을 권장하고 악한 일을 징벌하는 데 목표를 둔 것이므로 서원향약에도 당연히 선행과 악행에 대한 규정이 있으며, 이를 기록한 선적(善籍)과 악적(惡籍)을 만들어 놓고 이에 따라 상과 벌을 주도록 했다.

선악의 내용에는 오륜과 관계되는 도덕규범뿐 아니라, 국가에 대한 조세 부담, 경제적 상부상조, 강자와 약자의 상호 존중, 그리고 교육과 독서의 권장 등이 포함되어 있다. 여기서 악행에 대한 항목만을 소개하면 다음과 같다. 선행은 악행의 반대이기 때문에 생략하기로 한다.

1. 불효부자(不孝不慈) | 부모에 대한 효도와 자식에 대한 자애가 없음.
2. 불우부제(不友不悌) | 형제간에 우애가 없음.
3. 불경사부(不敬師傅) | 제자가 스승을 존경하지 않음.
4. 부부무별(夫婦無別) | 부부간에 구별이 없음.
5. 소박정처(疎薄正妻) | 정처(正妻)를 소박함.
6. 붕우무신(朋友無信) | 붕우 간에 신의가 없음.
7. 임상불애(臨喪不哀) | 장례 때 슬픔을 보이지 않음.
8. 불경사사(不敬祀事) | 제사를 지내지 않음.
9. 숭신이단(崇信異端) | 이단의 학문을 숭상함.
10. 경멸예법(輕蔑禮法) | 장례 때 술을 마심.
11. 호작음사(好作淫祀) | 미신(무속)을 좋아함.
12. 족류불목(族類不睦) | 친족 간에 화목하지 못함.
13. 인리불화(隣里不和) | 이웃 간의 불화.
14. 소능장(少凌長) | 어린 사람이 연장자를 능멸함.
15. 천능귀(賤凌貴) | 천한 사람이 귀한 사람을 능멸함.
16. 종주도박(縱酒賭博) | 폭음과 도박.
17. 호송희투(好訟喜鬪) | 소송과 싸움을 좋아함.

18 시강능약(恃强凌弱) | 강자가 약자를 능욕함.
19 조언무훼(造言誣毁) | 명예 훼손.
20 불근조부(不謹租賦) | 탈세 행위.
21 불외법령(不畏法令) | 국가의 법령을 무시함.
22 영사태심(榮私太甚) | 관리가 공(公)을 빙자하여 사(私)를 추구함.
23 협기연음(挾妓宴飮) | 관리가 기생을 끼고 음주함.
24 태타폐사(怠惰廢事) | 관리의 게으름으로 일을 폐기시킴.

여기에 소개된 24개의 악행 가운데 소박정처, 불경사부, 종주도박, 협기연음, 불근조부 등은 여씨향약에는 보이지 않으며 조선적 현실을 반영하는 것으로 볼 수 있다. 특히 소박정처를 악으로 본 것은 그 당시 사회가 부인을 남자의 노예처럼 생각했다는 우리의 편견과 다르다.

전체적으로 보면 국가의 법령과 신분 질서를 준수하면서도 강자가 약자를 능멸하는 것이나 관리의 부정을 용납하지 않음으로써 공동체의 평등과 평화를 가져오려는 의도가 강하게 반영되어 있다.

3_ 향약 운영 규정

서원향약에는 향약 운영 규정을 따로 만들어 놓았는데, 이를 소개하면 다음과 같다.

1 향약 참가자들은 매년 4맹삭(1월, 4월, 7월, 10월)마다 적당한 날을 잡아 모여 회의를 갖는다.

2 동네에서 상(喪)을 당하면 색장과 별검이 유사(有司)에게 알려 동약인(同約人)들이 각자 쌀 1승(升; 되)과 빈 가마니 1장씩을 내어 부조한다.(단, 가난하여 부조할 수 없는 사람은 신역(身役)으로 대신한다.) 매장을 할 때에는 각각 장정(壯丁) 1명을 내어 도와주고, 사족(士族)의 역(役)이 많을 때에는 전군(全軍)을 지급하고, 역이 적을 때에는 절반을 지급하며, 그 나머지 역을 지지 않는 사람들은 각각 쌀 1승씩을 거두어 준다.

3 상사(喪事)로 모일 때에는 술을 마시지 않으며, 이를 어길 때에는 예법을 경멸한 죄로 논한다.

4 부득이 천장(遷葬)을 할 때에는 그 사유를 관에 알리고, 만약 풍수에 미혹되어 천장하거나 기한이 지나도 매장하지 않으면 이단을 믿는 죄로 논한다.

5 연장처녀(年壯處女)가 너무 가난하여 시집을 가지 못하고 있을 때에는 관에 보고하여 비용을 지급하고, 약중(約中)에서도 적당히 부조한다.

6 온 가족이 병이 들어 농사를 폐기한 자는 이(里)에서 각각 노동력을 내어 경운(耕耘)을 도와준다.

7 30세 이하자로서 문관도 아니고 무관도 아닌 자는 모두 『소학』, 『효경(孝經)』, 『동자습(童子習)』 등의 책을 읽도록 하며, 읽지 않는 자는 벌을 준다.

8 쟁송이 있는 자는 모두 계장유사(契長有司)에게 가서 잘잘못(곡직(曲直))을 판단하는데, 계장유사는 잘못된 사람을 깨우쳐 주어 쟁송을 그치게 한다. 만약 계장유사가 혼자 판단하기 어려우면 약중

의 사류(士類)에게 알려 회의를 열어(타원으로서 3인이 모이면 논의가 가능하다.) 곡직을 판단하여 깨우쳐 주는데, 잘못한 사람이 끝까지 쟁송을 그치지 않으면, 비리로 쟁송을 좋아하는 죄로 논한다.(죄가 중하면 죄를 주고, 가벼우면 악적에 기록한다.) 만약 향중(鄕中)에서 스스로 판단하기 어려우면 관에 고발하는 것을 허락한다.

9 태(笞) 40대 이하의 죄를 지은 사람은 계장유사가 스스로 결정하고, 40대를 넘을 때에는 관에 알린다.

10 관리(官吏)와 관노(官奴) 등으로서 동네를 돌아다니면서 물건을 청구하면서 폐를 일으키는 자, 또는 권농(勸農)과 색장 등으로서 촌민(村民)을 침탈하는 자는 하나하나 모두 적발하여 관에 알려서 죄를 다스린다.

11 좀도둑은 적발하는 대로 죄를 준다.

12 이유 없이 소를 잡는 자는 죄를 주고, 부득이한 이유로 소를 잡는 자는 사유를 갖추어 계장에게 알린다.

13 죄가 없는 사람이 억울하게 무고를 입어 형륙(刑戮)을 받게 되면 동약인이 연명하여 관에 알리고 신원한다.

14 수칙(修飭)을 꺼려 향약에 참여하지 않는 자, 또는 향약을 어기고 과오를 저지르고도 깨우치지 않는 자는 관에 알려 죄를 준 뒤에 출향(黜鄕)시킨다.

15 범죄자를 즉시 처벌해야 할 경우에는 4맹삭의 모임을 기다리지 않고 수시로 벌을 논할 수 있다.

16 관에 알려야 할 일은 4맹삭의 모임이 아닐 때에는 약중의 여러 사람들에게 알려 타원 3인이 모인 뒤에 논의하여 관에 보고한다.

17 도계장은 1년에 한 번씩 각 면의 계장유사들을 한 곳에 모이게 하여 약법(約法)을 의논한다.

18 계장유사가 만약 공(公)을 빙자하여 사(私)를 도모하거나, 분명치 않은 부정을 저지를 때에는 도계장이 관에 알려 바꾸게 하며, 색장과 별검이 죄를 지을 경우에는 각 장내(掌內)의 계장유사가 그 잘못을 규찰하고 심하면 바꾼다.

19 도계장이 만약 관에 알려야 할 일이 있으면, 불시에 서로 알려 모임을 가져야 한다.(도계장 4명 가운데 2인이 참여하면 관에 알릴 수 있다.)

20 각 장내에서 계장과 향소(鄕所)가 서로 통해야 할 경우에는 관자(關子)를 사용하고, 도계장과 통해야 할 경우에는 첩정(牒呈)을 사용한다. 도계장은 향소와 문자로 통하지 않는다.

이 운영 규정에서 눈에 띄는 것은 상장(喪葬)에 대한 상부상조, 연장처녀에 대한 결혼 지원, 농사에 대한 공동 지원이다. 또 가벼운 범죄자에 대한 처벌은 자율적으로 벌을 주되 죄가 무거울 경우에는 관에 고발하여 법으로 처리하도록 한 것, 교육과 독서에 대한 권장, 그리고 계장이나 색장, 별검 등 임원의 잘못에 대한 처벌 규정까지 마련되어 있다는 점도 주목된다. 전체적으로 보면 서원향약은 관과 민이 협동해서 운영하는 반관반민적(半官半民的) 공동체 규약이라고 할 수 있다.

4_ **향회독약법**(鄕會讀約法)

서원향약에는 회원들이 정기적으로 모여 향회(鄕會)를 열고 향약을 읽고 토론하는 시간을 갖는데, 여기에 필요한 규약이 정해져 있다. 이를 소개하면 다음과 같다.

1   4맹삭마다 유사색장(有司色掌)이 회문(回文)을 만들어 별검으로 하여금 동약인들에게 알려 모두 모이게 하는데, 봄과 겨울에는 각자 술과 과일을 가지고 오고, 여름과 가을에는 다만 점심만 지참하게 하여 민폐를 끼치지 않도록 한다.

2   모임에 앉는 자리의 순서는 계장유사가 동쪽 벽에, 나머지 임원은 서쪽 벽에 나이순으로 앉는다. 이는 평상시의 좌차(坐次: 자리에 앉는 순서)와 같다.

3   서인(庶人) 이하는 모두 남쪽에 앉는데, 서인으로 직(職)이 있는 사람(교생 등)은 앞줄에 앉는다. 사족(士族)의 서얼은 별도로 한 줄을 만든다. 서인으로 직이 있는 사람은 동쪽에 앉되 서쪽을 위로 하며, 사족의 서얼은 서쪽에 앉되 동쪽을 위로 하여 양두좌(兩頭坐)를 만든다.

4   향리(鄕吏)는 두 번째 줄에 앉는데 동쪽을 위로 한다. 서인으로 직이 없는 사람과 공사천인(公私賤人)은 끝줄〔末行〕에 앉는데, 서인은 동쪽에 앉아 서쪽을 위로 삼으며, 공사천인은 서쪽에 앉아 동쪽을 위로 삼는데 나이순으로 앉는다.

5   색장은 서인으로 직이 있는 사람의 줄에서 별도의 자리에 앉는데, 동쪽에 있다. 별검은 향리의 줄에서 별도의 자리에 앉는데 동쪽에 있으며 서쪽을 위로 한다. 만약 서류(庶流) 가운데 노인당상(老人堂上)이 있으면 서쪽 벽의 뒷줄에서 별도의 자리에 앉는다.

6 회의에 모이면 유사가 큰 소리로 약조(約條)를 읽고, 색장은 선적과 악적을 모두에게 보이고, 소문이 서로 다르면 다시 논의하여 바로잡는다. 일이 끝나면 유사가 일어나서 착한 일을 한 사람을 불러내 앞에 있는 별도의 자리에 앉히고 모두 추장(推奬)하고 권면(勸勉)한다. 또 악한 일을 한 사람을 불러내 죄가 가벼운 사람은 질책하여 반성한 다음에 악적에서 명단을 지우고, 죄가 크면 적당한 벌을 내린다. 일이 끝나면 약조의 뜻을 강론하여 서로 규계(規戒)한다.
7 1년에 한 번씩 도계장은 회문(回文)을 보내 각 장의 계장유사, 색장, 별검을 한곳에 모으는데, 앉는 자리는 도계장이 동쪽 벽에, 여러 계장 이하는 서쪽 벽에 나이순으로 앉으며, 색장과 별검은 남쪽 줄에 앉는데, 색장이 앞줄, 별검이 뒷줄에 앉으며, 모두 동쪽을 위로 한다. 자리가 정해지면 유사가 선적과 악적을 도계장에게 바쳐 모두 보도록 하고, 보는 것이 끝나면 서로 논의하여 선악이 두드러져 관에 알려야 할 자, 각 면(面)의 계장유사로서 약조를 잘 지키고 풍속을 잘 바꾼 자, 그리고 사사롭게 폐단을 일으킨 자를 상세히 관에 알린다.
8 타인의 일을 관에 보고할 때에는 도계장과 그 면의 계장유사가 함께 서명하고, 만약 계장유사의 일을 보고할 때에는 도계장만이 서명한다.

여기서 향회에 참석하는 사람은 도계장을 비롯한 계장유사, 색장, 별검 등 임원과 서인으로서 직이 있는 자, 서인으로서 직이 없는 자, 사족의 서얼, 향리, 그리고 공사천인이 모두 포함되어 있다. 서원향약은 말하자면 신분을 초월한 지역 공동체의 성격을 띠고 있음을 알 수 있다.

○○ 문헌서원 유생을 대상으로 한 해주향약

해주향약은 율곡이 42세 되던 1577년(선조 10년)에 처가가 있고, 또 율곡의 거처가 있던 황해도 해주에서 만든 향약으로 최충을 모신 문헌서원 유생들을 대상으로 운영되었다는 것이 가장 중요한 특징이다. 해주향약에는 20개조의 입약범례(立約凡例)가 있고, 네 항목의 향약절목(鄕約節目)이 있다. 네 절목은 덕업상권, 과실상규, 예속상교, 환난상휼로 되어 있는데, 이는 여씨향약을 증손한 것으로 절목의 구체적인 내용이 매우 다르다. 역시 조선의 현실, 특히 해주 지방의 특성을 고려하여 율곡이 독창적으로 만든 것이다.

1_ 입약범례

해주향약에는 입약범례가 있는데 모두 20개조에 이른다. 그 요지를 소개하면 다음과 같다.

1 처음에 향약을 만들 때에는 약문(約文)을 동지들에게 보여 마음과 몸을 조심하고 개과천선하여 약계(約契)에 참가할 뜻이 있는 자를 택하여 약간 명이 서원에 모여 약법을 의논하여 만들고, 도약정(都約正)과 부약정(副約正) 및 직월(直月)과 사화(司貨) 등 임원을 뽑

는다.

2 나이도 있고 덕과 학술이 있는 한 사람을 여러 사람이 추대하여 도약정으로 삼고, 학행이 있는 자 두 명을 부약정으로 삼는다. 직월은 반드시 노복이 있는 자를 뽑고, 사화는 반드시 서원 유생으로 삼는데, 도약정과 부약정은 유고(有故)가 없는 한 바꾸지 않으며, 직월은 매번 모일 때마다 바꾸고, 사화는 1년마다 바꾼다.

3 처음 입약할 때 모두 서원에 모여 선성(先聖)과 선사(先師)에게 예를 올린다. 다만 자세한 절차는 생략한다.

4 뒤에 들어오기를 희망하는 자는 원참하는 문서를 미리 바쳐 여러 사람이 동의하면 허락한다.

5 동약인들은 매년 1월, 3월, 5월, 7월, 9월, 11월 초하루날에 모이는데, 초하루날에 일이 있으면 초순 안에 모인다. 그 밖에 경조(慶弔)할 일이 있을 때에는 임시로 날짜를 정하고 모인다.

6 모일 때 유고가 있어 참석하지 못할 때에는 미리 그 사유를 적어 그날 아침에 자제나 간노(幹奴)를 시켜 직월에게 알리면 직월이 모든 사람에게 보여 준다. 만약 핑계를 대고 나오지 않으면 직월이 약정에게 알려 범약(犯約)으로 논한다. 먼 곳에 사는 사람은 단자를 내지 않아도 된다.

7 선적과 악적은 참약한 뒤부터 기록하고, 그 이전에 있었던 과실은 모두 씻어 준다. 악적에 오른 자는 명백하게 개과해야 모든 사람이 동의하여 이름을 삭제한다. 선적에 오른 사람은 과오가 있어도 지우지 않는다. 반드시 부모에게 불효하고, 형제에게 불우(不友)하고, 범금(犯禁)을 음간(淫姦)하고, 탐오하여 몸을 더럽힌 경우에만

선적에서 이름을 뺀다.

8 직월은 동약인의 선악의 행동을 들으면 그 사실을 자세히 조사하여 기록해 두었다가 모이는 날 여러 사람들에게 알린다. 만약 직월이 알고도 알리지 않으면 약정과 부약정이 범약으로 논한다. 약원으로서 악적에 세 번이나 기록되어 지워지지 않았는데도 잘못을 고치지 않으면 출약(黜約)시킨다. 출약자가 잘못을 고치면 다시 입참시킨다.

9 처음 향약에 참여하는 사람은 면포(綿布)와 마포(麻布)를 각각 1필, 쌀 1두씩을 내어 사화에게 보내 서원에 보관하고 재직(齋直)가운데 근간한 사람에게 출입을 맡겨서 뒷날 경조사의 구휼 비용으로 삼는다. 또 매년 11월 모임 때 쌀 1두를 내어 사화에게 맡겨 용도(用度)로 사용하고, 쓰고 남는 것이 있으면 백성들에게 대여하여 사창법(社倉法)처럼 10분의 2의 이자를 받는다. 만약 용도가 부족하면 적당한 양을 더 내어 보충한다. 포(布)는 대여하지 않으며 쓰다가 부족하면 또 1필을 내어 보충한다. 만약 쌀이 점점 쌓이면 포를 사서 보관하고, 몇 년 지나 저축이 많아지면 약원이 포를 내지 않아도 된다.

10 경사(慶事)는 정도를 헤아려 많을 때는 면포 5필, 쌀 10두를 부조하고, 정도가 조금 낮을 때에는 면포 3필, 쌀 5두를, 정도가 작을 때에는 면포 1필에 쌀 3두를 부조한다. 과거 시험에 급제한 것은 대례(大禮)로 취급하고, 생원과 진사에 급제한 경우는 그다음으로, 그 밖에 관례라든가 첫 벼슬, 품계 승진의 경우는 소례(小禮)로 취급한다. 혼례의 경우는 면포 3필과 쌀 5두를 도와준다.

11 약원이 죽었을 경우에는 물건을 부조하거나 역(役)을 도와준다. 부물(賻物)은 사화가 약정에게 알려 마포 3필을 보내고, 동약인들이 쌀 5승과 빈 가마니 3장씩을 보내 도와준다. 또 제사를 지낼 때에는 사화가 소장한 면포 5필과 쌀 10두를 내어 보내 주고, 매장할 때에는 각각 장노(壯奴) 1명씩 차출하여 3일간 식량을 가지고 가서 일을 도와준다. 한편, 약원의 부모가 죽었을 경우에는 마포 2필을 보내 주고, 약원들이 각각 쌀 3승과 빈 가마니 2장씩을 보내 주며, 제사 지낼 때에는 면포 3필과 쌀 5두를 보내 주고, 매장할 때에는 각각 장노 1명이 2일간의 식량을 가지고 가서 도와준다. 만약 약원의 처자가 죽었을 경우에는 마포 1필을 보내고 약원들이 각각 쌀 1승과 빈 가마니 1장씩을 도와준다.(10세 미만의 자식은 부조하지 않는다.) 제사 지낼 때는 면포 1필, 쌀 3두를, 매장할 때에는 각각 장노 1명이 하루 식량을 가지고 가서 도와준다.

12 실화(失火)로 집을 태웠을 때는 약원들이 각각 이엉 3편과 재목 2조(條)를 내고 장노 1명씩 차출하여 3일간 식량을 가지고 가서 집짓기를 도와준다.

13 약원이 상을 당해 제사를 지낼 때는 약원들이 각각 쌀 3승과 술, 반찬, 떡, 과일을 미리 가지고 가서 도와준다.

14 약원이 고향에 살지 않을 경우에는 경조(慶弔)를 만났을 때 직접 가서 도와주지 못하므로 사람을 보내 연명으로 된 글을 보낸다. 만약 대과(大科)에 급제했을 경우에는 면포 5필을 주고, 생원 진사에 급제했을 때는 면포 3필을 준다. 그 밖의 작은 경사에는 축하하는 글만 보낸다. 고향에 살지 않는 약원이 죽었을 때는 면포 5필과

마포 3필을 보내고, 부모가 죽었을 때는 면포 3필과 마포 2필을 보내며, 처자가 죽었을 때는 면포와 마포 각 1필을 보낸다.

15 이향(異鄕)에 사는 약원이 길흉의 소식을 들으면, 형편에 따라 문서 또는 인편으로 축하하거나 위로한다. 만약 약원 본인이 죽었을 경우에는 스스로 제물을 가지고 가서 제사하고, 매장이 끝난 뒤라면 반드시 묘소에 가서 제문(祭文)을 읽는다.

16 이향에 사는 약원은 매년 쌀을 낼 수 없으므로 3년마다 면포 1필, 그다음 3년에는 마포 1필을 교대로 낸다.

17 회의를 소집하고, 물건을 모으고 일을 도와주는 일은 모두 직월이 담당하는데, 직월은 사화와 더불어 서명을 한 후 부정(副正)의 서명을 받고 나서 약정(約正)의 서명을 받은 후에 일을 집행한다. 만약 직월이 법대로 일을 하지 않으면 부정이 규찰하고, 부정이 규찰하지 않으면 범약으로 논한다.

위에 소개한 해주향약의 입약범례를 보면 주로 약원의 경조사를 물질적으로 또는 노동력으로 도와주는 것이 주목적인 것을 알 수 있다. 여기서 경사는 과거 급제, 관례, 혼례 등이고, 조사(弔事)는 상장(喪葬)과 화재(火災)가 핵심인 것을 알 수 있다. 향약의 주체가 서원의 유생들이기 때문에 참여자의 신분이 단순하고 경조사도 단순한 것을 알 수 있다.

2_ 시행 절목

해주향약의 시행 절목은 여씨향약의 규정인 덕업상권, 과실상규, 예속상교, 환난상휼의 네 가지를 담고 있는데, 구체적인 절목은 여씨향약과 매우 다르다. 이를 구체적으로 소개하면 다음과 같다.

먼저, 덕업상권에서는 덕(德)에 20개 항목이 있고, 업(業)에 20개 항목이 있다. 먼저 20개 항목의 덕은 다음과 같다.

부모에 대한 효도〔孝於父母〕
국가에 대한 충성〔忠於國家〕
형제에 대한 우애〔友于兄弟〕
어른에 대한 존경〔弟于長上〕
도(道)로 몸을 다스림〔治身以道〕
예(禮)로 가정을 바르게 함〔正家以禮〕
충신(忠信)으로 말하기〔言必忠信〕
독경(篤敬)으로 행동하기〔行必篤敬〕
분노와 욕심을 버리기〔懲忿窒慾〕
성색(聲色)을 멀리하기〔放聲遠色〕
착한 일은 반드시 행하기〔見善必行〕
잘못을 알면 반드시 고치기〔聞過必改〕
제사는 정성을 다하기〔祭盡其誠〕
상(喪)에는 슬픔을 다하기〔喪致其哀〕
친족과 화목하고, 이웃과 친하기〔睦族交隣〕
벗으로는 어진 이와 사귀기〔擇友親仁〕
자식을 교육하기〔敎子有方〕
아랫사람을 법도로 거느리기〔御下有法〕

가난해도 염치를 지키기〔貧守廉介〕
부유해도 겸손하기〔富好禮讓〕

그리고 덕업상권에서 20개 항의 업은 다음과 같다.

책을 읽고 이치를 궁리하기〔讀書窮理〕
예를 익히고 도리를 밝히기〔習禮明數〕
집안을 엄숙하게 하기〔能肅家政〕
세금 부과를 조심하기〔能謹課程〕
구차스럽게 집안을 경영하지 말기〔營家不苟〕
물건을 베풀어 착한 일을 하기〔濟物行仁〕
약속과 신의를 실천하기〔能踐約信〕
남의 청탁을 잘 들어주기〔能受寄託〕
어려운 사람을 구해 주기〔能救患難〕
시혜를 넓게 하기〔能廣施惠〕
사람을 착한 데로 인도하기〔能導人爲善〕
남의 과실을 바로잡기〔能規人過失〕
남을 위해 일을 꾸미기〔能爲人謨事〕
많은 사람을 위해 일을 모으기〔能爲衆集事〕
투쟁을 잘 해결하기〔能解鬪爭〕
시비를 옳게 판결하기〔能決是非〕
이(利)를 일으키고 해를 없애기〔能興利除害〕
벼슬에 나아가 직을 잘 수행하기〔能居官擧職〕

나라의 법령을 두려워하기(能畏法令)

나라의 조세를 성실히 바치기(能謹租賦)

두 번째는 과실상규로, 과실에는 여섯 가지가 있다.

1   희희무도(嬉戱無度) | 술마시며 떠들고, 다투고, 기생이나 창기를 가까이하고, 바둑이나 장기를 즐기는 것들이다.

2   분쟁투송(忿爭鬪訟) | 작은 일로 다투고, 갑자기 분노하고, 남을 욕하고 때리고, 관청에 고소하고, 그만둘 수 있는 일을 그만두지 않는 것 등이다.

3   행다유위(行多踰違) | 몸가짐이 조심스럽지 못하고, 복장을 풀고 다니고, 윗사람을 모멸하고, 강함을 믿고 사람을 능멸하고, 자신을 높이고 남을 얕보고(참약자(參約者)가 참약하지 않은 자를 경시하는 것도 자고비인(自高卑人)이다.) 가정을 다스리는 데 법도가 없고, 부부가 너무 교태를 부리거나 너무 소박하고, 과오를 알아도 고치지 아니하고, 남의 충고를 들으면 더욱 기승하는 일 등이다.

4   언불충신(言不忠信) | 말에 진실성이 없고, 남을 속이고, 단점과 과오를 감추고, 다른 사람이 충고하는 것을 싫어하고, 직월에게 청탁하여 과오를 기록하지 못하게 하고, 다른 사람을 희롱하고, 남과 약속하고 물러나서는 식언하고, 거짓말을 퍼뜨려 여러 사람을 현혹시키고, 앞에서는 옳다 말하고 돌아서서는 나쁘다고 말하는 등 언어가 좋지 않은 일들이다.

5   영사태심(營私太甚) | 다른 사람과 교역할 때 남에게 손해를 끼치

고 자신은 이득을 취하고, 남에게서 취하는 것에만 힘쓰고 도와주지는 않으며, 촌민이나 산사의 승려를 침탈하고, 남의 기탁을 받고 속이거나, 남의 뇌물을 받고 관청에 청탁을 하거나 벼슬아치가 되어 깨끗하지 못하는 등의 일을 말한다.

6 　불척이단(不斥異端) | 가정에서 음사(陰祀; 미신)를 숭상하고, 술가(術家)의 풍수설에 현혹되어 조상의 무덤을 천장하거나 매장하는 시일을 끌고, 창진(瘡疹)으로 제사를 하지 않는 등의 일이다.

과실상규에는 또 불수지과(不修之過)가 다섯 가지 있다.

1 　교비기인(交非其人) | 행실이 좋지 않은 사람과 사귀는 것이다.
2 　낭유타업(浪游惰業) | 남의 집에 이유 없이 찾아가거나 드나들고, 학문과 사업을 좋아하지 않고, 가사(家事)를 다스리지 않고, 문 앞이 더러운 일 등이다.
3 　동작무의(動作無儀) | 걸음걸이가 공손하지 못하고 편안하지 못하며, 손을 휘젓고 어깨를 부딪치며, 의관이 너무 화려하거나 비뚤어져 있거나, 허리띠를 매지 않았거나, 사람을 보면 떠들고 웃거나 말해야 할 때 말하지 않거나, 말하지 말아야 할 때 말하거나 하는 등의 일이다.
4 　임사불각(臨事不恪) | 모일 때 날짜를 잊어버리고 늦게 오거나, 거짓말로 핑계 대고 참석하지 않거나, 나라에 세금을 내지 않거나 하는 등의 일이다.
5 　용도부절(用度不節) | 재력을 헤아리지 아니하고 과도하게 지출

하거나, 망령되이 술잔치를 베풀어 안빈(安貧)하지 않거나 불법으로 재물을 구하거나 하는 등의 행동이다.

위에 소개한 과실이 있을 때에는 약원들이 서로 충고하고, 작은 일이면 조용히 충고하고, 큰일이면 여러 사람이 훈계하고, 도정과 부정과 직월에게 알려 주의를 주며, 그래도 듣지 않으면 약원이 모이는 날 직월이 약정에게 고해 약정이 의리로써 깨우쳐 주고, 사과하고 개과하기를 청하면 기록해 두었다가 기다린다. 끝까지 개과하지 않으면 약원에서 뺀다.

세 번째로 예속상교에는 네 가지 항목이 있는데, 존유배행(尊幼輩行), 조청배읍(造請拜揖), 청소영송(請召迎送), 경조증유(慶弔贈遺)가 그것이다. 그런데 각 항목마다 작은 절목들이 있다. 아래에 소개하기로 한다.

1 존유배행(尊幼輩行) | 존유배행에는 다섯 등급이 있다. 자기보다 20세 이상자를 존자(尊者)라고 부른다. 아버지뻘이다. 그런데 사제지간에는 나이가 비록 높지 않더라도 존자로 대접한다. 자기보다 10세 이상자를 장자(長者)라고 부른다. 형뻘이다. 만약 장자가 아버지처럼 보이거나, 동장(洞長)이거나, 어려서부터 존경하던 인물이거나 덕이 큰 인물이거나 하면 마땅히 존자로 대접해야 한다. 나이 차이가 10년 미만이면 적자(敵者)로 대접한다. 자기보다 10세 이하자는 소자(少者)로 대접한다. 자기보다 20세 이하자는 유자(幼子)로 대접한다. 다만 나이가 비록 어려도 덕위(德位)가 있어 높일 수 있는 자는 적자로 대접해야 한다.

2 　조청배읍(造請拜揖) | 조청배읍에는 세 가지 조목이 있다. 첫째, 유자는 존자에게 세배를 드려야 하고(1월 3일을 넘기지 말것), 멀리 떠날 때 인사를 드려야 하고, 다녀와서 알현하고, 경사가 있으면 찾아가서 축하를 드리고, 찾아오시면 찾아가서 감사를 드리는데 모두 예현(禮見)으로 한다. 인사를 드릴 때에는 명함을 갖추고, 단령(團領; 옷깃이 둥근 모양)을 입고, 가죽신을 신고 혁대를 두른다. 만약 병이 있을 때에는 편지를 써서 보낸다. 이 밖에 문안을 드린다든가, 일을 여쭈어 본다든가, 불러서 가는 경우에는 모두 연현(燕見)으로 하는데, 의복이나 신발을 한 단계 낮추어도 된다.

　소자는 장자에게 새해 인사와 경사 때 인사, 그리고 찾아오실 때 감사 인사를 드려야 하는데 모두 예현으로 한다. 명함을 갖추고, 단령이나 붉은 직령(直領; 옷깃이 직선 모양)을 입고 가죽신을 신어야 한다. 만약 연현으로 인사를 드릴 때에는 사복(私服; 직령이 아닌 옷)을 입어서는 안 된다.

　소자의 집에 경사가 있으면, 장자는 직접 가서 축하를 하는데, 붉은 직령을 입는다.

　적자는 세배와 축하, 그리고 감사의 인사를 서로 왕래하면서 나눈다.

　둘째, 유자는 존자를 알현할 때 문밖에서 말에서 내려 주인이 식사를 했는지 여부와 다른 손님이 있는지 등을 묻고 나서 이름을 알린다. 만약 방해가 되면 물러나 기다린다.

　주인은 장명자(將命者)를 먼저 보내 손님을 맞이하고 손님은 그를 따라 들어온다. 주인은 당상(堂上)에서 기다렸다가 객에게 읍하고 집에 오르도록 한다. 만약 예현일 경우에는 두 번 절한 뒤에 자리에 앉고, 연현일 경우에는 한 번 절한다. 유자가 절하면 주인은 엎드려 머리를 약간 숙인다. 물러날 때는 주인이 일어나 당상에서 손님을 배웅하고, 손님은 절을 한 뒤에 물러나 대문 밖에서 말을 탄다.

　소자가 장자의 집에 가면 주인이 장명자를 내보내 먼저 손님을 맞이하고, 주인은 계단으로 내려와 손님을 맞이하고, 읍하면서 마루로 오르도록 한다. 예현일 때는 재배하고, 연현일 때는 공손히 읍한다. 소자가 절을 하면 주인은 무릎을 꿇고 공손히 읍한다. 물러날 때에도 주인은 계단 아래로 내려와 송별한다.

　적자를 만날 때는 주인이 중문(中門)까지 나와 손님을 맞이하며, 주인이 동계(東階)로 오르면 손님은 서계(西階)로 오른다. 예현일 경우에는 서로 재배하고, 연현일 경우에는 서로 읍하고 자리에 앉는다.

　장자가 소자의 집에 가면 주인은 의관을 갖추고 기다리다가 문밖에서 맞이하여 안내하며 나갈 때는 손님이 문밖에서 말을 탄 뒤에 집으로 들어간다. 존자가 유자의 집에 갈 때에는 주인은 의관을 갖추고 중문에서 기다린다. 손님이 떠날 때 주인은 손님이 말을 타고 100여 보를 간 뒤에 집으로 들어간다.

　길에서 존자나 장자를 만났을 때, 모두가 걸어갈 경우에는 쫓아가서 절을 하고, 존자가 말을 걸면 대답하고, 말을 하지 않으면 절만 하고 물러나서 길 아래 서 있다가 존자가 지나간 뒤에 길을 간다. 만약 모두가 말을 타고 갈 경우에는 반드시 피하고, 피할 수 없을 경우에는 말에서 내려 기다렸다가 존자가 수십 보를 지나간 뒤 말을 타고 떠난다.

적자를 길에서 만나면 모두 말을 타고 갈 경우에는 길을 나누어 서로 읍하고 지나가며, 한 사람이 걸어갈 경우에는 걷는 사람이 피하고, 피할 수 없는 경우에는 말을 탄 사람이 말에서 내려 서로 읍하고 지나간다. 두 사람이 모두 걸어갈 때에는 서로 읍하고 지나간다.

3 청소영송(請召迎送) | 존자에게 음식을 청할 때에는 반드시 단자(單子)를 갖추어 찾아가서 청한다. 장자를 초대할 때에는 단자만 보낸다. 존장자가 돌아가면 반드시 이튿날 직접 가서 감사드린다.

모임을 가질 때에는 나이순으로 자리에 앉는데, 만약 서얼이거나 사족(士族)이 아닐 경우에는 따로 서열을 정한다. 사족이 아니더라도 학행이 뛰어난 자는 나이순으로 자리를 정하고, 벼슬이 높은 자는 나이순으로 하지 않고 별도의 순서를 정한다.

4 경조증유(慶弔贈遺) | 문과에 급제했거나, 생원과 진사시에 급제했거나, 첫 벼슬에 나갔거나, 당상관으로 승진했거나, 관례를 치렀거나 하면 모두 축하를 하고 물건을 주는데, 정도에 따라 폐백의 수량을 정한다. 혼례의 경우에는 가지 않더라도 물건으로 도와주고, 집안이 가난하면 동약인이 기용(器用)을 도와준다. 흉사(凶事)는 상사나 수재 또는 화재를 말하는데, 상사 때는 직월이 즉시 약원에게 알려 상가에 가서 곡하고 조문한다. 검은 모자에 흰옷, 검은 혁대를 띠고 간다.

마지막 환난상휼에는 일곱 가지 일이 있는데, 바로 수화(水火), 도적(盜賊), 질병(疾病), 사상(死喪), 고약(孤弱), 무왕(誣枉), 빈핍(貧乏)이다. 그 요지는 다음과 같다.

1 수재와 화재|정도가 작으면 사람을 보내 구제하고, 가업(家業)이 모두 없어진 경우에는 많은 사람을 이끌고 가서 구제하고 위로한다. 만약 식량이 떨어졌으면 모두 의논하여 재화로써 구제해 준다.

2 도적|가까운 자는 힘을 합쳐 붙잡고, 힘이 있는 자는 관청에 고한다. 그 집이 가난하면 재화를 거두어 구제한다.

3 질병|가벼우면 사람을 보내 위문하고 심하면 의약을 구해 준다. 온 가족이 병들면 노비와 소를 내어 농사를 도와준다. 병작(竝作)을 하는 경우에는 튼튼하고 믿을 만한 사람을 택하여 보내 준다.

4 사상|부조를 하는데, 매우 가난한 사람은 일상적인 부조 이외에 재화를 거두어 도와준다.

5 고약|약원이 죽고 나서 어린 자식이나 고아가 있을 경우 집안이 풍족하면 친족 가운데서 믿을 만한 사람을 택하여 도와주도록 하고, 친족이 없으면 약원 가운데 친절한 사람이 보살펴 주도록 한다. 만약 집안이 가난하면, 약원이 협력하여 도와주고 만약 고약자를 괴롭히는 자가 있으면, 여러 사람이 협력하여 판결해 준다. 고약자가 조금 크면 사람을 택하여 교육을 시키고, 혼인을 구할 때 행동이 방자하면 이를 살펴서 검속하게 하여 불의에 빠지지 않도록 한다.

6 무왕|무왕은 남의 모함을 받는 일로서, 본인이 신원할 수 없으면 관부에 알려 말해 주기도 하고, 다른 방략이 있으면 그 방법으로 해결해 준다. 혹시 무왕으로 생활이 어려우면 약원이 재화를 모아 구제해 준다.

7 빈핍|약원 가운데 안빈수분(安貧守分)하여 생계가 너무 어려워

식량이 떨어지는 경우가 생기면 재화를 모아 구제해 주며, 혼기를 놓친 처녀가 있으면 약원들이 연명하여 관청에 호소하여 구제를 받도록 한다.

3_ 회집독약법(會集讀約法)

해주향약의 약원들이 모여 약법을 읽고 강독하는 모임의 형식을 기록한 것이 회집독약법이다. 그 요지를 소개하면 다음과 같다.

1년에 네 번 문헌서원에 모여 약법을 강론하는데, 정월과 7월 모임에는 각자 술과 과일, 그리고 점심 쌀을 가지고 와서 사화(司貨)에게 맡기면 재직(齋直)을 시켜 밥을 지으며, 그릇이나 반찬 등은 모두 서원의 도움을 받지 않는다. 다만 술을 마실 때는 재직이 술을 데워 주고, 서원의 술잔을 빌려 주는데 그친다. 이를 어기면 범약으로 논한다.

1월과 7월 이외의 모임에는 오직 점심만 가져오고, 술과 과일은 지참하지 않는다. 술과 과일은 직월이 관장한다.

모이는 날에는 도약정, 부약정, 직월이 단령을 입고 혁대를 두르고 가죽신을 신으며, 유생의 경우는 두건을 쓰고 단령을 입고 혁대를 두르고 가죽신을 신는다. 먼저 나이순으로 동재(東齋)에 가서 절하고 읍한다.

강당에는 공자의 위패를 북벽에 안치하고, 안자(顔子), 증자(曾子), 자사(子思), 맹자의 위패는 동벽에 안치하고, 주자, 정호, 정이, 주자의 위패는 서벽에 안치한다. 문헌공묘(文憲公廟)도 문을 열고 청소하고 향로와 향합을 설치한다.

약원들은 모두 약정이나 직월과 같은 복장을 하고 나이순으로 서서 서로 인사를 나누는데, 벼슬이 높은 사람은 장자와 동급으로, 존자보다는 아래에 위치한다. 존자와 장자는 동쪽에 서고, 적자와 소자는 서쪽에 서 있으며, 유자와 서얼은 남쪽에 선다. 약원의 자제들은 비록 향약에 들지 않았더라도 들어와서 구경할 수 있으며 점심을 지참하고 딴 곳에서 먹는다.

도약정이 동쪽 계단으로 올라가 향을 올리고 내려오면 마당에 있는 자들은 모두 재배한다. 선성에 대한 예가 끝나면 문헌공묘에 가서 향을 올리고 재배한다. 서얼은 유자와 동급으로 예를 올린다. 앉을 때에도 서얼은 유자와 동급으로 남행(南行)에 앉는다.

약원들이 예를 마치고 앉으면, 직월이 큰 소리로 약문을 읽는다. 그다음 선자(善者)를 여러 사람이 칭찬하고, 과자(過者)는 직월이 충고한다. 약정은 그 실상을 여러 사람에게 알리고 다른 의견이 없으면 직월에게 명하여 적(籍)에 기록한다. 직월은 선적을 읽고, 집사(執事; 유자(幼者))에게 명하여 과적을 기록하게 한 후 여러 사람에게 보인 다음 음식을 먹고 재(齋)로 돌아가서 잠시 쉰다.

잠시 쉰 뒤에 다시 모여 행기(行己)의 중요성이나 약중의 일들을 의논하고, 또는 경서(經書)의 내용을 질의하기도 하는데, 그 밖에 귀신에 대한 이야기나 조정과 주현(州縣)의 잘잘못에 대한 이야기, 다른 사람의 잘못에 대한 이야기 등은 하지 않는다. 웃고 떠드는 자는 직월이 충고하고 잘못을 바꾸지 않으면 적에 기록한다.

회의는 저녁에 끝난다.

이상 해주향약의 특징은 앞에서 말한 바와 같이 문헌서원의 유생들을 중심으로 운영되는데, 신분적으로는 사족과 서인, 그리고 서얼이 모두 포함된다. 약법은 도덕적인 행동을 담은 덕업상권과 예속상교가 중심을 이루고 있으나, 환난상휼에 대한 조항도 있어서 경제적으로 상부상조하는 내용도 많이 담고 있다.

○○ 야두촌 촌민을 대상으로 한 사창계약속

사창계약속은 율곡의 처가가 있는 곳이면서 율곡이 은퇴하여 가장 많이 지낸 곳인 야두촌의 촌민을 대상으로 하는 향약이라는 점이 특색이다. 내용은 입약범례와 약속으로 구성되어 있다. 입약범례는 15개조이고, 약속은 덕업상권, 과실상규, 예속상교, 환난상휼의 네 항목으로 되어 있다.

1_ 입약범례
15개조에 달하는 입약범례의 요지를 소개하면 다음과 같다.

1 여러 사람들이 한 사람을 추대하여 약장(約長)으로 삼고, 또 한 사람을 부약장(副約長)으로 삼으며, 교대로 일을 맡을 사람 두 명을 뽑아 유사로 삼는다. 약장과 부약장은 사고가 없는 한 바꾸지 않으며, 유사는 1년을 임기로 한다.

2 서인과 천인 가운데 적당한 사람을 뽑아 장무(掌務) 1명, 고직

(庫直) 2명, 사령(使令) 4명을 둔다. 장무와 사령은 유사의 명령을 집행하고, 고직은 창곡을 지키는 일을 맡는다. 장무와 사령은 1년마다 바꾸고, 고직은 3년마다 바꾼다.

3 5가(家)를 오(伍)로 삼아 오장(伍長; 임기 1년)을 두고 선악의 행동과 질병 및 환난을 관찰하는데, 길흉과 관련된 일은 반드시 유사에게 알린다.

4 사인(士人) 가운데 교훈(敎訓)을 뽑아 이웃에 있는 서인과 천인으로서 글을 모르고, 법을 모르는 사람을 가르친다. 매달 한 번씩 이들을 모아 약법을 해석하여 자세히 알려 준다.

5 선적과 악적을 기록하는 것은 유사가 관장하고, 향약을 강신(講信)할 때마다 약장에게 보고하며, 모든 사람에게 물어서 동의하면 치부(置簿)를 다시 한다.

6 선악의 기록은 향약 후의 일만 기록하고, 향약 이전의 행동은 모두 씻어 버린다. 악적은 본인이 과오를 반성한 것이 분명해진 뒤에 모든 사람이 동의하면 이름을 삭제한다. 선적은 비록 과오가 있어도 지우지 않으며, 반드시 불효불우(不孝不友)하거나 음간장오(淫姦臟汚; 음탕하고 뇌물을 받음)등의 대단한 패륜이 있을 때에만 선적에서 지우고 향약에서 축출하며, 관청에 보고하여 죄를 다스린다.

7 향약에 들어오기를 원하는 자는 반드시 20리 이내에 거주하는 자만 허용한다.(사창의 거리 때문이다.)

8 매년 봄과 가을에 약원들이 모여 강약(講約)한 후 상벌을 논한다. 각자 술과 과일을 지참한다. 유사는 약원의 제삿날을 미리 만들어 약장과 부약장에게 보고하고, 회문을 만들어 사령(使令)이 약

원들에게 알려 제삿날에는 흰 단령을 입고 참석한다.

9 무릇 공적인 일은 약장, 부약장, 유사가 관장하며, 아무나 시비를 마음대로 결정하면 벌을 내린다.

10 약원 가운데 나이가 제일 많은 사람을 존위(尊位)로 삼고(5명 이내), 큰일이 생기면 약장이 유사로 하여금 존위를 찾아가 의논하여 결정한다.

11 모이는 날이 아닐 때 공적인 일로 의논할 일이 있으면 부약장과 유사가 약장을 찾아가 의논하여 처리한다.

12 매년 10월에 약원들은 조미(租米) 1두를 내는데(하인은 5승을 낸다.), 유사와 장무가 이를 받아서 고직에게 주어 사창에 보관한 다음에 구급용으로 사용한다.

13 매년 4월 1일부터 오장은 5가 안에서 소와 말을 방목하는 것을 금한다.

14 약원이 모일 때 큰 사고로 참석할 수 없을 때는 단자를 만들어 약장에게 바치는데, 하인은 대신 소지장(所志狀; 청원서)을 바친다. 만약 핑계로 참석하지 않거나 연고를 알리지 않는 자는 범약으로 논한다.

15 강신하거나 치하(致賀)를 할 때에는 단령을 입고, 조위(弔慰)를 표할 때는 흰 직령을 입는다.

여기서 눈에 띄는 것은 약장, 부약장, 유사는 사족이 맡지만, 장무, 고직, 사령 등 향약의 실무자는 서인과 천인 가운데서 선발하여 모든 신분이 참여한다는 것과 향약과 사창을 연결하여 경제적 상부상조에 역점을 두고 있다는 점이다.

2_ 약속(約束)

사창계약속의 약속은 4개조로 구성되어 있는데, 덕업상권, 과실상규, 예속상교, 환난상휼이 그것이다. 이는 여씨향약의 내용을 참고한 것이지만 시행 절목은 그것과 매우 다르다.

먼저, 덕업상권에는 31개조의 절목이 들어 있는데, 그 요지를 소개하면 다음과 같다.

1 효어부모(孝於父母) | 진실된 마음으로 부모를 사랑하고, 맛있는 것을 얻으면 모두 부모에게 바치고, 부모의 뜻을 따르고 거역하지 않으며, 항시 공경하고 순하게 응대하며, 재산을 아끼지 않고 부모를 위해 쓰며, 부모가 병이 들면 근심하는 마음으로 약을 구하여 진심으로 치료하며, 부모가 세상을 떠나면 슬픔을 극진히 하고, 예로써 장례를 치르며, 정성으로 제사하는 일이다. 서인이나 천인은 부모의 기일에 지방(紙榜)을 써서 제사하고, 네 명일(名日)에는 묘소에 가서 제사하며, 묘소가 없을 때는 지방을 써서 제사한다. 그 밖의 효도는 사족과 같다.

2 충어국가(忠於國家) | 충(忠)이란 정성을 다하여 임금을 섬기며, 벼슬할 때는 공익(公益)을 받들고, 제 몸을 잊어버리고 나라를 돕는 일이다. 하인은 상전을 정성으로 섬기며, 조금이라도 상전을 속이면 안 된다. 시키는 일은 속히 집행하고 근고(勤苦)를 꺼려서는 안 된다. 얻는 물건이 있으면 반드시 상전에게 바치는 것도 충이다.

3   우우형제(友于兄弟) | 우(友)는 동생(同生; 형제)끼리 서로 사랑하고, 가진 것과 없는 물건을 서로 나누고, 음식을 얻으면 반드시 나누어 먹고, 모든 일을 서로 구조(救助)하여 한 몸과 다르지 않아야 함을 이른다.

4   제우장상(弟于長上) | 연장자를 공경하여 20세 이상의 장자를 만나면 반드시 절을 하고, 10세 이상의 장자를 만나면 감히 '너'라고 불러서는 안 된다. 하인도 연장자를 만나면 그와 같이 해야 하며, 사족을 만나면 아는 사람이건 모르는 사람이건 반드시 절을 하고, 언어를 공손하게 하며, 말을 타고 가면 반드시 내려서 길가에서 엎드리며, 모든 일에 게으르지 않아야 하며, 동계인(同契人)이 아니라 하더라도 똑같이 해야 한다.

5   남녀유례(男女有禮) | 부처(夫妻)가 서로 공경하고, 서로 싸우거나 다투지 않으며, 지나친 애정 표현을 하지 않으며, 소박(疎薄)하지도 않아야 한다. 하인은 남의 처녀를 음간해서는 안 되며, 마을의 남녀들이 길에서 만나면 서로 피해서 가야 하며, 서로 친압(親狎; 애정 표현)해서는 안 된다.

6   언필충신(言必忠信) | 말에는 반드시 충(忠)과 신(信)이 있어야 한다.

7   행필독경(行必篤敬) | 행동에는 반드시 돈독(敦篤)과 공경(恭敬)이 있어야 한다.

8   징분질욕(懲忿窒慾) | 분노를 징계하고 욕심을 억눌러야 한다.

9   견선필행(見善必行) | 선(善)을 보면 반드시 실천해야 한다.

10   문과필개(聞過必改) | 과오를 들으면 반드시 고쳐야 한다.

11   목족교린(睦族交隣) | 친족과 화목하고 이웃과 친해야 한다.

12 교자유방(敎子有方) | 자식은 반드시 선행(善行)으로 가르쳐 몸을 깨끗이 하고 일을 부지런히 해야 한다. 놀이를 좋아하지 말고, 남과 다투면 잘잘못을 가리지 않고 반드시 자식을 꾸짖어야 한다.

13 어하유법(御下有法) | 아랫사람을 거느리는 데 법도가 있어야 한다.

14 빈수렴개(貧守廉介) | 가난해도 염치와 절개를 지켜야 한다.

15 부호예양(富好禮讓) | 부유해도 예양을 좋아해야 한다.

16 불탐타물(不貪他物) | 다른 사람의 물건은 터럭만큼이라도 욕심을 내면 안 되고, 길에 버려진 물건이 있으면 반드시 주인을 찾아 주어야 한다.

17 능근사공(能勤事功) | 자기 일이든 남의 일이든 진심으로 힘을 쓰고, 태만하거나 소홀하게 하면 안 된다.

18 능천약신(能踐約信) | 향약의 약속을 실천해야 한다.

19 능수기탁(能受寄託) | 남의 기탁을 받아들여야 한다.

20 능구환난(能救患難) | 남의 환난을 구제해야 한다.

21 능광시혜(能廣施惠) | 시혜를 넓혀야 한다.

22 능도인위선(能導人爲善) | 다른 사람을 선으로 인도해야 한다.

23 능규인과실(能規人過失) | 다른 사람의 과실을 충고해야 한다.

24 능위인모사(能爲人謀事) | 다른 사람을 위하여 일을 도모해 주어야 한다.

25 능위중집사(能爲衆集事) | 여러 사람을 위해 일을 모아야 한다.

26 능해투쟁(能解鬪爭) | 투쟁을 해결해야 한다.

27 능결시비(能決是非) | 시비를 판결해야 한다.

28 능흥리제해(能興利除害) | 이(利)를 일으키고 해를 없애야 한다.

29 능거관거직(能居官擧職) | 벼슬하면서 직책에 충실해야 한다.
30 능외법령(能畏法令) | 나라의 법령을 두려워해야 한다.
31 능근조부(能謹租賦) | 나라에 세금을 성실하게 내야 한다.

 이상 덕업상권에서 주목되는 것은 1에서 5에 이르는 덕업 가운데 천인이나 하인에 대한 조목이 들어 있다는 점이다. 예를 들어 천인도 제사를 지내야 한다는 내용이 보이고, 충(忠)이라는 덕업이 백성과 임금의 관계만이 아니라 상전과 하인 간에도 적용되는 덕목으로 언급된다. 바로 이 점이 노비 제도를 지니고 있는 조선과 그렇지 않은 중국의 차이점이고, 그런 조선적 현실이 율곡의 향약에는 반영되어 있다.
 사창계약속의 두 번째 조목인 과실상규는 위에 소개한 덕업과 반대되는 행동 양식으로 볼 수 있는데, 구체적으로 말하면 몸가짐이 성실하지 못한 것, 윗사람을 섬김에 예의가 없는 것, 아랫사람을 거느릴 때 은혜가 없는 것, 약령(約令)을 지키지 않는 것 등이다. 그 가운데 큰 과악자(過惡者)나, 여러 차례 벌을 주었으나 잘못을 뉘우치지 않는 자, 약령을 깨는 자는 모두 관에 고발하여 죄를 다스리고, 뒤에 사창계에서 축출하고 계원(契員)이 상종하지 않는다.
 과악 가운데 가장 큰 과악은 부모에게 불효하는 자, 부모와 시부모를 구타하는 자, 하인으로서 상전을 배역하는 자, 형제간에 화목하지 않는 자, 동생이나 형 및 3촌, 5촌숙부를 구타하는 자, 하인으로서 사족을 능욕하거나 구타하는 자 등이다.
 과악자에 대한 벌은 상벌(上罰), 차상벌(次上罰), 중벌(中罰), 차중벌

(次中罰), 하벌(下罰) 등 5등급이 있는데, 각 등급에 대한 벌은 다음과 같다.

먼저 상벌은, 사류인 경우에는 뜰에다 세워 놓았다가 회의가 끝난 뒤에 그친다. 음식을 먹을 때는 다른 자리의 말석에 앉아 먹게 한다. 장자인 경우에는 만좌(滿座) 앞에서 책(責)한다. 하인의 경우는 태(笞) 40대를 때린다. 상벌을 받는 자는 악적에 기록하는데, 뉘우치지 않고 원망하는 자는 계약(契約)에서 내쫓는다. 상벌에 해당하는 과악은 다음과 같다.

1 부모에게 얼굴을 붉히면서 힐난하는 자.
2 3촌숙부와 동생, 형에게 욕질을 하는 자.
3 부모의 가르침과 명을 따르지 않는 자.
4 부모는 가난하고 자식은 부자인데 부모를 봉양하지 않는 자.
5 부모가 세상을 떠나고 나서 슬퍼하지 아니하고, 한 달 안에 술을 마시는 자. 이상 다섯 가지 과악이 있으면, 약장 이하가 무시로 모여 본인을 불러서 책망하고, 과오에 대한 반성을 청하면 상벌을 내린 뒤에 적에다 기록하고, 만약 불복하고 과오를 인정하지 않으면 관에 고하여 죄를 다스린다.
6 상을 치르면서 술에 취하고, 제사를 공경으로 거행하지 아니는 자.
7 하인으로 기제(忌祭)나 묘제(墓祭)를 거행하지 않는 자.
8 5촌숙부 및 외삼촌 종형에게 욕질하는 자.
9 하인이 상전 앞에서 언사가 공손하지 못하고, 밖에 나가서 상

전을 비방하고 다니는 자.

10 장자를 부축하여 붙잡고 있다가 손을 놓는 자.

11 하인의 처로서 남편을 구타하는 자. 때려서 상처를 내는 자는 관에 고발한다.

12 죄도 없는데 처를 구타하여 상처를 낸 자.

13 정처를 소박하는 자. 잘못을 뉘우치지 않는 자는 관에 고발한다.

14 연장자로서 이유 없이 때려서 상처를 낸 자.

15 연소자로서 이유 없이 때려서 상처가 없는 자.

16 나이가 비슷한 자로서 이유 없이 때려서 상처를 낸 자.

17 남의 처나 여자를 몰래 간음하면 관에 고발하고, 잘못을 뉘우치고 벌을 받기를 원하는 자는 상벌을 준다.

18 남의 물건을 훔치거나 좀도둑질을 한 자. 그 물건을 주인에게 돌려주고 뉘우치지 않는 자는 관에 고발한다.

19 소와 말을 논과 밭에 풀어 놓기를 세 번이나 행한 자. 곡식이 이미 성숙했으면 적당량을 주인에게 지급해 준다.

20 비리로 소송을 좋아하는 자.

21 죄 없는 사람을 무고하여 헐뜯는 자.

22 이단을 숭상하고 음사(淫祀)를 행하는 무녀(巫女).

23 다른 사람과 산승(山僧)의 물건을 침탈하는 자.

24 공(公)을 빙자하여 민폐를 일으키는 자.

25 약장이나 유사가 아니면서 마음대로 시비를 논하고 여러 사람의 마음을 불안하게 만드는 자.

26 약령을 세 번 위반한 자. 네 번 위반한 자는 관에 알려 죄를

다스리고 계약에서 축출하며, 유사가 범약한 횟수를 기록하여 강신할 때마다 참고하게 한다.

그다음 차상벌은, 사류인 경우는 만좌 앞에서 책한다. 장자인 경우는 반으로 줄인다. 하인은 태 30대를 때린다. 차상벌에 해당하는 행위는 다음과 같다.

1 부모가 보는 자리에서 다리를 뻗고 앉아 있는 자. 시부모에 대해서도 같다.
2 소나 말을 타고 부모가 보는 곳을 지나가는 자.
3 상전의 교령(敎令: 가르침과 명령)을 순종하지 않고, 상전의 명령을 행하면서 정직하지 못하게 속여서 이익을 취하는 자.
4 3촌숙부, 동생, 형에게 얼굴을 붉히면서 힐난하는 자.
5 연소자로서, 이유는 타당하지만 연상자를 때려서 상처를 내지 않은 자.
6 이유는 타당하지만 나이가 비슷한 사람을 때려서 상처를 낸 자.
7 사인(士人)으로서 나이가 비슷한 사람을 붙잡고 구타한 자.
8 타인의 도망 노비를 유인하여 데려오고, 황당한 사람과 접촉한 자.
9 타인의 물건을 훔쳤거나 좀도둑질을 한 자로서 죄가 가벼운 자.
10 소와 말을 두 번에 걸쳐 논과 밭에 풀어서 기른 자.
11 죄 없는 사람을 무고하여 헐뜯은 자로서 죄가 가벼운 자.
12 사람을 모아 서로 싸움을 붙인 자.

13 이단을 숭상하고, 음사를 행한 자.

14 남의 과실을 보고 정직하게 충고하지 아니하고, 스스로 의논을 비난하여 혐극을 만드는 자.

15 충고를 듣는 것을 싫어하는 자.

16 모든 일을 따라 하지 않으면서 행동하는 자로서 정도가 가장 심한 자.

또 중벌은, 사류인 경우는 서벽(西壁) 이상 앞에서 책한다. 장자는 반으로 줄인다. 하인은 태 20대를 때린다. 중벌에 해당하는 죄는 다음과 같다.

1 상전이 보는 앞에서 소나 말을 타고 지나가는 자.

2 사족 앞에서 하인으로서 언사가 공손하지 않은 자.

3 5촌숙부 및 외삼촌, 종형과 얼굴을 붉히면서 서로 힐난하는 자.

4 3촌숙부 및 형이 보는 곳에서 다리를 뻗고 앉아 있거나 소나 말을 타고 지나가는 자, 언사가 공손하지 않은 자.

5 장자에게 욕질을 하는 자.

6 형이 사사로운 혐의로 동생을 때리고, 가르쳐 깨우쳐 주지 않는 자.

7 죄 없는 아내를 때리는 자.

8 아내로서 여러 사람 앞에서 남편을 매도하는 자.

9 처자를 가르치지 아니하여 악한 일을 하게 만드는 자로서 죄가 무거운 자.

10 친족과 화목하지 못하고 서로 다투고 힐난하는 자.

11 남의 처녀와 서로 붙잡고 애정을 표현하는 자.

12 연장자가 연하자를, 이유는 타당하지만 상처가 나도록 때린 자.

13 사인으로서 하인을 사사로이 때리는 자. 중상을 입힐 경우에는 관에 고발한다.

14 사인장자(士人長者)로서 어린이를 때린 자.

15 소와 말을 논과 밭에 방목하기를 처음으로 한 자.

16 소송을 좋아하여 하지 않아도 좋을 소송을 하는 자.

17 남의 도랑물을 훔치고 남의 땅의 경계를 침범하여 농사짓는 자.

18 언어가 진실하지 않은 자.

19 사람을 모아 서로 다투게 만드는 자로서 죄가 가벼운 자.

20 스스로 편리한 것을 차지하고 사적인 이득을 심하게 추구하는 자, 남의 이해를 구휼하지 않는 자.

21 뇌물을 받고 간청하는 자.

22 조부(租賦)를 성실하게 내지 않고 시일을 늦추는 자.

23 여러 사람이 모일 때 행동이 단정치 못하고 떠들고 웃으며, 우스갯소리로 사람을 희롱하며, 아름답지 못한 말을 발설하는 자로서 죄가 무거운 자.

24 사창의 곡식을 납부할 때 진실하지 않은 자.

25 논의를 할 때 공평하지 못한 자.

26 사령, 장무, 고직으로서 유사에게 알리지 아니하고, 교령을 따르지 않는 자.

27 하인으로서 상전에 대해 불평한 일이 있을 때 유사에게 알리

지 않고, 스스로 원망스러운 말을 하고 다니는 자.

28 일체를 따라 하지 않으면서 행동하는 자로서 죄가 중간 정도인 자.

29 두 번에 걸쳐 약령을 따르지 않은 자.

위 중벌의 죄악 가운데 상전이 하인을 사사로이 구타했을 때 중벌을 받도록 하고, 중상을 입혔을 때에는 관에 고발하여 벌을 받도록 한 것이 특히 주목된다. 우리가 흔히 상식으로 생각하는 것과는 달리 하인의 신체와 인권을 보장하려는 배려가 보이기 때문이다.

그다음 차중벌은, 사류의 경우 존위 및 유사 이상 앞에서 면책한다. 장자는 자리에서 나와 벌주 한 잔을 받는다. 하인은 태 10대를 맞는다. 차중벌에 해당하는 죄는 다음과 같다.

1 하인으로서 사족을 보고서도 절을 하지 않는 자, 소와 말을 타고 가면서 내리지 않는 자, 사족이 보는 곳에서 두 다리를 뻗고 앉은 자.

2 외삼촌, 5촌숙부, 종형이 보는 곳에서 다리를 뻗고 앉아 있거나 소와 말을 타고 지나가는 자, 언사가 공손하지 않은 자.

3 동리의 남녀로서 무례하게 애정을 표현하고, 음란한 말을 하는 자.

4 연장자가 연하자를 이유 없이 때려서 상처가 없는 경우.

5 나이가 비슷한 사람끼리 상처 없이 때린 경우.

6 사인으로서 나이가 비슷한 사람들이 서로 욕질하는 자.

7   술에 취하여 남을 매도하는 자.

8   너무 인색하여 기구를 서로 빌려 주지 아니하고, 모든 일이 너무 야비하고 속된 자.

9   남에게 악담을 말하는 자로서 정도가 무거운 자.

10 두승(斗升)을 줄여서 쓰는 자.

11 유사로서 일을 제대로 감당하지 못하는 자, 타인을 검거(檢擧)하지 못하는 자, 배우지 못한 하인을 가르치고 훈계하지 못하는 자, 오장으로서 5가 안의 선악과 길흉을 알리지 않는 자.

12 모든 일을 따라 하지 않으면서 하는 자로서 죄가 가벼운 자.

13 약령을 한 번 따르지 않은 자.

마지막 하벌은 사류의 경우 자리에서 나와 술 한 잔을 벌로 마신다. 장자는 자리에서 나와 규책(規責)을 받는다. 하인은 하인이 모이는 곳에서 면책받는다. 다만 나이가 많은 존자는 과오가 있으면 자제가 대신 벌을 받을 수 있으며, 자제가 없으면 노(奴)에게 태형을 가한다. 존자와 장자는 약장의 나이를 기준으로 따진다. 하인이 나이가 많거나 질병이 있어서 태형을 받기 어려운 경우에는 벌주로 대신할 수 있는데, 태 10대를 속주(贖酒) 1분(盆)으로 계산한다. 하벌에 해당하는 죄는 다음과 같다.

1   장자가 보는 곳에서 두 다리를 뻗고 있거나 소와 말을 타고 지나가거나, 언사가 공손하지 못한 자.

2   처자를 제대로 가르치지 않아 악한 행동을 하게 만든 자로서

죄가 가벼운 경우.

3 연장자가 타당한 이유로 연하자를 구타했으나 상처가 나지 않은 경우.

4 게을러서 일을 하지 않고 놀면서 세월을 보내는 자.

5 용도(用度)를 절제하지 못하여 스스로 가난을 불러온 자.

6 여러 사람이 모인 자리에서 태도가 단정하지 못하고 웃고 떠들고 남을 희롱하고, 아름답지 못한 말을 하는 자로서 죄가 가벼운 경우.

7 모임에 늦게 도착하는 자.

하벌의 죄 가운데 특히 주목되는 것은 연장자가 연하자를 타당한 이유로 때릴 경우에도 벌을 받도록 한 규정이다.

위에 소개한 모든 과실에 대하여 동계인들은 서로 충고하고, 듣지 않으면 유사에게 알리고, 유사는 치부를 만들어 모이는 날 약장에게 알리고, 약장은 의리로써 깨우쳐 준다. 사과하고 뉘우치면 경중을 헤아려 벌을 주고, 상벌인 경우에는 과오를 기록하여 기다리고, 만약 따지면서 불복하면서 기록한 사람을 원망할 때에는 계약에서 축출한다.

하지만 과오가 있는 사람에게는 스스로 변명할 기회를 주어 말이 공손하고 이치에 맞으면 없는 일로 폐기하고, 만약 말을 꾸며 강변하는 경우에는 벌을 한 등급 올리고, 그래도 불복하면 계약에서 축출한다.

한편, 사창계약속의 세 번째 조목인 예속상교에서 요구되는 행동 규범은 다음과 같다.

1   나이가 20세 이상 되는 사람은 존자로 대접하고, 10세 이상 되는 사람은 장자로 대접하며, 길에서 계원의 존자를 만나면 말에서 내린다. 하지만 존자가 말을 타라고 강청하면 부복한 뒤에 말에 오른다. 모든 존자를 만났을 때는 반드시 절을 하고, 장자를 만났을 때에는 반드시 공손히 허리를 굽힌다.

2   계원 가운데 나이는 비록 높지 않더라도 덕위가 높은 사람은 존자로 대접하고, 존자 또한 항례(抗禮: 대등한 예)로 답한다.

3   세시(歲時)에는 계원들이 서로 찾아가서 세알(歲謁)을 드리는데 존자와 장자는 유소자(幼少者)의 집에 가지 않는다. 자녀들(손자와 손녀도 동일하다.)이 혼사를 할 때에는 쌀 3두를 보내 주고(하인은 반으로 줄인다.), 땔나무 1태(駄)를 준다. 하인은 땔나무를 내지도 않고 받지도 않는다. 남자는 신부례(新婦禮)를 행할 때 지급하고, 남자가 초례(醮禮)를 할 때에는 각자 거군(炬軍: 횃불꾼) 1명을 내어 스스로 횃불을 준비해 가지고 간다. 만약 계원이 10리 밖에서 살 때에는 쌀만 지급하고, 땔나무와 횃불꾼은 내지 않는다. 동거하는 동생이 혼인할 때에는 반으로 줄이고, 하인의 경우는 쌀 1두를 지급한다.

4   계원 가운데 나이가 80 또는 70세 이상이 되었거나 사마시에 급제했거나, 벼슬을 얻은 자가 있으면, 각자 술과 과일을 가지고 공처(空處)에 모여 축하한다. 하인은 해당되지 않는다. 하인의 나이가 70세 이상이 되면 하인들이 술과 과일을 가지고 가서 축하한다.

5   계원이 삼년상을 치르면 역시 축하하면서 위로한다. 하인이 삼

년상을 치른 경우에는 하인들이 모여 위로하고, 그 사실을 선적에 기록한다.

6 계원이 상을 당하면 계원이 모두 가서 조문한다. 하인의 상에는 하지 않는다. 만약 본인과 부모의 상을 당했을 때에는 상복을 입고, 영장(永葬)과 소상(小祥), 대상(大祥) 때 모두 가서 조위(弔慰)한다. 각자 힘에 따라서 많게는 5승 이내, 적게는 2승 이상의 쌀을 가지고 가서 도와준다. 유사는 쌀을 받아 상가(喪家)에 준다. 사고로 가지 못할 때에도 쌀은 보낸다. 하인은 쌀을 내지 않는다.

7 계원 본인이 죽었을 때에는 유사가 회문을 보내 각각 쌀 1승씩을 내고, 제물을 준비하고 제문을 써 가지고 함께 가서 제사를 지낸다. 하인은 해당되지 않는다.

8 무릇 상사(喪事)로 모일 때에는 술을 마시지 않으며, 상가에서도 주식(酒食)으로 손님을 대접하지 않는다. 길이 먼 경우에는 손님이 스스로 점심을 가지고 가는데, 이를 어길 때에는 손님과 주인을 모두 범약으로 논한다. 만약 상가에서 간단한 미죽이나 병과류(餠果類: 떡이나 과일)를 대접하는 것은 무방하다.

9 하인의 장례를 치를 때에도 술은 금지되고, 위반한 자는 범약으로 논한다. 하인은 삼우제를 지낸 뒤에 음주가 허용되며, 상인(喪人)은 한 달이 지나야 음주가 허용된다. 사인은 상중에 병이 아니면 술을 마실 수 없다.

위 예속상교에서 특히 주목되는 것은 하인도 장례를 치를 때 규범이 있다는 것과 삼년상을 치르면 선적에 기록한다는 점이다.

마지막으로, 네 번째 조목인 환난상휼에서 요구되는 규범은 다음과 같다.

1 큰 화재로 집과 자산이 소실되었을 경우에는 쌀 5두를 지급하는데, 하인은 반을 지급한다. 계원은 모두 각각 장정 1명을 내고, 하루 식량과 개초(蓋草; 짚으로 만든 이엉) 3편, 재목 1조(條), 새끼줄 10파(把; 다발)를 가지고 가서 일을 도와주는데, 하인은 반군(半軍)을 준다. 만약 집은 타 버렸으나 자산이 남아 있으면 물건만 가지고 가서 도와주고 쌀은 주지 않는다. 만약 집이 다 타 버리지 않았으면, 경중을 헤아려서 각각 빈 가마니 2장이나 1장을 지급한다. 만약 집이 조금만 타고 전가(全家)가 화재를 면했으면 지급하지 않는다. 또 화재를 만났을 때에는 동약인들이 상하를 막론하고 모두 달려가서 불을 끄는 일을 도와주어야 한다.
2 계약인이 도적을 만나면 함께 가서 구해 주고, 힘을 합쳐 도적을 잡고, 만약 재물을 모두 도둑맞았으면, 모두 쌀을 내어 지급한다. 그 수량은 임시로 정한다.
3 계약인이 질병이 있으면 병이 중한 경우에는 유력한 사람이 마땅한 약을 찾아 구조하고, 유사가 사령을 시켜 명(命)을 전한다. 만약 가족 전체가 질병이 생겨 농사를 폐업하게 되었으면, 동약인들이 적당한 노동력을 내어 농사를 지어 주어 기곤(飢困)을 면하게 해 준다.
4 계약인이 억울하게 누명을 쓰고 죄를 받게 되었는데도 스스로 억울함을 해명할 수 없을 때에는 동약인들이 연명(連名)하여 관에

알리고 죄를 벗어나게 한다.

5 계약인 가운데 연장처녀가 있는데 집이 가난하여 시집가지 못하고 있으면, 관에 알려 자장(資粧)을 달라고 요청하고, 계약인들도 적당하게 부조한다. 하인은 부조하지 않는다.

6 계약인 가운데 너무 가난하여 식량이 떨어진 자가 있으면 모두 협의하여 적당한 양의 식량을 내어 구제한다.

7 계약인 가운데 본인이 죽으면, 쌀 6두를 지급하고, 부모의 상을 당했을 때는 쌀 4두를, 처자의 상 및 동거 처부모의 상을 당했을 때는 2두를 지급한다. 하인은 반으로 줄인다. 본인 및 부모와 처자의 상, 처부모 상을 당했을 때는 장례를 치를 때 각자 장정 1명이 횃불 1자루와 초 1자루를 가지고 발인 전날 저녁에 가서 도와주고 저녁에 돌아온다. 사인에게는 전군(全軍)을 지급하고, 하인의 상에는 반군(半軍)을 지급한다. 하인이 만약 역가(役價)를 받기를 원하면 매 1인마다 쌀 1승을 내어 지급한다.

8 부자와 형제가 모두 계약에 참가한 경우에는 부조하는 쌀을 각각 따로 지급하는데, 일을 도와주는 것은 따로 하지 않는다.

9 계중(契中)에서 급한 일이 생긴 것을 계약인이 알면 오장의 보고를 받기 전에 급히 가서 도와주고, 여러 사람에게 알려 주어야 하며, 이렇게 한 사람은 선적에 기록한다.

10 강신할 때 연거푸 세 번이나 까닭 없이 불참하면 계약에서 축출한다. 비록 사유가 있더라도 세 번에 걸쳐 연거푸 불참하면 상벌을 내린다.

이상 환난상휼의 내용을 다시 요약하면, 환난이란 화재, 도적, 질병, 시집 못 간 처녀, 가난, 그리고 상장(喪葬) 등 여섯 가지 사건을 말한다. 여기서 특히 주목되는 것은 시집 못 간 처녀에 대한 배려인데, 이는 국가의 인구 증식 정책과 관련이 있다고 볼 수 있다.

3_ 사창법(社倉法)

해주의 야두촌 백성을 상대로 한 사창계약속에는 사창법이 첨가되어 있다. 향약 이름이 사창계약속으로 붙여진 것도 사창법과 향약이 연계되어 있기 때문이다.

사창법의 내용에는 11조가 있는데, 그 요지를 소개하면 다음과 같다.

1   사창곡(社倉穀)은 부약장과 유사가 그 출납을 관장하여 매년 나누어 주어 가난한 사람을 도와준다. 때에 맞추어 이자를 받는데, 1두마다 2승을 받으며, 곡식을 받고 주는 것을 공정하게 하고, 기록을 정확하게 하여 뒷말이 생기지 않도록 한다. 유사는 봄에 곡식을 대여하고, 가을에 곡식을 거두어들인 뒤에 바꾼다.

2   사창곡은 계약인이 아니면 받을 수 없다. 만약 절친한 사람이거나 노복(奴僕)으로서 계약에 참가하지 않은 사람이 곡식을 받기를 원하면 계약인이 그 사람 이름으로 곡식을 받게 하고 가을에 바치게 한다. 만약 그 사람이 곡식을 바치지 않으면 계약인이 대신 바쳐야 한다.

3   처음에 사창곡의 이자를 받기 전에는 매 1두마다 이자 3승을

받는데, 만약 풍년이 들었으면 계약인들이 10두의 곡식(벼, 좁쌀, 콩 등)을 바쳐서(하인은 5두를 바친다.) 창곡을 보충한다. 창곡이 넉넉해지면 곡식을 보충하지 않는다.

4 사창곡의 분급은 1월 11일부터 시작하여 매월 초1일, 11일, 21일에 행하는데 곡식이 다 떨어질 때까지 한다. 이날 부약장과 유사는 사창이 있는 곳에 가고, 사창곡을 받고자 하는 사람도 이날 가서 받는다. 사창곡을 다시 반납하는 것은 9월부터 시작하여 11월에 끝나는데, 역시 1일, 11일, 21일에 수납한다.

5 대여 곡식을 사창에 다시 수납할 때 10가(家) 가운데 한 사람이 통주(統主)로 임명되어 독촉하는 일을 맡는데, 성실하지 못한 자는 벌을 받는다. 통주 자신의 집과 통내의 5가가 모두 수납을 마치면 통주를 바꾸고, 미납한 사람을 통주로 임명하여 독촉하는 일을 맡긴다.

6 만약 11월이 지나도 곡식을 반납하지 않은 자는 상벌로 논하며, 그 통주도 중벌로 논한다. 만약 12월이 지나도 곡식을 반납하지 않으면 계약에서 축출하고 통주도 상벌로 논한다. 만약 반납한 곡식이 부실하면 경중에 따라 벌을 주고, 다시 바치도록 한다.

7 뒤에 계약에 들어오고자 하는 사람은 사창곡 2석을 바치고, 하인은 10두를 바친다.

8 계약인이 외지로 부임하는 경우에 감사는 목(木) 5필을 보내고, 수령은 목 3필을 보내 사창곡을 도와준다. 6개월 미만에 교체되는 경우에는 하지 않는다.

9 사창곡을 분급할 때에는 하루 전에 오장이 5가에서 받고자

하는 곡식의 수량과 어디에 쓸 것인가를 미리 알아 이튿날 아침에 부약장과 유사가 모이는 곳에 가서 알려 주면 부약장과 유사는 상의하여 그 수량을 정하여 분급한다.

10 사창에서 분급하는 곡식은 사채(私債)로 징수해서는 안 되며, 이를 어기면 범약으로 논한다.

11 취야정(翠野亭)의 지붕을 덮는 일은 동내(洞內)의 사인가(士人家) 들이 힘을 합하여 각각 개초(蓋草; 짚풀) 3편과 굵은 새끼줄 10파(把) 씩을 내어 지붕을 덮는다.

여기서 주목되는 것은 사창곡의 운영 방식으로, 처음에는 재원을 마련하기 위해 곡식 2석을 바치고(하인은 10두), 1년에 1두마다 3승의 이자를 받다가 원곡(元穀)이 불어나서 넉넉해지면 이자를 1두에 2승으로 줄인다. 사창곡은 봄에 대여를 받았다가 가을에 원곡과 이자를 합쳐 다시 반납하는 것인데, 그 목적은 춘궁기를 이겨 내기 위함으로 볼 수 있다. 또 사창곡은 사족뿐 아니라 하인도 출자하고 대여를 받을 수 있도록 했는데 하인은 사족의 절반만 투자한다.

4_ 모임의 자리 배치[會時坐次]

사창계약속에서는 회원들이 정기적으로 모일 때의 좌차가 정해져 있다. 이를 소개하면 다음과 같다.

1 나이가 가장 많은 존위는 북벽(北壁)의 서쪽에 앉는데, 동쪽을 위로 한다.

2 약장은 북벽의 동쪽에 앉는다. 만약 벼슬이 높은 사람(당상관 이상이거나 홍문관 및 대간을 가리킨다.)이 있으면 존위의 서쪽에 앉는다.

3 존자, 장자, 적자는 서벽에 앉는데, 북쪽을 위로 한다.(만약 서벽이 좁으면, 적자라도 남행(南行)에 앉는다.)

4 부약장과 유사는 동벽에 앉는데, 북쪽을 위로 한다.

5 계약인들은 모두 남행에 앉는데, 나이순으로 앉으며, 동쪽을 위로 하여 여러 줄로 앉는다.

6 서얼 및 서족유직자(庶族有職者; 사족이 아니면서 양반으로 불리는 교생(校生)이나 충찬위(忠贊衛), 별시위(別侍衛) 등을 말한다.)는 후행(後行)에 앉는데 반(班)을 나눈다. 즉 서족은 동변(東邊)에 앉는데 서쪽을 위로 하며, 서얼은 서변(西邊)에 앉는데 동쪽을 위로 한다. 인원이 많으면, 역시 중행(重行; 여러 줄)으로 앉는다.

7 하인양인(下人良人)은 동변에 앉으며, 천인은 서변에 앉는데, 모두 북쪽을 위로 한다.

8 연소자는 남행에 앉는데, 역시 동서로 나누어 앉는다. 사람이 많으면 중행을 이룬다.

9 계원의 자제는 비록 계약에 참가하지 않았더라도 모임에 와서 구경하고 싶으면 음식과 과일을 가지고 와서 참석할 수 있는데, 좌차는 위에 말한 것을 따른다.

여기서 주목할 것은 모임에 앉는 자리에 순서가 정해져 있는데, 그 원칙은 첫째 나이가 많은 사람을 윗자리에 모신다는 것과 신분이 높은 사람을 윗자리에 앉게 한다는 것이다. 벼슬이 높은 사람은 나이가 다소 어리더라도 나이가 가장 많은 존위의 다음 자리에 앉는다. 그 밖에 신분의 차이는 사족이 가장 높고, 다음에는 서족유직자인데, 예를 들면 교생, 충찬위, 별시위에 속하는 사람들을 말한다. 이들은 사족이 아니지만 양반으로 불리고 있다는 것이다. 서족유직자 다음은 서얼이고, 서얼 다음에는 하인양인이 앉고, 그다음에는 천인, 즉 노비가 가장 낮은 자리에 앉는다.

○○ 해주목에서 운영된 해주일향약속

율곡이 마지막으로 만든 향약은 해주일향약속이다. 이것은 율곡이 43세 되던 1578년(선조 11년)에 만든 것으로 해주목(海州牧)의 행정 단위를 대상으로 하여 시행한 향약이라는 점에서 앞에서 소개한 해주향약이나 사창계약속과 다르다. 다시 말해 해주향약은 문헌서원을 중심으로 유생들을 주 대상으로 하여 시행된 것이라면, 사창계약속은 야두촌이라는 농촌의 촌민을 대상으로 시행된 것이며, 해주일향약속은 해주목이라는 행정 조직을 단위로 운영되는 향약이라는 것이다.

이렇게 향약의 시행 단위가 다르기 때문에 율곡은 똑같은 형태의 향약을 시행하는 것은 현실에 맞지 않다고 보았다. 그래서 지역의 특성을 고려한 다양한 형태의 향약을 시험한 것이다.

해주일향약속은 먼저 향약의 운영 조직을 규정하고, 다음에는 덕업상권, 과실상규, 예속상교, 환난상휼의 네 조목에 대해 설명하고, 마지막으로 향회독약법을 규정하고 있으며, 동거계사(同居戒辭)를 부록으로 넣고 있다. 이를 차례로 소개하면 다음과 같다.

1_ 임원 선발

해주일향약속은 해주목을 대상으로 만든 향약이기 때문에 해주목에 소속된 반관반민(半官半民) 자치단체인 향소(鄕所; 유향소(留鄕所))와 긴밀한 협력하에 운영되는 것이 특징이다. 다음에 임원을 선발하는 구체적인 절차를 소개하면 다음과 같다.

1. 향중(鄕中)에서 한 사람을 선택하여 향헌(鄕憲)을 맡기고, 두 사람을 선택하여 부헌(副憲)을 맡기는데, 일향(一鄕)의 공적인 일들은 향헌과 부헌이 주관한다. 향소에서 한 사람을 뽑아 일향유사(一鄕有司)를 삼는다. 향헌은 특별한 사고가 없으면 교체하지 않으며, 부헌과 유사는 해마다 바꾼다.

2 회문을 발송하여 회의를 소집하는 일은 일향유사가 맡는다.(향헌에게 먼저 물어본다.) 회문은 향소의 사령(使令)에게 맡겨 동서로 나누어 전달한다.

3 향소의 별감(別監)과 좌수(座首)가 비어 있으면, 약원이 모두 모여 각각 1명씩 후보자를 천거한다. 30세 이상은 별감을 천거하고, 50세 이상은 좌수를 천거한다. 후보자의 이름은 단자(單子)에 기록하는데, 그 아래에 천거한 사람의 이름을 쓰고 서명하며, 6품 이상의 조관(朝官)으로 50세 이상이 된 사람은 벼슬 이름만 쓰고 이름은 적지 않는다. 다만 4촌 이내의 사람은 추천할 수 없는데 혼인을

한 경우에는 무방하다. 만약 모든 사람이 적당치 않다고 생각하는 사람을 추천하면 벌을 받는다.

　　피추천자의 단자는 향헌에게 바치고, 향헌은 추천을 많이 받은 사람의 순서로 명단을 작성하여 모든 회원이 권점(圈點; 동그라미)을 찍도록 하여 가장 많은 권점을 받은 사람 3인을 선발하여 수망(首望), 부망(副望), 말망(末望)으로 정한다.

4　봄과 가을의 강신에는 경하(慶賀)를 제외하고 모든 공적인 일로 모이는 경우에는 모두 흰옷을 입고 참석한다.

위 절차를 통해서 해주일향약속에서는 최고책임자인 향헌과 부책임자인 부헌만을 뽑는 것이 아니라, 향소의 임원인 별감과 좌수까지도 선발하는 것을 알 수 있다. 또 향약의 실무는 향소에서 임명된 유사가 관장하고 있는데, 유사는 향헌과 부헌의 지시를 받고 있는 것을 알 수 있다. 그러니까 본래의 자치 기관인 향소에 향약을 연결시켜, 향소의 기능을 한 단계 격상시킨 것이 해주일향약속이라고 볼 수 있다.

2_ 시행 절목

해주일향약속의 네 조목 가운데 덕업상권은 향인들이 서로 권하여 좋은 일을 하도록 하는 것인데, 덕업의 내용은 다음과 같다.

1　부자자효(父慈子孝) | 부모는 자애롭고 자식은 효도한다.
2　형우제공(兄友弟恭) | 형은 아우를 사랑하고 아우는 공손한다.

3 부처상경(夫妻相敬) | 부부가 서로 존경한다.

4 장유유서(長幼有序) | 장유 간에는 순서가 있다.

5 붕우유신(朋友有信) | 친구 사이에는 신의가 있다.

6 목족교린(睦族交隣) | 친족과 화목하고 이웃과 사귄다.

7 온공자지(溫恭自持) | 따뜻하고 공손함을 지닌다.

8 애인제물(愛人濟物) | 남을 사랑하고 재물로 구제해 준다.

9 무인재리(毋吝財利) | 자기의 재물과 이득을 베푸는 데 인색하지 않는다.

10 무호쟁송(毋好爭訟) | 쓸데없는 쟁송을 좋아하지 않는다.

11 조부필근(租賦必謹) | 국가에 대한 조세를 성실하게 바친다.

12 소민물침(小民勿侵) | 소민(小民)을 침탈하지 않는다.

위에 소개한 일에 탁월한 행동을 한 사람은 선적에 기록하고 관에 보고하여 조정에 알린다.

두 번째, 과실상규에서는 향인 가운데 과실이 있는 사람은 소문을 듣는 대로 훈계하고, 충고를 듣지 않으면 향헌과 부헌에게 알려 함께 훈계하고, 그래도 뉘우치지 않으면 벌을 내린다. 벌에는 4등급이 있으며, 손도(損徒; 무리에서 빼 버림)[8]된 자는 악적에 기록한다. 4등급의 벌은 다음과 같다.

1 상벌(上罰) | 손도한다. 뉘우치는 자는 사연(謝筵; 감사하는 잔치)을 베푸는데, 접시에는 다섯 과일 이상 담고, 탕(湯)은 3색(色) 이상을 써야 하며, 10명 이상이 참여하면 손도를 풀어 준다.

상벌에 해당하는 죄목은 다음과 같다. 부모가 자식을 사랑하지 않아 살 곳을 잃게 하거나, 형제가 우제(友悌)하지 않거나, 희첩을 지나치게 사랑하여 죄 없는 정처를 소박하거나, 향임(鄕任)을 구하고 몰래 청탁을 하거나, 붕우와 족속(族屬)이 음녀와 통간했거나, 어린 사람이 어른을 능멸하고 욕을 하거나, 이유도 없이 소송을 좋아하거나, 일향의 공론(公論)을 비난하고 헐뜯거나, 사적으로 영리를 도모하고 소민과 산승을 침탈하거나, 거짓말을 퍼뜨려 동료를 모함하거나, 이웃이나 친족과 화목하지 않는 자, 유향소와 감관(監官)이 공(公)을 빙자하여 사(私)를 도모하거나, 곡식을 대여할 때 사적으로 뇌물을 받아 생민(生民)에게 해를 끼치거나, 향풍(鄕風)을 오염시키고 무너뜨리는 자, 공적인 물건을 사적으로 사용하는 자 등이다.

2 차상벌(次上罰) | 제마수(齊馬首)한다.[9] 다만, 죄를 면제받으려면 상벌과 같이 10명 이상이 모인 자리에서 연회를 베푸는데, 향헌과 유사가 날짜를 정한다. 만약 향중 선생 가운데 덕위가 높은 사람이나 나이가 70이 넘은 사람이 있으면 주인이 직접 가서 참석하기를 청하고, 그 나머지 사람들에게는 노(奴)에게 회문을 돌리게 하여 참석을 청한다.

차상벌에 해당하는 죄목은 다음과 같다. 모임 때 술에 취해 예의를 잃은 자, 분함을 이기지 못하고 다투는 자, 훈계를 받아들이지 않는 자, 향회에 가지 않는 자, 늦게 회문을 보내는 자, 몸가짐이 근신하지 못해 남의 웃음거리가 되는 자, 모임에 핑계를 대고 참석하지 않는 자, 아무 이유도 없이 참석하지 않고 단자도 내지 않는 자, 개인적인 감정으로 관인을 구타하는 자, 공부(貢賦), 요역, 공채(公債)를 거부하고 바치지 않는 자, 공채의 물건을 성실하게 관리하지 않아 감축을 가져온 자, 의롭지 못하게 이서배(吏胥輩)에게 간청을 하는 자, 재궁(齋宮; 임금이 머무는 집)이 아니면서 산사(山寺)를 사적으로 보호하여 이득을 취하는 자, 대여한 곡식을 다시 받아들일 때 자세히 검찰을 하지 않아 부실한 곡식을 받아들여 수량을 감축시킨 자 등이다.

3　중벌(中罰) | 만좌(滿座)에서 직접 얼굴을 맞대고 훈계한다.

　중벌에 해당하는 과실은 다음과 같다. 모일 때 의관(衣冠)이 법도에 맞지 않는 자(향회나 성주(城主; 수령) 앞에서는 벼슬아치가 아니면 총립(驄笠; 말총으로 만든 갓)을 써서는 안 된다. 당상관이 아니면 초피(貂皮; 담비 가죽)로 만든 귀덮개를 쓸 수 없다. 모든 모임에는 붉은색 단령을 입어야 한다.), 부지(賻紙; 부조로 내는 종이)나 수합미(收合米)를 내지 않는 자, 책임을 지고 있으면서 그 소임을 다하지 않는 자, 향중의 약속을 행하지 않는 자, 분을 이기지 못하여 동료를 욕하는 자 등이다.

4　하벌(下罰) | 봄과 가을에 강신할 때나 무시로 모일 때 술 한 분(盆)과 별미(別味) 한 가지를 바친다.

　하벌에 해당하는 죄는 다음과 같다. 모임에 늦게 도착하는 자, 태도가 단정하지 못한 자, 마음대로 웃고 떠드는 자, 알리지도 않고 드나드는 자, 관청 앞에서 말을 타고 지나가는 자 등이다.

5　작은 과실 | 만약 과실이 작아 벌을 받을 정도가 아니면 수시로 논의하여 큰 술잔을 벌주로 마신다.

6　기타 과실 | 부모에게 불효한 자, 형제간에 화목하지 못한 자, 음란한 자, 소행이 패려한 자, 토주(土主; 수령)를 모해하는 자는 향

(鄕)에서 내쫓고 향인들이 모두 상대하지 않는다. 만약 향에서 내쫓긴 사람과 상통하면서 말하는 자는 손도한다. 향중의 사람으로서 향안(鄕案)에 들어오지 않았더라도 만약 작폐(作弊)를 일으키고, 소민과 산승을 침탈하고, 마을에 해를 끼치는 자가 있으면, 먼저 도리로서 깨우쳐 주어 뉘우치게 만든다. 그래도 듣지 않으면 향소로 하여금 관에 고발하여 죄를 주도록 한다.

과실로 벌을 받은 자가 뉘우치지 않고 예전처럼 방자하게 행동하면 손도하고, 손도한 뒤에도 끝까지 뉘우치지 않고 오히려 원만과 분노를 품고 일향을 헐뜯는 자는 출향시킨다. 과실이 있는 자가 벌을 받기 전에 또 과실을 지으면 가중 처벌한다.

나이가 80이 넘으면 비록 과실이 있더라도 벌을 주지 않으며, 70 이상 자가 과실이 있으면 1등을 감해 주며, 만약 면책을 받게 되면 자제(子弟)가 대신할 수 있다. 만약 자제가 없으면, 임시로 논의하여 노(奴)가 대신 태를 맞는다.

세 번째, 예속상교에는 여러 조항이 있는데 그 요지를 소개하면 다음과 같다.

1   봄과 가을에 강신할 때에는 각자 술과 과일을 가지고 공처(公處)에 모여 약법을 설명한다. 만약 향헌이 사고로 참석하지 못하면 부헌이 다만 약법을 읽고, 중벌 이하자를 존장에게 알려 모든 사람의 동의를 얻어 벌을 내리며, 차상벌 이상은 전체의 동의를 얻지 못하면 다시 회의를 소집하는데, 흰옷을 입고 모여 논의를 결정한다.

2 성주(城主; 목사)가 관직을 떠나게 되면 이튿날 향원이 모두 모여 명함을 갖추고 만나 두 번 절하고, 성주가 떠날 때에는 각자 술과 과일을 가지고 와서 길 위에서 전송한다. 이때에도 명함을 갖추고, 벼슬할 때 경사가 있었으면 축하한다. 성주가 상이 있으면 조문하는데, 흰 단령을 입고 모두 명함을 갖추고 모인다. 세시에 모일 때에도 명함을 갖추고 1월 3일에 모인다.

3 향원 가운데 만 70세자(80세, 90세도 마찬가지다.), 과거에 급제한 자, 벼슬아치가 된 자, 생원과 진사시에 급제한 자가 있으면, 각자 술과 과일을 가지고 와서 공처에 모여 축하하는데, 사고가 있어서 불참하는 자도 술과 과일을 보낸다.

4 모임에 사고가 있어서 불참하는 자는 반드시 노자(奴子)에게 사유를 알리는 문서를 바친다.

5 자녀의 혼사가 있으면, 회문을 보내고, 각각 쌀 1승을 모아 비용을 도와준다.

6 나이가 70이 넘은 사람, 벼슬이 높은 사람, 큰 뜻을 가지고 학업에 힘쓰는 자는 봄과 가을의 강신과 성주를 맞이하고 전송할 때를 제외하고는 그 밖의 모임에는 임의로 참가하고, 불참해도 벌을 주지 않는다.

7 향리배(鄕吏輩)는 세시에 단자를 갖추어 향리의 직명과 차기관(差記官)을 두루 기록하고, 두루 다니면서 향원 70세 이상자와 향헌, 부헌, 벼슬이 높은 사람, 전직 향임의 집에 가서 인사를 드린다.

마지막 환난상휼에도 여러 조항이 있는데, 그 요지를 소개하면 다음과 같다.

1 향원이 부모상, 자기상, 처상을 당하면 회문을 내어 초상 때 각자 쌀 1승을 모아 상가에 보내고. 또 부지(賻紙) 10권을 보낸다. 영장(永葬: 발인)할 때에는 본인의 상일 경우 유사가 먼저 쌀 1승씩을 모으고, 술과 반찬, 떡, 과일을 갖추고 모여 제사를 지낸다. 제사가 끝나면, 제찬(祭饌)은 일꾼들에게 먹인다.

봄과 가을에 강신할 때에는 상지(常紙) 1권씩을 거두어 유사가 보관하고 있다가 부지로 사용한다.(70세 이상자와 벼슬이 높은 자, 향헌과 부헌 그리고 향소는 부지를 내지 않는다.)

만약, 수재, 화재, 도적을 만나 가산이 탕진된 자가 있으면 각자 쌀 1승을 모아 그 집에 보낸다.

2 향임을 거친 자는 전례대로 그 상(喪)에 별도의 부(賻)를 보내는데, 유사가 관장한다.

3 향헌과 부헌을 거친 자는 상을 당했을 때 향임을 거친 사람의 예를 따라 별도의 부를 보낸다.

4 향원으로서 죄를 잘못 받아 장차 형륙(刑戮)을 당하게 되면 모두가 뜰에 모여 의논하여 단자를 올려 구해 준다. 만약 민원(民冤)과 크게 관계된 일이 있으면 역시 모든 사람이 뜰에 모여 의논하는데 유사가 회문을 보내는 일을 관장한다.

5 향소는 향리와 백성의 풍속을 규검(糾檢)하는 일을 맡고 있는데, 만약 향리와 서원배(書員輩), 관속(官屬) 들이 권력을 남용하여 민간에 작폐를 일으킨다든지 품관(品官: 전직 관인)을 능욕하는 자가 있

으면 관에 고발하여 죄를 다스린다. 마땅히 다스려야 할 죄를 다스리지 않으면 향소에 죄를 준다. 만약 성주가 향소의 말을 믿지 않는데, 이서와 관속들의 죄가 크면 일향이 모두 모여 뜰에 서서 죄를 청한다.

6 향원으로 새로 가입할 사람은 모임에서 천거하는데, 가부를 두루 물어서 "좋다."라고 하면 가입을 허락한다. 만약 세 사람이 반대하면 가입하지 못한다. 모든 사람이 들어올 만한 사람이라고 생각하지만 본인이 가입을 원하지 않아 공의(公議)로서 억지로 가입시킨 사람은 가부를 묻지 않는다.

7 쌀을 모아 부조를 하거나 급한 사람을 도와준 일 등은 일이 끝난 뒤에 유사가 반드시 회문과 답장을 여러 사람이 모이는 곳에서 보고해야 한다.

8 봄과 가을로 강신할 때나 치하할 때는 기악(妓樂; 기생 음악)을 쓰더라도 대응해서 춤을 추거나 손을 잡고 놀아서는 안 된다.

9 향리, 서원(書員), 관인 등이 만약 품관(品官) 앞에서 무례한 짓을 하거나 능욕했을 때에는 품관이 서단자(書單子)를 갖추어 향소에 올리면 향소의 임원이 모두 논의하여 죄의 경중을 따져서 태벌(笞罰; 태를 때리는 벌)을 한 뒤에 향헌에게 보고한다. 만약 향소의 임원이 포기하고 죄를 논하지 않으면 향회 때 향소의 임원에게 벌을 내린다.

10 유향소원(留鄕所員)의 사장(辭狀)이나 인리(人吏) 등과 관련된 죄상은 경재소(京在所) 및 목관(牧官)에게 보고하여 죄를 다스리고, 공적인 일은 유향소원이 마음대로 처리해서는 안 되고 향헌에게 물

어본 뒤에 공적인 일을 해야 한다.

11 향리 가운데 깨끗하고 성실한 자는 장부에 기록하여 선(善)을 권장하고, 상호장(上戶長; 향리의 우두머리)과 이방(吏房)은 반드시 깨끗하고 성실한 자를 후보자로 선발하여 차정해야 한다. 만약 다른 방법으로 지위를 얻으려는 자에게는 공적인 일을 맡겨서는 안 된다.

12 향리, 서원, 관인 들의 선적과 악적 그리고 치부책은 봄과 가을의 강신 때 바치고, 향소는 이를 밝혀서 검거해야 한다.

13 품관(品官)의 상사(喪事) 때 거두어들인 부미(賻米)와 부지(賻紙) 등 물건은 담당자가 그 집에 수송한 뒤에 그 집으로부터 답장을 받아 향헌에게 보내 그 답장을 본 뒤에 즉시 향소에 보내 보관했다가 뒷날 향회 때 그 서류를 올려야 한다.

3_ 향회독약법

해주일향약속의 향회는 매년 봄과 가을에 정기적으로 열리는데, 여기서는 향약의 규약을 읽고 설명하는 절차가 있다. 그 절차가 향회독약법이다. 다음에 그 요지를 소개하기로 한다.

1 모임에 쓰이는 차일(遮日; 햇빛을 가리는 텐트), 포진(鋪陳; 깔개), 기명(器皿, 그릇) 등은 모두 향소에서 관장한다.

2 향헌은 북벽으로 나아가 남쪽을 향해서 서고, 좌수(座首) 이하 및 부헌은 앞으로 나아가 북쪽을 향해서 두 번 절하면 향헌이 답배한다. 인사가 끝나면 유사가 70세 이상 된 존자와 벼슬이 높은 사람을 인도하여 연(筵)에 나아가 동쪽을 향하여 서고, 향헌 이하

는 서쪽을 향하여 서서 서로 마주 보고 두 번 절한다. 인사가 끝나면 모두 북벽으로 나아간다. 향헌은 동쪽으로 가고, 70세 이상 존자와 벼슬이 높은 이는 서쪽으로 가는데 동쪽이 위다. 이때 향소이하는 잠시 연 밖에 피해 있는다. 향원이 차례로 나아가 북쪽을 향해서 서서 두 번 절하면 향헌, 존자, 벼슬 높은 이가 답배한다. 인사를 마치면 향원은 모두 서벽으로 나아가고, 이어 남행을 만든다. 향소(鄕所; 좌수와 별감)와 부헌은 동벽으로 나아가 나이순으로 서서 향원과 동시에 두 번 절한다. 인사를 마치면, 서 있는 위치에서 자리에 앉는다.

3 자리에 앉으면 부헌이 큰 소리로 약속을 읽는데, 좌중은 모두 두 손을 모으고 조용히 듣는다. 혹 서로 묻고 강론하기도 한다. 만약 의논할 일이 있으면, 모두 함께 의논하여 처리한다. 부헌은 자신이 들은 선과 악의 일을 향헌에게 고하고 논의한다. 향헌 또한 들은 바를 고한다. 북벽원(北壁員)이 알리고자 하는 일이 있으면 조사(曹司)를 불러 말을 전한다. 이하원(以下員)들은 모두 자리에서 나와 알린다.

4 일의 의논이 끝나면, 설작(設酌; 술 마심)이 시작되는데, 모두 떠들거나 시끄럽게 웃지 않는다. 설작이 끝나면, 사좌(四座; 동서남북)가 일시에 일어나서 서로 마주 보고 두 번 절한 뒤에 엄숙하게 손을 모으고 차례로 나온다.

5 향헌이 만약 향회에 참석하지 못하면 70세 이상 존자와 벼슬이 높은 자가 먼저 북벽으로 나아가고, 향소와 부헌이 앞으로 나아가 북쪽을 향하여 두 번 절하고 존자와 벼슬 높은 이작자(異爵者)가

답배한다. 나머지 의식은 위와 같다.

위에 소개한 향회독약법에서 주목되는 것은 향회 참석자들의 위계질서이다. 우선 향원의 신분을 보면 하인이나 노비 등 천인은 보이지 않는다. 이 향약이 해주목에 소속된 향소를 중심으로 운영되기 때문에 주로 사족과 관리, 향소의 임원, 품관, 향리, 서원 등이 참가하는 것이다. 그래서 다른 향약에서 보이는 상전과 하인의 관계라든지, 사족과 서인 및 서얼의 관계에 대한 규정이 거의 없으며, 환난상휼과 관련된 사창이나 계도 보이지 않는다. 벌칙 가운데 제마수니 손도니 벌주니 하는 것이 보이는 것도 여기에 이유가 있는 것이다.

요컨대 해주일향약속은 기왕에 해주목의 자치 기관으로 운영되고 있던 향소의 자치 기능을 한층 질적으로 강화하기 위해 여기에 향약을 연계시킨 것이다. 향약의 책임자인 사족 출신의 향헌과 부헌이 향소를 이끌어 가면서 목사의 행정을 도와주기도 하고, 이민(吏民)의 풍속을 교정하는 향소의 자치 기능을 한 단계 격상시키는 것을 목적으로 하고 있다고 볼 수 있다.

9 사랑과 포용의 철학

○○ 이기철학의 새로운 경지, 이기이원적 일원론

율곡은 기본적으로 중쇠기의 위기를 극복하려는 경장론자이지만, 동시에 우주와 인간의 본성에 관한 철학적 원리를 탐구한 성리학자이기도 했다. 성리학은 이(理)와 기(氣)와 성(性)을 기본 개념으로 하여 우주와 인간 본성의 문제를 해석하는 입장을 지녔기 때문에 이기철학(理氣哲學) 또는 성리철학(性理哲學)로 일컬어진다. 이 둘을 합치면 이기성철학(理氣性哲學)으로 불러도 좋을 것이다.

이기철학은 정호, 정이 형제와 주자 등 송나라 성리학자들에게서 시작되었다. 우리나라에서도 율곡 이전에 이미 퇴계와 기대승 등에 의한 이기 논쟁이 있었고, 서경덕의 독특한 기철학(氣哲學)도 대두하여 16세기 사상계는 세계 철학사상 특기할 만한 사변 철학의 발달을 가져왔다. 이러한 선배 유학자의 이기철학을 계승하고 한 단계 심화시키면서 독특한 새로운 경지를 열어 놓은 인물이 바로 율곡이다.

율곡은 자연과 인간의 본성에 관한 문제를 연구하면서 주로 친구인 성혼 및 선배인 박순, 그리고 안천서(安天瑞)와 가장 많은 토론을 벌였다. 또 47세 되던 1582년(선조 15년)에는 임금의 명령을 받들어 「인심도심도설(人心道心圖說)」을 지어 바치기도 했으며, 이보다 앞서 1575년에는 『성학집요』의 수기(修己) 장에서 성학(聖學)의 일부로 이론화하기도 했다.

여기서 먼저 주목할 것은 율곡의 자연관과 인성론은 결코 서로 분리되어 있는 것이 아니고, 하나의 통일체라는 것이다. 다시 말해 자연관 속에 인성론이 들어 있고, 인성론 속에 자연관이 포함되어 있다. 자연과 인간, 즉 천지인(天地人)을 하나의 통일체로 보는 시각은 율곡만의 독특한 시각은 아니지만, 이를 설명하는 논리의 깊이와 정합성에는 율곡의 독창성이 보이며, 바로 그 점 때문에 성리학사에서 그가 차지하는 고유한 자리가 있는 것이다.

율곡이 보는 자연과 인간은 모두 이(理)와 기(氣)로 구성되어 있다. 여기서 이는 도(道) 또는 태극(太極) 또는 성(性)으로도 불렸는데, 어떤 사물이 그렇게 된 소이(所以; 이치)를 말하며, 형태가 없는 형이상(形而上)의 존재이다. 이를 자연(하늘)의 이치로 설명할 때는 도 또는 태극으로 부르고, 사람의 이치를 말할 때는 성이라고 하는 것이다.

이와 달리 기(氣)는 이(理)에 의해 만들어진 형태가 있는 형이하의 존재로서 천태만상의 다양한 모습을 보여 주고 있으며, 때로는 이(理)를 담는 기(器; 그릇)에 비유되기도 한다.

이렇게 자연과 인간은 형이상과 형이하의 두 모습을 동시에 지니고 있다. 그런데 여기서 주의할 것은 이와 기는 둘인 듯 보이지만 실은 하나이다. 왜냐하면 이 속에 기가 있고, 기 속에 이가 있기 때문이다. 이런 양자의 통합 관계를 율곡은 '기발이승(氣發理乘)'으로 부르기도 하고, "둘이면서 하나요, 하나이면서 둘[二而一 一而二]"이라는 독특한 논리로 설명한다. 율곡의 이기론을 이기이원적 일원론으로 부르는 이유가 여기에 있는 것이다. 그리고 바로 이 점에서 이와 기를 두 개의 실체로 나누어 보려는 퇴계의 이원론적 이기론이나 기만을 강조하는 서경덕의 주기철학(主氣哲學)과는 차별성을 보이는 것이다.

율곡의 이원적 일원론은 성리학자로서는 특이한 발상이지만, 그러한 발상의 뿌리를 거슬러 올라가 보면 불교나 무교(巫敎)의 우주관과도 통하는 측면이 크다. 불교의 화엄사상(華嚴思想)이나 법화사상(法華思想)에는 "하나가 일체요 일체가 하나다.[一卽一切 一切卽一]", 또는 "이(理)와 사(事)는 서로 장애가 없다.[理事無碍]", "색(色)이 공(空)이요, 공이 색이다.[空卽是色 色卽是空]"라는 등의 논리가 있는데, 이는 바꿔 말해 다원적 일원론으로 일컬을 수 있다.

단군 신화에 뿌리를 둔 우리나라 무교에서는 환인, 환웅, 단군을 각각 천지인을 상징하는 삼신(三神)으로 여기면서, 동시에 삼신을 하나의 신격(神格)으로 보아 삼신일체의 우주관을 보여 준다. 이런 사상이 근대 종교로 발전하여 대종교(大倧敎)의 교리로 자리잡게 된 것이다. 대종교의 논리는 곧 "셋이 곧 하나요, 하나가 곧 셋이다.[三卽一 一卽三]"라는 삼신일체의 우주관을 바탕에 깔고 있다. 한국인이 셋[三]이란 숫자와 일(一; 하나, 크다)이라는 숫자를 특별히 좋아하는 이유도 여기에 있다.

무교에서 말하는 삼신일체는 다른 말로 하면 천지인은 모두 살아 있는 생명 공동체라는 인식에서 출발한 것인데, 천지인이 살아 있는 이유는 천지인에 모두 음양과 오행이 들어 있기 때문이라는 인식을 전제로 한다. 즉 음양과 오행이 있으면 반드시 생명이 탄생하고, 성장하고, 발전한다는 진화적인 우주관이 근저에 자리 잡고 있다. 동시에 생명이야말로 착하고 아름다운 사랑의 대상이므로 자연과 인간은 본질적으로 사랑, 곧 선(善)을 타고났다고 보는 것이다. 이것이 성선설의 출발점이다.

율곡의 이원적 일원론도 이기의 본질이 선하다고 바라보는 적극적인 성선설에서 출발하고 있다. 불교나 무교에는 기라는 개념이 없다는 것이 다를 뿐, 생명 사상과 성선설에 기초한 다원적 일원론의 논리 구조는 서로 같다고 보아도 무방할 것이다.

그러면 율곡 이기론의 설명 체계를 좀더 구체적으로 들여다보기로 한다.

율곡은 이기의 관계를 '기발이승'으로도 설명하고 '이통기국(理通氣局)'으로도 설명한다. 그러면 '기발이승'이란 무엇인가? 이것은 기가 발(發)하면 이가 기에 올라탄다는 말인데, 이 말은 기가 시간적으로 이보다 앞선다는 뜻이 아니라, 기 속에 이미 이가 들어 있으면서 기를 주재한다는 뜻이다. 다만 기는 형이하이므로 눈에 보이고, 이는 형이상이므로 눈에 보이지 않을 뿐이다.

그러면 이통기국은 무엇인가? 이 말은 이는 막힘이 없고, 기는 막힘이 있다는 뜻으로, 막힘이 없다는 말은 공간적, 시간적 제약이 없다는 의미다. 기는 형이하의 유형적 실체이므로 공간적, 시간적 제약을 받는 것은 당연하다. 율곡은 이와 기의 이런 관계를 물과 그릇에 비유하기도 했다. 예컨대 그릇은 모난 것도 있고 둥근 것도 있지만, 그 그릇에 담긴 물은 똑같은 물일 뿐이다. 여기서 물이 이라 한다면 그릇은 기에 해당한다.

여기서 공간과 시간의 제약 속에서 끊임없이 달라지는 기가 자연 현상을 설명하는 데에는 의미가 더 크다고 볼 수 있다. 왜냐하면 눈에 보이는 유형(有形)의 세계는 어느 것도 정지된 것이 없고 무궁하게 변하고 있을 뿐 아니라 천태만상의 다른 모습을 보여 주고 있기 때문이다. 생명이 탄생하고 성장하고 소멸하고, 큰 것이 있고 작은 것이 있고, 아름다운 것이 있고 못생긴 것이 있는 것이 유형의 세계가 보여 주는 모습이다.

그러면 기는 왜 다양한 유형의 모습을 보여 주는가? 율곡은 기가 작용하는 이유를 태극, 음양, 오행의 개념으로 설명한다. 여기서 태극은 바로 이이면서 도로서 태극이 움직이면 양(陽)이 생기고, 움직임이 극에 달하여 움직임을 그치면 음(陰)이 생긴다. 음과 양은 형태를 가진 기(氣)이면서 동시에 기(器)이다. 그런데 기(氣)에는 이미 이가 타고 있으므로, 음양은 기이면서 동시에 하나의 이, 즉 태극이다.

그러면 음과 양은 어떤 일을 하는가? 양이 움직이면 음이 따라가는데 이를 일러 변합(變合)이라고 한다. 그런데 음양이 변합하면 오행이 생긴다. 오행은 수(水), 화(火), 목(木), 금(金), 토(土)를 말하는데, 음양이 기(氣)이듯이 오행도 기다. 그러면 오행은 무엇을 하는가? 오행은 이미 그 안에 음양이 있는데, 음양과 오행은 정묘하게 교감하고 변화하여 만물의 생명을 탄생시키는데, 그 만물의 생성과 변화는 무궁무진하다. 그런데 만물은 모두 기이면서 동시에 이를 타고나기 때문에 만물은 하나하나가 모두 이와 태극과 도와 성과 형이상을 갖는다. 이의 관점에서 본다면 만물은 모두 평등하다.

하지만 만물은 평등하지 않다. 왜냐하면 만물이 지니고 있는 기는 청탁(淸濁: 맑은 것과 더러운 것)과 수박(粹駁: 우수한 것과 잡박한 것)의 차이가 있어 천차만별하기 때문에 이의 평등성이 기의 불평등에 의해 제약을 받는다. 그런데 기 가운데 가장 우수한 기를 타고난 것이 바로 사람이다.[1] 그래서 사람은 짐승이나 그 밖의 다른 사물과 구별된다. 그러면 남자와 여자, 또는 수컷과 암컷의 차이는 왜 나타나는가? 율곡은 음양의 기가 모여 형태를 만들 때 양이 굳세지면 남자가 되고, 음을 따르면 여자가 된다고 한다. 이를 바꿔 말하면, 건도(乾道: 하늘, 양)를 따르면 남자가 되고, 곤도(坤道, 땅, 음)를 따르면 여자가 된다고도 한다. 그래서 남자를 하늘에 비유하고, 여자를 땅에 비유하는 것이다.

그런데 이렇듯 기가 천차만별한 차이를 가지고 있다 하더라도 모든 기는 음양과 오행에서 나온 것이기 때문에 서로 비슷한 점이 많다. 율곡은 이를 기상근(氣相近)으로 부르고 있는데, 그런 점에서 본다면 만물이 반드시 불평등한 것만은 아니다. 예를 들면, 춥고 따뜻한 것을 아는 것, 배고픔과 배부름을 아는 것, 생(生)을 좋아하고 죽음을 싫어하는 것, 이(利)를 추구하고 해(害)를 피하려는 것 등이 그렇다.[2] 그렇다면 만물은 평등하다.

한편, 만물의 이도 반드시 똑같은 것은 아니다. 예를 들면, 벌과 개미는 임금과 신하가 있는데 이는 또 다른 의(義)라고 할 수 있다. 호랑이와 이리는 부자 관계가 있는데, 이는 또 다른 인(仁)이라고 할 수 있다. 모두가 위에 하나의 어른이 있는 것이 분명하다. 이렇게 인과 의가 짐승에게도 있지만, 사람의 인의와 같지 않은 것은 이가 때로는 치우치기도 하고(偏), 온전하기도 하기(全) 때문이다.[3] 그래서 총체적으로 말하여 만물이 똑같은 데서 나온 것을 보면 이가 같고 기가 다르다. 하지만 만물의 모습이 서로 다른 것을 보면 오히려 기는 서로 비슷한데 이가 반드시 똑같은 것이 아니라고 말할 수 있다. 바꿔 말해, 이는 기의 제약을 받고, 기는 이의 제약을 서로 받는다는 뜻으로도 풀이된다. 이런 논법은 이기를 둘이면서 하나로 보는 율곡의 입장에서는 불가피한 논리의 귀결이다. 다만 기는 좋은 것과 나쁜 것이 섞여 있지만, 이는 나쁜 것이 아니면서 치우침과 온전함의 차이가 있을 뿐이다. 그런 점에서 도덕적으로 본다면, 이가 기보다는 위에 있다고 할 수 있다.

○○ 인간 존재에 대한 전면적 긍정

모든 자연 현상이 이와 기로 구성되어 있다면, 자연의 일부인 사람도 당연히 이와 기로 되어 있음은 두말할 필요도 없다. 다만 사람은 다른 만물과 달리 기 가운데 가장 우수한 기를 받고 태어난 것이라고 율곡은 말한다. 물론 이런 주장은 성리학자라면 누구나 인정하는 상식이다.

사람은 몸(身)과 마음(心)으로 구성되어 있지만, 이와 기는 몸과 마음에 모두 깃들어 있으므로 몸과 마음은 두 개로 나뉘어진 존재가 될 수 없다. 하지만 몸과 마음이 하나라 하더라도 몸이 마음을 주재하는지, 마음이 몸을 주재하는지는 따져 볼 문제이다. 사실 이 문제는 현대 과학에서도 명백한 해답을 얻지 못하고 있는 어려운 난제이다. 최근에는 사람의 뇌가 모든 것을 주재한다고 보는 학설이 강력한 설득력을 얻어 가고 있으며, 뇌가 죽으면 숨을 쉬더라도 죽은 것으로 판정하는 이른바 뇌사를 사망으로 인정하자는 주장이 의학계에서 일어나는 이유도 여기에 있다. 만약 이런 시각에서 본다면 뇌라는 몸의 일부 기관이 마음을 지배한다고도 말할 수 있을 것이다.

하지만 중국이나 조선의 성리학자들은 한결같이 마음이 몸을 주재한다고 믿었으며, 그런 점에서 율곡도 예외가 아니었다. 율곡은 선조의 명으로 지어 바친「인심도심도설」에서 "천리(天理)가 사람에게 부여된 것을 성(性)이라고 하는데, 성과 기를 합하여 일신(一身)을 주재하는 것이 마음(心)"이라고 말한다.[4] 사람의 마음은 이렇게 성(이(理))과 기를 합쳐서 몸을 주재하는데, 마음이 사물에 응하여 밖으로 나타날 때 이를 정(情)이라고 부른다.

그런데 율곡은 마음의 체(體)는 성이고, 마음의 작용은 정이라고 하면서, 동시에 마음은 성과 정을 통합한다는 '심통성정설(心統性情說)'을 내세운다. 위의 말들을 묶어서 다시 쉽게 풀이하면 '마음(心)=이(理)=성(性)=정(情)'이라고 할 수 있으며, 이기를 하나로 이해하는 율곡의 논리를 여기에 대입하면, 마음과 성과 정은 모두 이인 동시에 기라고도 볼 수 있다. 다만, 이는 체요, 기는 용(用)이라는 형태로 하나가 되어 있다는 것을 주의할 필요가 있다.

율곡의 인성론의 특징은 바로 마음을 일원론적으로 해석하는 데 있으므로, 마음에서 파생하는 사단과 칠정에 대한 해석도 독특하다. 율곡에 따르면, 성(性)에 인의예지신(仁義禮智信)의 다섯가지 목(目)이 있고, 정(情)에 희로애구애오욕(喜怒哀懼愛惡欲)[5]의 일곱가지 목이 있는데, 정이 도의(道義)를 위하여 나타날 때는 도심(道心)이 되고, 구체(口體; 입과 몸)를 위하여 나타날 때는 인심(人心)이 된다고 한다. 예를 들면, 도심이란 충효인의예지(忠孝仁義禮智) 등이고, 인심이란 배고플 때 음식을 먹고 싶고, 추울 때 옷을 입고 싶고, 피곤할 때 쉬고 싶고, 정기(精氣)가 왕성하면 아내를 생각하는 것 등이다. 이 경우 인심은 나쁜 것이 아니고 오히려 성현도 피하지 못하는 천리(天理)라고 한다. 그런데 인심은 때로 악한 것으로 흘려 인욕(人欲)이 되기도 한다. 인욕은 식(食)과 색(色)에 대한 생각이 과도하게 흐를 때 나타나는 악(惡)이다.

정이 이렇게 도심으로도 나타나고 인심으로도 나타나는 것은 도의와 구체의 차이에서 비롯되는 것이지만, 그보다 더 근본적인 것은 이와 기의 작용 때문이다. 즉 정을 발하는 소이는 이에 있고, 정을 발하는 것은 기인데, 맑고 깨끗한 청기(淸氣)가 발하면 선이 되고, 탁기(濁氣)가 발하면 악이 된다. 결국 율곡의 인성론을 따르면, 사단이 도심인 것은 사실이지만 칠정 가운데에도 도심이 있고 인심도 있으며, 인심에는 선한 것도 있고 악한 인욕도 모두 포함되어 있다는 것이다.

사단이 도심이고 칠정에도 도심이 있다면, 사단과 칠정은 반대 개념이 될 수 없다. 그래서 율곡은 사단과 칠정의 관계를 다음과 같이 말하기도 한다.

사람의 성에는 인의예지신의 다섯 가지가 있을 뿐이니 다섯 가지 이외 다른 성이 있을 수 없다. 정에는 희로애구애오욕의 일곱 가지가 있을 뿐이니 이 일곱 가지 이외 다른 정이 있을 수 없다. 그런데 사단은 다만 착한 정의 별명이고, 칠정은 그 가운데 사단이 있는 것이다.[6]

사단은 착한 정의 별명이고 칠정 가운데 사단이 있다는 발언은 매우 중대한 의미를 지니는 것으로, 사단과 칠정이 서로 절충되어 있고 성과 정이 둘이 아니라는 것을 명료하게 지적한 것이다. 그런데 칠정 가운데 착한 정이 있어서 그것이 사단과 통하는 것이라면 구체적으로 어떤 정이 착한 것인가? 율곡은 식색(食色; 식욕과 색욕)과 취미(臭味; 냄새와 맛)의 욕은 어떤 성에서 나오는 것이냐고 제자가 묻자, "칠정 가운데 애(愛)와 욕(欲)은 모두 인(仁)에서 나온다."[7]라고 대답했다. 여기서 애는 사랑(또는 좋아함)을 말하고, 욕은 식욕과 색욕을 말하는데, 율곡은 이것이 모두 인에서 나온다고 하여, 말하자면 도심으로 해석하고 있는 것이다.

그런데 칠정 가운데 애와 욕만 인에서 나오는 것이 아니라, 칠정 전체가 성에서 나오고, 나아가 사단 자체도 칠정 가운데 있다고 했다. 율곡은 맹자의 말을 빌려 사단과 칠정의 관계를 이렇게 논했다.

오성(五性; 인의예지신) 이외에 다른 성은 없고, 칠정 이외에 다른 정은 없다. 맹자는 칠정 가운데 선한 정만을 골라내어 사단으로 지목한 것이니, 칠정 이외에 다른 사단이 있는 것이 아니다. 정의 선악

이 어느 것인들 성에서 발하지 않겠는가.[8]

이 논의에 따르면 사단과 칠정이 모두 성에서 나왔으므로 사단은 칠정 가운데 있고, 맹자가 말한 사단은 칠정 가운데 일부를 골라낸 것에 지나지 않는다. 그런데 칠정 가운데 선도 있고 악도 있으므로, 선악도 성에서 나왔다는 것이다. 이렇게 되면, 사단과 칠정의 경계선도 무너질 뿐 아니라 선악의 경계선도 흔들리게 된다.

그러면 구체적으로 악이란 무엇인가? 율곡은 악도 성에서 나왔다고 했으므로, 악을 원천적으로 나쁜 것으로는 보지 않음이 암시되고 있다. 그러면 어떻게 순선(純善)한 성에서 악이 나오는 것인가? 이 점에 대하여 율곡은 이미 청기와 탁기의 차이에서 정이 선과 악으로 나뉘어지는 이유를 찾았다. 이를 더 부연하여 선정(善情)을 가져오는 청기는 성이 엄폐되지 않은 곳에서 직출(直出)하여 나와서 중(中; 합당함)을 얻게 되기 때문에 선정이 되는 것이고, 악정(惡情)을 가져오는 탁기는 성이 엄폐된 곳에서 횡생(橫生; 옆으로 삐져나옴)하거나 과(過; 지나쳐 버림)하거나 하여 중을 얻지 못한 것이라고 한다.[9] 다만 확률적으로 본다면 엄폐된 곳에서 나오는 악정이 더 많다고 했다.[10]

그렇다면 이 세상에는 선정보다 악정이 더 많을 수밖에 없는데, 어찌하여 성선설이 가능한 것인가? 그것은 한마디로 확률의 문제가 아니라 질(質)의 문제로 본다. 악의 근원이 종국적으로 성에서 나왔다는 그 자체가 이미 악을 선의 반대 개념으로 보지 않음을 의미한다. 다시 말해 악은 성과 기가 정으로 변할 때 횡생하거나 과하거나 하여 생겨난 일종의 실수나 오류 정도로 보는 것이다. 선에서 나오는

9 사랑과 포용의 철학 ___ 279

악과 악에서 나오는 악은 질적인 측면에서 차이가 있을 수밖에 없기 때문일 것이다.

　율곡의 인성론을 오늘날의 관점에서 보면, 인간의 가장 원초적인 육체적 본능인 칠정을 긍정적으로 해석하여 사람의 육체성을 도덕성과 동등한 위치로 격상시킨 것으로 볼 수도 있으며, 선과 악을 극단적 대립 관계로 보지 않은 것은 인간 존재에 대한 전면적 긍정을 함축한다고도 볼 수 있다.[11] 그렇게 되면 인간에 대한 신뢰가 그만큼 커지고 인간을 바라보는 시각이 한층 따뜻해질 수 있는 효과도 기대할 수 있을 것이다.

　그러면 율곡의 인성론을 퇴계의 인성론과 비교하면 어떤 차이가 있는가? 퇴계는 사단을 이에서 발생하는 본연지성(本然之性)인 동시에 도심으로 보고, 칠정을 기에서 발생하는 기질지성(氣質之性)인 동시에 인심으로 파악하여 사단과 칠정을 대립시키는 이원론으로 해석했다. 동시에 퇴계의 인성론을 따르면, 칠정에는 도심이 없으니 인의예지의 도심으로 가려면 칠정은 극복하고 경계해야 될 대상이 되는 것이다. 그러니까 기쁨, 노여움, 슬픔, 두려움, 사랑, 증오, 욕심(식욕과 색욕)이 억제되어야 비로소 도심에 이른다. 따라서 퇴계는 당연히 엄격한 도덕주의를 강요하게 되고, 성선설에 대한 신념도 제한적일 수밖에 없다. 이렇게 선과 악을 대결 구도로 바라보고, 사단과 칠정을 대립 구도로 이해하면 현실의 인간 세상은 악이 선을 지배하는 사회로 보일 수도 있는 것이다.

　율곡과 퇴계의 인성론의 차이, 특히 칠정론의 차이는 철학적 사유의 차이에 머무는 것만이 아니라 현실의 정치, 경제, 사회 신분을 바라보는 시각에도 영향을 줄 수 있다. 율곡이 향약을 시행함에 있어 교화보다 양민을 우선으로 보아 경제적 환난상휼에 큰 비중을 둔 것이나, 민생을 위한 경장에 역점을 둔 것이나, 신분 계급 구조하에서 하인이나 노비 또는 서얼 등 천하게 취급되는 사람들에 대해 매우 관용적이고 포용적인 태도를 보이는 것은 그의 따뜻하고 적극적인 성선설의 인성론이 바탕에 깔려 있다고 보아야 할 것이다.

한편 퇴계처럼 선과 악, 그리고 사단과 칠정을 대립 구도로 파악하고 인간을 바라보면 악을 퇴치하기 위한 적극적인 엄숙주의와 도덕주의가 요구될 수밖에 없다. 퇴계가 만든 예안향약(禮安鄕約)이 처벌 규정에 집중되어 있는 것도 이 때문일 듯하다. 또 퇴계가 사회 개혁보다는 이학(理學)과 도덕성 제고에 역점을 두고 평생을 몸 바친 이유도 여기에 연유할 것이다.

하지만 율곡이나 퇴계의 인성론과 사회관은 무엇이 더 근본인지를 단정하기 매우 힘들다. 인성론이 그러하기 때문에 사회관이 저렇게 된 것인지, 아니면 사회관이 그러하기 때문에 인성론이 저렇게 전개된 것인지 양자 간의 선후 관계나 인과 관계를 명확하게 알기는 어렵다는 말이다. 왜냐하면 출발부터 사람을 바라보는 시선이 따뜻하기 때문에 인성론이 따뜻해졌다고 볼 수도 있으며, 반대로 인성론이 따뜻하기 때문에 사람을 바라보는 시각이 따뜻해졌다고 볼 수도 있기 때문이다. 두 가지 해석이 모두 일리가 있지만, 퇴계나 율곡의 인성론은 기본적으로 과학적 실험을 통해 얻어진 이론이 아니라, 경험과 사색을 통한 이론이라는 한계를 지니고 있다. 그러므로 인성론이 바탕이 되어 사회관이 형성되었다기보다는 사회관이 먼저 형성되고,

그 사회를 해석하고 광정하려는 도덕적 시각의 차이가 인성론의 차이를 가져왔다고 보는 것이 합리적이 아닐까 생각한다.

앞에서도 이미 언급한 것처럼 오늘날의 의학이나, 심리학, 생물학에서는 인간의 정신적 본질을 뇌에서 찾고 있으며, 삶과 죽음의 경계도 뇌사 여부에서 논의하고 있다. 따라서 마음이니, 성이니 정이니, 이기니 선악이니 하는 것도 현대 과학의 시각에서 보면 궁극적으로 뇌의 작용에서 실마리를 찾고 있는 것이다. 하지만 이러한 과학적 접근보다 도덕적 접근을 시도한 성리학자들의 인성론이 과학적 인성론보다 가치가 떨어진다고 단정해서는 안 될 것이다. 왜냐하면 인간이 살아가는 데 도움을 주는 것은 과학과 도덕이 똑같은 비중을 지니고 있기 때문이다.

ㅇㅇ 이단에 대한 부분적 포용

율곡은 성리학을 정학(正學)으로 인정하고 그 밖의 학문은 모두 이단으로 보았다. 이단은 해로운 것으로 여기에 빠지면 안 된다는 것을 곳곳에서 강조하고 있다. 이단에 속하는 사상은 춘추 전국 시대에는 노자, 장자, 양자, 묵자 등이 있었고, 한 대(漢代) 이후로는 선학(불교)이 있었으며, 송 대 이후로는 정주(程朱; 정자와 주자)가 죽은 뒤로 육상산의 심학(心學)이 나오고, 명 대에는 왕양명(王陽明)의 양명학(陽明學) 등이 생겨났다.

그런데 율곡이 이단을 매우 해롭다고 한 뜻을 찬찬히 들여다보면 정학인 성리학을 거부하고 이단에 전적으로 빠지는 것이 해롭다는 말이지 성리학을 중심에 두고 이단이 가진 일부 긍정적인 측면을 이해하는 것은 나쁘게 여기지 않았다. 거기에는 이유가 있다. 성리학은 수기와 치인을 겸한 학문이기 때문에 개인적인 수양도 담고 있으면서 동시에 가정을 이끌고 나라를 다스리고 사회를 다스리는 데 필요한 경세론이 담겨 있지만, 이단은 기본적으로 치인에 관한 이론이 없고 오직 마음을 수양하는 데만 치중하는 학문이라는 것이다. 요샛말로 한다면, 이단은 종교적 기능을 가진 학문이고, 성리학은 종교적 기능도 있으면서 동시에 인문 사회 과학과 자연 과학, 그리고 예술을 모두 포괄하는 종합 학문의 성격을 지니고 있다는 뜻으로도 풀이할 수 있다.

율곡이 일찍이 생불로 불릴 만큼 선학에 깊이 빠졌다가 성리학으로 돌아오면서 선학을 맹렬히 비판한 것도 그런 이유로 볼 수 있다. 그러기에 그는 성리학으로 돌아온 뒤에도 승려와의 교류가 끊어지지 않았는데, 승려들과 나눈 시(詩)가 『율곡전서』에 적지 않게 보이고 있는 데서 확인된다.

유불도(儒佛道)를 넘나들었던 김시습에 대해 호의적인 평가를 내린 것도 앞에서 살펴본 바 있다. 얼핏 보면 이단에 대해 이중적인 듯한 이런 행보는 율곡이 이단 속에 담겨진 수심(修心)의 가치를 인정하고 있다는 것을 의미한다. 다시 말해 불교의 경우, 치국에는 아무 도움이 되지 않지만 마음을 다스리는 데는 나쁠 것이 없다고 보고, 오히려 성리학에서 추구하는 수심과 서로 통하는 면이 있음을 수긍하고 있는 것이다.

노자와 장자 등 도가에 대한 태도도 비슷하다. 그가 노자의『도덕경』을 주석하고 구결(口訣)한『순언(醇言)』을 저술한 것도 같은 맥락에서 이해된다.『순언』을 지은 시기는 율곡이 45세이던 1580년(선조 13년) 무렵으로 보이는데, 이 책이『율곡전서』에 들어 있지 않아 율곡의 저서임을 모르는 사람이 많다. 1750년(영조 26년)에 당시 명신이었던 홍계희가 이 책을 활자로 간행하면서 세상에 알려졌는데, 홍계희가 쓴 발문을 보면 율곡의 문인인 김장생의 아들 김집이 필사한『순언』을 김집의 후손이 보관하고 있어 이를 입수하여 간행했다고 한다.

또 이 발문을 보면, 율곡이『순언』을 쓰자 이를 읽어 본 구봉 송익필(龜峰 宋翼弼)이 우려하면서 만류하는 편지를 율곡에게 보냈다고 한다. "(노자와 유교의 차이를 무시하고 동일시하고자 하는 것은) 노자의 본래의 요지가 아니고, 구차한 혐의만 얻게 된다."라고 지적한 내용이었다. 송익필은 노자를 바라보는 시각이 율곡에 비해 부정적이었다는 것을 알 수 있다. 송익필의 이런 평은『구봉집(龜峰集)』에도 보인다. 하지만 홍계희는 율곡의 시각에 동조하면서 "선생은 (노자의 가르침이) 이단으로서 유학의 도와는 어긋나지만, 쓸 만한 것이 섞여 있는데도 이를 쓰지 못하는 데로 돌아가는 것을 안타깝게 여겨 조잡한 것을 제거하여 순정(醇正)한 것으로 돌아갔다."라고 평했다.

조선 시대에『도덕경』에 대한 주석서로는 최초이기도 한 이 책은 기본적으로『도덕경』에 담긴 철학을 성리학의 입장에서 소통할 수 있는 공통점을 찾아보려는 의도를 담고 있다. 율곡은『도덕경』의 근본 개념인 무위(無爲; 하지 않음)가 정말로 아무것도 하지 않는다는 뜻이 아니고, 본체는 무위이지만 그 작용은 무불위(無不爲; 하지 않음이 없음)로 나타나기 때문에 허무에 빠지는 것은 아니라고 한다. 다만, 이론적으로는 무불위를 인정하고 있음에도 실제로 행위에 대한 가르침이 없기 때문에 문제점이 있으므로, 보통 사람들이 이를 받아들이기에는 어려움이 있다고 보았다. 다시 말해 『도덕경』은 형이상학적 도리를 말한 것이기 때문에 이를 이해할 수 있는 수준 높은 선비들이 읽어야 할 가르침으로 생각했다.

결론적으로 율곡은 『도덕경』의 가르침은 "자신을 극복하여 인욕을 막고, 고요하고 신중함으로 자신을 지키고, 겸허한 마음으로 자신을 기르고, 자애롭고 간략함으로 백성을 다스리는 것을 의리로 삼는다. 따라서 그 가르침이 친절하고 맛이 있어서 배우는 자에게 유익하니 성인(聖人)의 글이 아니라 하여 외면해서는 안 된다."라고 평했다. 책 이름을 '순수한 말'이라는 뜻으로 『순언』이라고 한 이유가 여기에 있다.

한편, 육상산과 왕양명의 심학은 유학의 테두리를 벗어나지 않는 학문이지만 성리학과는 다르기에 대부분의 성리학자들이 이를 이단으로 규정하여 비판했다. 특히 왕양명의 심학, 즉 양명학은 명나라에서 크게 유행하여 조선에까지 영향을 미쳤기 때문에 16세기 조선의 성리학자들은 양명학에 대해 매우 예민한 반응을 보이고 있었다. 퇴계가 일찍이 「전습록논변(傳習錄論辯)」을 써서 양명학을 선학에 가까운 유학으로 비판한 이유도 여기에 있었다. 율곡도 46세이던 1581년(선조 14년)에 명나라 주자학자 진건(陳建)이 쓴 『학부통변(學蔀通辨)』에 발문을 써서 양명학과 육상산의 심학을 비판했는데 이런 분위기가 반영된 것이다. 『학부통변』은 육상산과 왕양명의 학문을 비판한 책인데, 율곡은 이 책이 매우 정확한 책이라고 말하면서도, 정주학(程朱學)도 하지 않고 육학(陸學)도 공부하지 않으면서 하루 종일 배불리 먹고 아무것도 하지 않거나 장사를 하거나 이욕(利慾)을 얻는 데 몰두하고 있는 사람들이 더 큰 이단이라고 말했다. 그러니까 육학이 정주학만은 못해도 그래도 거기에서 취할 점이 있다는 것을 비유적으로 말하고 있는 것이다.

이렇게 양명학이나 육학을 기본적으로는 이단으로 배격하면서도, 다른 한편으로 심학도 안 하는 것보다는 낫다고 본 이유는 그것이 마음을 다스리는 데 일정한 도움을 준다고 생각했기 때문이다. 양명학은 누구나 양지(良知)를 타고나기 때문에 그것을 문득 깨달으면 진리를 얻을 수 있다(치지(致知))고 보면서 양지를 가지고 사물을 바로잡는 것(격물(格物))이 중요하다고 하여 실천을 매우 중요시한다. 이는 주자학에서 강조하는, 사물에 나아가서 진리를 깨닫는 '격물치지'의 귀납적 방법과는 다른 것이지만, 양지를 깨달아 사물을 바로잡고자 하는 실천력은 나름대로 가치가 있는 것이다.

궁극적으로 율곡이 이단을 바라보는 시각은 불교나 육학이나 양명학이나 노자 등 특정한 학문보다는 통속적 관습에 빠져 이욕이나 챙기고 유교의 진정한 가르침을 따르지 않는 것이 진정한 이단이라고 규정한 것이 특징이다. 다시 말해 율곡은 학문의 차이가 아니라 어느 것이 진정한 도를 실천하는 것인가를 가지고 이단 여부를 판단하고 있으며, 결과적으로 정학과 이단으로 불리는 학문은 정사(正邪)의 구별이 없는 것이 아니지만 부분적으로는 사학(邪學; 이단)을 용납할 수도 있다는 절충적, 포용적 입장을 지니고 있다.

이단을 바라보는 율곡의 시선이 당대의 다른 성리학자들에 비해 상대적으로 따뜻했기 때문에 그의 학문을 육상산의 학과 같다고 비판하는 사람들도 있었다. 효종 때 성균관 학생들이 율곡과 성혼을 문묘에 배향하자고 임금에게 건의하자, 경상도 진사 유직(柳稷) 등이 반대하는 상소를 올렸는데, "율곡의 학은 육가(陸家; 육상산)의 학이요, 성혼의 학은 도가류(道家類)"라고 평했다.[12] 그러니까 율곡과 성혼이 모두 이단의 학을 했다는 것이다. 물론 이런 주장은 사실을 크게 왜곡한 것이지만, 율곡의 학문에 그런 측면이 있다는 것은 부인할 수 없는 사실이다.

10 참교육을 실천한 스승

　율곡은 교화의 근본이 되는 학교 교육에 대하여 비상한 관심을 가지고 교육의 문란을 시정하기 위한 대책을 제시했다. 율곡은 이미 1569년(선조 2년)에 왕명으로 지어 바친 『동호문답』에서도 '교인지술(敎人之術)'이라는 항목을 넣어 교육 제도 전반의 개혁을 주장한 일이 있는데, 이에 대해서는 앞에서 소개했으므로 여기서는 생략하기로 한다. 특히 그가 1577년(선조 10년), 그러니까 42세 되던 해에 해주 석담에 은거하여 은병정사라는 학교를 세우고 제자들을 가르치기 시작하면서 초학자를 위한 교육 지침서의 필요성을 통감했는데, 그 첫 번째 저작이 『격몽요결』이다. 이 책은 해주 학생들만을 대상으로 한 것은 아니었다. 그뒤 1578년에 은병정사 학생들을 위한 지침서를 따로 만들었는데, 그것이 「은병정사학규」를 비롯하여 「은병정사약속」 및 「시정사학도」이다.

　율곡은 해주의 대표적 서원인 최충을 모신 문헌서원의 학문을 위한 지침서로서 「문헌서원학규(文憲書院學規)」를 만들고, 마지막으로 1582년(선조 15년)에는 왕명으로 성균관을 비롯하여 사학(四學)과 향교(鄕校) 등 모든 공교육 기관의 교육 혁신을 위한 지침서로 「학교모범」을 편찬했다. 그러니까 율곡은 공교육 기관과 사교육인 서원과 자신이 세운 사립학교인 은병정사에 이르기까지 여러 형태의 교육에 관한 지침서를 모두 만들었다.

○○ 초학자를 위한 지침서 『격몽요결』

율곡은 42세 되던 1577년 겨울에 부제학을 그만두고 해주 석담에 가서 은병정사를 짓고 제자를 가르쳤는데 초학자들을 위한 지침서의 필요성을 절감하고 『격몽요결』을 편찬했다. 책 제목은 '몽매함을 깨우친다'는 뜻이다. 당시 초학자들을 위한 지침서로는 『소학』이 가장 널리 읽히고 있었지만, 이 책은 중국인이 쓴 것이기 때문에 우리나라 현실에 꼭 맞는 내용을 담고 있지 못했다. 조선인 학자 박세무(朴世茂)가 쓴 『동몽선습(童蒙先習)』이 1541년(중종 36년)경에 편찬되었지만, 이 책 역시 오륜과 한국 및 중국의 역사를 간략하게 소개하는 데 그쳤을 뿐 아니라 아직은 세간에 널리 보급되지 못하고 있었다. 이 밖에 박운(朴雲)이 쓴 『격몽편(擊蒙編)』이 있어 율곡이 이 책의 발문을 쓰기도 했는데, 이 책은 정주 등 여러 학자들의 명언을 간추려 만든 것이라고 한다. 하지만 율곡은 기왕에 나온 초학자용 입문서들에 대해 부족함을 느꼈고, 하여 스스로 지은 글이 바로 『격몽요결』이다. 이 책은 모두 10장으로 구성되어 있는데, 그 내용은 다음과 같다.

서(序)

1   입지(立志)

2   혁구습(革舊習)

3   지신(持身)

4   독서(讀書)

5   사친(事親)

6   상제(喪制)

7   제례(祭禮)

8   거가(居家)

9   접인(接人)

10 처세(處世)

먼저, 서에서는 이 책을 쓰게 동기를 다음과 같이 밝히고 있다.

내가 해산(海山)의 북쪽에 정거(定居)하고 있을 때 한두 학도들이 서로 따르면서 학(學)에 대하여 묻는데, 나는 선생 노릇을 못하고 있다는 것이 부끄러웠다. 초학자들이 방향을 잡지 못하고 있을 뿐 아니라 뜻이 굳세지도 못하고, 범범하게 보탬이 되기를 청하고 있어서 피차 도움이 되지 못하고 오히려 사람들에게 비방만 주고 있는 것이 두려웠다. 그래서 간략한 책자 하나를 써서 뜻을 세우고(입심(立心)), 몸을 닦고(칙궁(飭躬)), 부모를 받들고(봉친(奉親)), 사물에 접하는

(물접(物接)) 방법을 대략 서술하여 이름을 『격몽요결』이라고 붙였다. 학도들이 이 책을 보고 마음을 닦고, 다리를 세워서 매일 공(功)을 쌓기를 바라고, 나 또한 오랫동안 인순(因循)에 병들어 있는데, 스스로 반성하고 경계하고자 하는 바이다.[1]

그러면 학(學), 즉 공부는 왜 필요한 것인가? 율곡은 서에서 학문의 요체를 이렇게 설명한다.

사람이 세상을 살아가는 데 학문(學問; 배우고 묻는 것)을 하지 않으면 사람이라고 할 수 없다. 그런데 학문이란 이상하고 별다른 물건이나 일이 아니다. 다만, 아버지는 자애로워야 하고, 자식은 효도를 해야 하고, 신하는 충을 바쳐야 하고, 부부는 구별을 지켜야 하고, 형제는 우애를 가져야 하고, 젊은이는 웃어른을 공경해야 하고, 붕우 사이에는 믿음이 있어야 한다. 날마다 사용하고, 행동하고 머무는 동안 모든 일이 그 마땅함을 얻는 것이 학문일 따름이다. 현묘(玄妙; 그윽하고 오묘함)한 것에 마음을 쏟거나 기효(奇效; 신기한 효과)한 것을 보기를 바라지 않는 것이 학문이다.

다만, 학문을 하지 않는 사람은 심지(心地)가 꽉 막히고, 식견이 어둡기 때문에 반드시 책을 읽어 이치를 궁리하고, 마땅히 가야 할 길을 밝게 알아야 비로소 조예(造詣)가 바르게 되고, 실천이 중(中)을 얻게 되는 것이다.

요즘 사람들은 학문이 일상생활 속에 있다는 것을 모르고, 쓸데없이 높고 멀고 행하기 어려운 것으로 생각한다. 그래서 학문을 특별한 사람에게 미루고, 스스로 편안하게 포기하고 있으니, 어찌 안타까운 일이 아니겠는가?

율곡은 학문이 별다른 일이 아니라, 그저 사람의 일상생활 속에서 모든 것을 도덕적 규범대로 행동하는 것에 지나지 않는다고 말한다. 여기서 규범은 효충별우서신(孝忠別友序信) 등 오륜이다. 다만, 책을 읽고 이치를 배워야 마음이 넓어지고 식견이 밝아져 도덕적 규범에 맞게 살 수 있다는 것이다.

이렇게 공부가 어려운 일이 아니라는 것을 깨우쳐 주고 나서 율곡은 공부의 구체적인 방법을 10장으로 나누어 설명하고 있다.

첫째로 입지 장에서는 뜻을 세우는 것이 중요하다는 것을 일깨우고 있다. 여기서 뜻을 세운다는 것은 공부의 목표를 말하는데, 그 목표는 성인이 되려는 마음을 갖는 것으로, 절대로 자신을 낮추어 보고 물러서려는 생각을 가지면 안 된다는 것이다.

그런데 성인과 중인(衆人; 보통 사람)은 근본적인 자질의 차이가 없다. 성인이나 중인이나 모두 똑같은 본성을 타고났기 때문에 중인도 참되게 알아서 실천하여 더럽혀진 것을 씻어 내어 본성을 되찾으면 누구나 성인이 될 수 있다. 따라서 뜻을 굳게 세우고, 지식을 밝게 가지고 행동을 돈독하게 하면 누구나 성인이 될 수 있다. 사람은 외모는 고칠 수 없다. 못생긴 얼굴을 예쁘게 할 수 없고, 약한 힘을 강하게 할 수 없으며, 작은 키를 크게 할 수는 없다. 하지만 마음을 바꾸는 것은 얼마든지 가능하다.

이렇게 뜻을 세우는 것이 중요하지만, 바로 공부하지 않으면 소용이 없다. 잘못된 습관에 젖어 세월만 보내면 죽을 때까지 성취하지 못한다.

두 번째 혁구습 장에서는 공부를 성취하기 위해서 나쁜 구습(舊習)을 과감하게 벗어던지는 용기가 필요하다는 것을 지적하고 있다. 여기서 나쁜 구습은 여덟 가지가 있는데, 하나는 한가롭게 지내기를 바라고 구속받기를 싫어하는 버릇이다. 둘은 생각과 동작이 안정되지 못하고 바쁘게 쏘다니고 떠들면서 시간을 보내는 버릇이다. 셋은 유행을 따르고, 꾸미는 것을 좋아하고, 자기와 다른 것을 싫어하고 같은 것만 좋아하는 버릇이다. 넷은 화려한 글로 명예를 추구하고, 경전(經傳)을 표절하여 미사여구를 꾸미는 버릇이다. 다섯은 필찰(筆札)을 잘하고, 음악과 술을 즐기면서 노는 것으로 세월을 보내는 버릇이다. 여섯은 한가한 사람들을 모아 바둑이나 장기를 두면서 하루 종일 먹고 지내는 버릇이다. 일곱은 부귀를 좋아하고 빈천(貧賤)을 싫어하며 악의(惡衣; 질이 나쁜 옷)와 악식(惡食; 맛없고 거친 음식)을 심하게 부끄러워하는 버릇이다. 여덟은 즐기는 일에 절제가 없고 돈과 성색(聲色; 음악과 여색)을 좋아하는 버릇이다. 이런 버릇들을 단칼로 뿌리째 뽑아 버리는 용단이 있어야 공부가 발전할 수 있다.

세 번째 지신 장에서는 몸가짐의 구체적 방법을 제시하고 있다. 아침에 일찍 일어나고 밤에 늦게 자며, 의관(衣冠)은 반드시 반듯하게 하고, 얼굴빛은 항상 엄숙하고 두 손을 모으고 앉아야 하며, 걸음걸이는 편안하고 조심스러워야 하며, 말은 신중하고 행동을 가볍고 함부로 가져서는 안 된다.

더 구체적으로 들어가면 몸과 마음을 단속하기 위해서는 구용

(九容)²과 구사(九思)³가 필요하다. 이 밖에, 예(禮)가 아닌 것은 보지도 말고 듣지도 말고 말하지도 말고 행동하지도 말 것이며, 의복은 화려하고 사치스러운 것을 입지 말되 추위를 막으면 되는 것이고, 음식은 맛있는 것을 피하되 굶지 않으면 되는 것이고, 거처는 편안한 것을 좋아하지 말되 병이 들지 않을 정도면 되는 것이다. 또 천리(天理)에 맞지 않는 마음, 예를 들면 색(色: 여자)을 좋아하는 것, 이(利)를 좋아하는 것, 명예를 좋아하는 것, 벼슬을 좋아하는 것, 편안함을 좋아하는 것, 잔치나 음악을 좋아하는 것, 진귀한 물건을 좋아하는 것을 버려야 한다.

말을 많이 하고 걱정을 많이 하는 것도 나쁘다. 마을 사람들이 모여 장기나 바둑을 두거나 그네를 뛰거나 창기(倡妓)가 춤추고 노래하는 것 등을 보면 자리를 피하고, 어른의 강요로 불가피하게 술을 마실 때에는 취할 정도로 마시면 안 되고, 음식도 적당히 먹어야지 많이 먹으면 기를 상하게 한다.

또 언행은 표리가 일체가 되어야 하므로 혼자 있을 때나 여러 사람이 있을 때나 같아야 하며, 항상 청천백일(靑天白日)처럼 투명해야 한다. 거경(居敬)으로 근본을 세우고, 궁리(窮理)로 선(善)을 밝히고, 역행(力行)으로 실천하는 일을 죽을 때까지 지켜야 한다. 항상 생각에 사특함이 없게 하고(사무사(思無邪)), 불경(不敬)함이 없게 한다(무불경(毋不敬))는 마음을 평생 지니고 살 것이며, 이 두 글귀를 벽에 걸어 두고 잠시도 잊어서는 안 된다.

네 번째 독서 장에서는 선(善)을 행하기 위해서는 궁리가 필요하고 궁리를 위해서는 독서가 필요하다는 것을 가르치고 있다. 먼저 독서하는 방법을 말하는데, 반드시 단정한 자세로 앉아 공경하는 마음으로 책을 대하고, 마음을 집중하고 숙독하여 그 뜻을 깊이 생각하고, 매 구절마다 반드시 실천할 방법을 생각해야 한다. 만약 입으로만 책을 읽고 마음으로 체득하지 않고 몸으로 실천하지 않으면 아무런 도움이 되지 않는다.

그러면 어떤 책을 읽어야 하는가? 독서의 순서는 『소학』을 먼저 읽어 오륜의 이치를 깨달아 실천하고, 다음에 『대학』을 읽어 궁리, 정심, 수기, 치인의 길을 배우고 실천하며, 다음에 『논어』를 읽어 인(仁)을 체득하여 실천하고, 다음에 『맹자』를 읽어 의리(義理)를 밝히고 인욕을 억제할 것을 배우고 실천하며, 다음에 『중용』을 읽어 성정(性情)의 덕에 다가가는 방법과 덕을 기르는 오묘함을 배운다. 그다음 『시경』을 읽어 성정의 옳고 그름에 따라 어떻게 평가받는가를 배우고, 다음에 『예경』을 읽어 천리의 절문(節文)과 의칙(儀則)의 도수(度數)를 배우며, 다음에 『서경』을 읽어 이제 삼왕이 천하를 다스린 경법(經法)을 배우고, 다음에 『역경』을 읽어 길흉이 생기고 없어지고 나아가고 물러나고 작아지고 커지는 이치를 알아야 하며, 다음에 『춘추』를 읽어 성인이 착한 사람을 상 주고 악한 사람을 벌주며, 어떻게 악을 누르고 선을 키워 주었는지를 알아야 한다.

이렇게 오서와 오경을 읽은 다음에는 송 대 학자들이 편찬한 『근사록(近思錄)』, 『가례(家禮)』, 『심경(心經)』, 『이정전서(二程全書)』, 『주자대전(朱子大全)』, 『어류(語類)』 및 그 밖의 성리설(性理說) 등을 간간이 읽어서 의리(義理)가 마음에 스며들도록 해야 한다. 그리고 나서 여력이 있으면 역사책을 읽어서 고금에 통달하고 사건의 변화에 밝아 식견을 길러야 한다. 이단이나 잡류(雜類) 등의 바르지 못한 책은 조급하게 읽어서는 안 된다. 그리고 독서는 반드시 한 가지 책을 읽어 그 뜻을 다 깨우친 뒤에 다른 책으로 옮겨 가야 하며, 다독하거나 바쁘게 섭렵하는 것은 좋지 않다.

여기서 이단이나 잡류를 조급하게 읽지 말라는 것은 전혀 읽지 말라는 것이 아니라, 학문이 원숙한 뒤에 읽어야 한다는 뜻이다. 이는 율곡이 이단에 대하여 부분적으로 포용하는 자세를 지니고 있음을 보여 준다.

다섯 번째 사친 장에서는 부모에 대한 효도의 중요성과 그 방법을 가르치고 있다. 우선 효도는 부모의 은혜에 대한 감사에서 시작된다. 자식의 성명(性命)과 혈육은 부모가 주신 것이므로 기맥(氣脈)이 서로 통한다. 그래서 내 몸은 내 것이 아니고 부모가 주신 것이므로 낳고 길러 주신 은혜에 대한 보답은 당연하다.

그러면 어떻게 하는 것이 효인가? 모든 일과 행동은 부모에게 여쭈어 보고 나서 행하고, 만약 할 만한 일인데도 부모가 허락하지 않으면 간절하게 설명하여 허락을 받은 뒤에 할 것이며, 끝까지 허락을 받지 못하면 곧바로 실행하면 안 된다.

매일 해가 뜨기 전에 일어나 세수하고 머리 빗고 옷을 입고 나서 부모의 침소에 가서 기침을 해서 알리고 안부를 물어야 하며, 저녁에도 침소에 가서 이부자리를 깔고 방이 추운지 더운지를 살피고, 낮에도 부드러운 얼굴로 공경스럽게 응대하고, 집을 출입할 때마다 반드시 절하고 말씀드려야 한다.

부모에 대한 경제적 봉양이 자기 힘으로 어렵다고 세월을 보내면 평생토록 봉양할 때가 없을 것이다. 반드시 스스로 가사(家事) 경영을 주도하여 맛있는 음식을 드려야 하며, 부모가 만약 가사 경영을 허락하지 않으면 경영을 보조하여 맛있는 음식을 마련하여 입맛을 맞추어야 한다.

부모와 자식 간에 사랑 때문에 공경을 버리는 경우가 많은데, 이런 습관을 버리고 반드시 부모를 공경하여 부모가 앉고 눕는 자리에 앉거나 누워서는 안 되며, 부모가 손님을 대접하는 곳에서 자식이 손님을 접대해서는 안 되며, 부모가 말을 타고 내리는 곳에서 자식이 말을 타고 내려도 안 된다.

부모의 뜻이 의리에 어긋나지 않는다고 생각되면 마땅히 그 뜻을 따르고 조금이라도 어겨서는 안 된다. 하지만 부모의 뜻이 의리를 해치는 경우에는 화기 어린 얼굴로 부드럽게 간(諫)하는데, 반복해서 말씀드려 고치도록 해야 한다.

부모가 병이 들면 근심 어린 태도로 다른 일은 제쳐 두고 의사에게 묻고 약을 제조하는 데 힘써 건강을 회복하도록 해야 한다.

말과 행동이 거칠고 놀면서 세월을 보내는 것은 부모를 잊어버리는 행동이다. 세월은 물과 같이 빨리 지나가므로 부모를 모시는 시간이 길지 않다. 그래서 자식은 성의와 힘을 다하여 효도를 하면서도 부족할까 걱정해야 한다.

여섯 번째 상제 장에서는 장례, 즉 상제에 대한 예절을 가르치고 있다. 상제는 주자의 『가례(家禮)』를 따를 것을 강조한 것이 특징인데, 부모의 상, 친척의 상, 사우(師友)의 상을 당했을 때의 예를 보여 준다. 다음에 몇 가지만 소개하기로 한다.

부모의 상을 당하여 조객이 오면 부복만 하는 것은 잘못이며 반드시 조객에게 두 번 절하고 곡해야 한다. 상복을 입는 날 처음으로 죽을 먹고, 졸곡(卒哭; 3개월 뒤)하는 날부터 밥과 물을 먹으며, 소상(小祥; 1년) 이후부터 채소와 과일, 국을 먹기 시작한다.

무덤 옆에서 지키는 여묘의 풍속이 없어졌는데, 옛날대로 여묘를 하는 것이 옳다. 친상을 당하면 성복(成服) 전에 곡이 끊어지지 않아야 하는데 기진하면 비복이 대신 해도 좋다. 매장 전에는 곡하는 데 정해진 시간이 없으며, 졸곡 후에는 아침과 저녁에만 두 번 곡한다. 다만 슬픔이 부족하면서 예만 잘 갖추는 것보다는 예가 부족하더라도 슬픔이 넘치는 것이 차라리 낫다. 상사(喪事)는 부모에 대한 슬픔과 존경을 다하는 데 지나지 않기 때문이다.

일곱 번째 제례 장에서는 제사의 규범을 설명하는데, 주자의 『가례』를 따라 사당을 세우고, 제전(祭田)과 제기(祭器)를 마련하여 종자(宗子)가 제사를 주관할 것을 강조하고 있다. 그러면 제사는 구체적으로 어떻게 지내야 하는가?

먼저 제사를 주관하는 자는 매일 아침 사당의 대문 안으로 들어가서 두 번 절하고 인사를 드려야 한다. 만약 수재나 화재를 당하거나 도적이 들면 사당의 신주(神主)와 제기 등을 먼저 옮기고 나서 가재(家財)를 옮겨야 한다. 1월과 동지, 그리고 매달 1일과 15일에는 사당에 참배하고, 속절(俗節)에는 시식(時食)을 바친다. 시제(時祭)를 지낼 때는 산제(散齊)라 하여 4일간 문상이나 문병이나 음주 등을 피하고, 치제(致齊)라 하여 3일간 음악을 듣지 않고, 출입도 하지 않으면서 조상의 일을 마음으로 추억한다. 기제(忌祭)의 경우는 산제를 2일, 치제를 1일간 한다.

여덟 번째 거가 장에서는 가정을 운영하는 데 필요한 규범을 알려 준다. 관례와 혼례의 규범, 부자 관계, 부부 관계, 형제 관계, 주인과 비복 관계에서의 예법, 남에게 재물을 주고받는 규범을 제시하고 있는데 그 요지는 다음과 같다.

먼저 거가의 큰 원칙은 예법을 지키면서 처자(妻子)와 가중(家衆)을 거느려야 한다는 것이다. 일을 나누어 그 책임을 맡기고, 재용(財用)은 수입을 헤아려 지출해야 하며(양입위출(量入爲出)), 쓸데없는 경비를 줄이고, 사치를 금지하고, 항상 재용에 여유를 두어 뜻하지 않은 일에 대비해야 한다.

성인식을 치르는 관례와 가약을 맺는 혼례는 『가례』를 따라야 하며, 속례(俗禮)를 따라서는 안 된다. 형제는 부모의 유체(遺體)를 똑같이 받았으므로 한 몸처럼 생각하여 음식이나 의복을 똑같이 서로 나누어야 한다. 요즘 형제가 서로 사랑하지 않는 것은 부모를 사랑하지 않는 것과 같다. 형제가 만약 옳지 않은 일을 할 때에는 정성으로 충고하여 이치를 깨닫게 해야 하며, 갑자기 노한 기색과 거슬리는 말을 하여 화목을 깨서는 안 된다.

부부간에는 지나치게 이부자리에서 정욕에 빠져서 위의(威儀)를 잃어서는 안 되며, 서로 존경하는 태도를 가져야 한다. 남편은 따뜻하면서도 의(義)를 가지고 다스리고, 아내는 공순하게 남편의 바름을 따라 뜻을 받들어 서로 존경하고 예를 지켜야 집안이 잘 다스려진다. 아내는 남편의 말과 몸가짐이 한결같이 바른 것을 보면 차츰 믿고 순종하게 될 것이다.

자식을 낳아 조금 알 나이가 되면 반드시 선(善)으로 이끌어야 한다. 만약 어리다고 가르치지 않으면 나이가 들어도 나쁜 일에 익숙하여 방심하게 되므로 가르치기 어려워진다. 그리고 가르침은 『소학』부터 시작한다. 집안에 예법이 세워지고 책이나 필묵(筆墨) 이외에 잡기(雜技)를 하지 않으면, 자제들도 자연히 본받게 된다. 형제의 자식들도 내 자식처럼 똑같이 사랑하고 가르쳐서 가볍고 무겁거나 두텁고 얇은 차이를 두어서는 안 된다. 비복은 나의 노고를 대신해 주므로 마땅히 고마움을 먼저 생각하고 위엄을 뒤로 해야 그들의 마음을 얻을 수 있다. 임금과 백성의 관계와 주인과 비복의 관계는 그 이치가 똑같다. 임금이 백성을 구휼하지 않으면 백성이 흩어지고, 백성이 흩어지면 나라가 망한다. 마찬가지로 주인이 비복을 구휼하지 않으면 비복이 흩어지고, 비복이 흩어지면 집안이 망한다. 그래서 비복이 배고프고 추운가를 항상 염려하여 음식과 옷을 챙겨 주어 삶을 안정시켜야 한다. 비복이 잘못하는 일이 있으면, 먼저 간절하게 깨우쳐 주어서 잘못을 바꾸도록 할 것이며, 가르쳐도 반성을 하지 않으면 비로소 매질을 하되, 주인의 매질이 증오에서 나온 것이 아니라 가르침에서 나왔다는 것을 알게 해야 한다.

가정에서의 남녀는 내외가 구별되는 것이 예법이다. 비록 비복이라도 남복은 심부름이 아니라면 함부로 여자 거처로 가서는 안 되며, 여복은 정해진 남편이 아니면 음란한 짓을 하면 안 되며, 만약 음란한 짓을 하면 내쫓아 별거하게 하여 가풍을 더럽히지 말아야 한다. 비복도 서로 화목해야지 서로 싸우고 시끄럽게 하면 엄히 금해야 한다.

군자는 도를 근심해야지 가난을 근심하면 안된다. 다만, 집이 가 난하여 생활을 이어가기 어려우면 궁핍을 면할 계책을 세워야 하지 만 춥고 배고프지 않을 정도면 된다. 옛날의 은자는 직접 신을 만들 어 팔거나 나무를 하거나 물고기를 잡거나 밭갈이하면서 살기도 했 다. 배우는 사람은 부귀를 가볍게 알고 빈천을 지키는 것으로 마음 을 삼아야 한다. 곤궁하거나 가난할 때 하는 행동을 보고 그 사람을 평가하라는 옛말이 있다. 남의 도움을 받거나 줄 때에도 명분과 의리 에 어긋나는 것을 주거나 받거나 하면 안 된다. 수령이 공물(公物)을 가지고 사사로이 주는 것도 받아서는 안 된다.

아홉 번째로 접인 장에서는 사회생활에서 지켜야 할 예법을 가 르치고 있다. 여기서는 연장자, 친구, 선생의 순으로 지켜야 할 예법 과 나를 헐뜯는 사람을 어떻게 대할 것인가 등을 설명한다.

우선 나이가 나보다 두 배 되는 연장자는 어버이처럼 대접하고, 10년이 더 많으면 형처럼 대접하고, 5년이 많으면 약간 공경을 보여 주어야 한다. 가장 나쁜 것은 내가 배웠다고 거만하게 행동하고 남을 업신여기는 것이다.

친구를 사귈 때는 공부하고 착하고 정직한 사람을 택하여 함께 지내야 하고, 친구의 충고를 허심탄회하게 들어 내 잘못을 바로잡아 야 한다. 게으르고 놀기를 좋아하고 아첨을 잘하고 정직하지 못한 사 람과 사귀면 안 된다.

마을에서 착한 사람은 가까이하고, 착하지 못한 사람은 그 사람 의 나쁜 점을 헐뜯지 말고 다만 덤덤하게 대하고 왕래하지 않으면 된 다. 그가 전부터 알고 있던 사람이라면 서로 만났을 때 그저 날씨 이야기나 하고 그 밖에 다른 말은 하지 말아야 한다. 그러면 점점 관계가 멀어진다. 그를 원망하거나 노엽게 하지는 말아야 한다.

길에서 아버지 친구나, 15세 이상자이거나, 벼슬이 당상 이상이고 나보다 10세 이상자이거나, 20세 이상자 등을 만나면 절을 해야 한다.

나를 헐뜯는 이가 있으면 먼저 자신의 잘못이 있는가를 반성하고 잘못이 있으면 고쳐야 한다. 만약 내 잘못이 아주 적은데 이를 과도하게 헐뜯더라도 자신을 반성해야 한다. 내 잘못이 전혀 없는데 헐뜯으면 그 사람이 망령된 사람이니 그런 사람과 어떻게 허실(虛實)을 따지겠는가? 그런 비방은 귀를 스쳐 가는 바람이나 하늘을 지나가는 달처럼 생각해야 한다. 과오를 듣고 시끄럽게 변명하면 오히려 과오는 더욱 커지고 비방은 더욱 무거워질 것이다.

마을에서 선생이나 연장자 그리고 친구들과 대화를 나눌 때는 학문과 의리에 관한 이야기를 나누어야 하며, 세속의 야비한 이야기나 정치의 잘잘못, 수령이 현명한가 아닌가, 다른 사람의 잘못 등에 관한 이야기는 일절 하지 말아야 한다.

요컨대 항상 따뜻하고 자애로운 마음으로 남에게 은혜를 베풀고 구제해 주는 것을 마음속에 담고 살아야 하며, 조금이라도 나의 이익을 마음속에 두면 반드시 남을 해치고 세상을 어지럽게 만든다. 그러므로 학자는 먼저 마음속에 이(利)를 버려야 비로소 인(仁)을 배울 수 있다.

마지막으로 처세 장에서는 벼슬에 관한 규범을 말하고 있다. 옛날에는 벼슬을 구하기 위해 학문을 한 것이 아니지만 학문이 이루어지면 우수한 사람을 뽑아 벼슬을 주었다. 하지만 벼슬은 다른 사람을 위한 것이지 자신을 위한 것은 아니었다. 그런데 지금은 과거(科擧)가 아니면 아무리 학문이 높고 행동이 뛰어나도 도를 행하는 길에 나갈 수 없기 때문에 과거 공부를 한다. 과거 공부가 이학(理學; 성리학)과는 다르더라도 이학과 과거 공부를 병행할 수도 있는데, 요즘 학자들은 과거 공부를 하라고 하면, "나는 이학에 뜻을 두어 과거 공부에 마음이 없다."라고 핑계 대고, 이학을 하라고 하면, "나는 과거 공부에 얽매어 이학 공부는 할 수 없다."라고 하면서 이것도 저것도 아니하고 세월을 보낸다. 이것은 경계할 일이다.

또 벼슬하기 전에는 벼슬 얻는 데만 급급하다가 벼슬을 얻으면 그것을 잃을까를 걱정하는 사람들이 많은데, 이는 두려운 일이다. 벼슬이 높은 자는 도를 행하는 데 주안점을 두어 도가 행해지지 않으면 물러나야 한다. 만약 집안이 어려워 생활을 위해 벼슬을 하지 않을 수 없다면 중앙직을 사양하고 지방직을 구하고, 높은 지위를 사양하고 낮은 자리를 구하여 배고픔이나 추위를 면해야 한다. 하지만 비록 생활을 위한 벼슬을 하더라도 청렴하고 부지런하게 공(公)을 위해 자기 직무를 다해야 하고, 놀고 먹기만 해서는 안 된다.

○○ 율곡의 교육관을 실현한 「은병정사학규」

율곡은 1578년(선조 11년; 43세)에 자신이 해주 석담에 세운 학교인 은병정사의 학칙으로 「은병정사학규」를 만들었다. 여기에는 모두

22개항의 규범이 기록되어 있는데, 그 요지를 소개하면 다음과 같다.

1 입학 자격은 사족과 서류(庶類; 평민)를 가리지 않고, 공부에 뜻이 있는 사람은 모두 받아들인다. 다만 먼저 들어온 사람들이 모두 좋다고 해야 입학을 허락한다. 옛날에 행실이 나빴던 사람은 잘못을 뉘우치고 행동이 바뀐 것을 확인한 다음에 들어오게 한다. 평생 소매(素昧)한 사람이 입학을 원하면 가까운 마을이나 산사에 가서 공부하게 하여 뜻과 행동이 취할 만하다고 여겨지면 입학을 허락한다.

2 학생 가운데 나이가 많고 유식한 사람을 추대하여 당장(堂長)을 삼고, 학문이 우수한 자를 장의(掌議), 그리고 두 사람을 뽑아 유사를 맡기고, 두 사람을 뽑아 직월로 삼는데 매달 바꾼다. 모든 논의는 장의가 주관하고, 당장에게 알려 결정한다. 유사는 학교의 모든 비품을 관리하고, 선생과 학생들이 강론한 이야기들은 모두 직월이 기록하여 남겨 둔다.

3 매달 초하루와 보름에는 선생과 학생들이 관복(官服)을 입고 문묘에 가서 재배하고 분향한다.

4 매일 오경(五更; 새벽 3시)에 일어나서 침구를 정리하고, 어린 사람은 방 안을 닦고, 재직(齋直; 기숙사 지킴이)은 마당을 쓸며, 모두 세수하고 의관을 정제한 다음에 책을 읽는다.

5 평상시에는 상복(常服)을 입고, 문묘에 가서 중문(中門)을 열지 않고 재배만 한다. 책을 읽을 때에는 반드시 단정한 자세로 앉아야 하며 옆 사람과 이야기하면 안 된다.

6 책상, 책, 붓, 연적 따위는 반드시 제자리에 가지런히 놓아야 한다.

7 식사를 할 때에는 나이순으로 앉아 먹는데 음식을 가려서 먹으면 안 되고, 배불리 먹으면 안 된다.

8 편한 자리는 언제나 어른에게 양보하고, 10세 이상의 어른이 출입할 때에는 반드시 일어나야 한다.

9 걸어갈 때에는 천천히 편안하게 걸어야 하고, 어른의 뒤를 순서대로 가야 한다.

10 언어는 반드시 신실(信實)하고 무거워야 하며, 예법이 아니면 말하지 않아야 하고, 공자께서 "괴력(怪力)과 난신(亂神)은 말하지 말라."라고 하신 말씀을 법으로 삼아야 한다. 또 범씨(范氏)가 말한 일곱 가지 계율을 벽에 걸고 보아야 한다.

11 성현의 책이나 성리(性理)의 책이 아닌 것은 읽지 말고, 역사책은 읽어도 좋다. 과거 시험을 보려는 사람은 다른 곳에 가서 공부해야 할 것이다.

12 항상 의복과 관대(冠帶: 모자와 띠)를 단정하게 차리고, 두 손을 모아 어른을 대하듯 앉아야 하며, 너무 편한 옷을 입거나 사치스러운 옷을 입어서는 안 된다.

13 식사 후에 혹시 연못에 가서 놀거나 수영을 하더라도 물(物)을 보고 이치를 궁구해야 하며, 서로 의리를 토론해야 하며 장난치거나 잡담을 해서는 안 된다.

14 친구 사이에는 서로 따뜻하게 존경하고, 잘못을 서로 충고하고, 착한 일을 서로 권장하고, 부귀(富貴)나 부형(父兄)이나 많이 든

고 본 것을 가지고 여러 사람 앞에서 자랑하거나 여러 사람들을 비난하거나 놀려서는 안 된다.

15 글씨를 쓸 때에는 반드시 해서(楷書; 정자체)로 써야 하며, 벽이나 창호에다 써서는 안 된다.

16 항상 구용의 몸가짐을 할 것이며, 기대어 서거나 예의를 잃거나 웃고 떠들거나 실언하는 것은 안 된다.

17 저녁 때는 등불을 켜고 책을 읽을 것이며, 밤이 깊은 뒤에 잠자리에 들어야 한다.

18 새벽에 일어나 밤늦게 잠자리에 들 때까지 하루 동안 하는 일을 잠시라도 게을리해서는 안 된다. 책을 읽거나, 조용히 앉아서 마음을 가다듬거나, 의리를 토론하거나 해야 한다.

19 집으로 돌아가서도 학교에서의 습관을 절대로 잊어서는 안 된다. 부모를 섬기고, 사람을 접대하고, 몸가짐이나 일 처리 등도 천리를 따르고 인욕을 버리는 일을 학교에 있을 때처럼 해야 한다. 학교를 벗어났다고 방심하고 뒤집으면 이는 두 개의 마음을 가진 것이다.

20 직월은 선적과 악적을 기록하는 일을 맡아서 학생들의 학교생활과 가정생활을 모두 살핀다. 언행이 이치에 맞게 행동한 사람과 학규를 어긴 사람을 모두 기록하여 매달 초에 사장(師長)에게 바친다. 착한 자는 권장하고 악한 자는 깨우쳐 주되, 끝끝내 가르침을 받아들이지 않는 자는 퇴학시킨다.

21 학생들은 정식으로 모이는 날이 아니더라도 매달 반드시 정사(精舍)에 모여 의리를 강론하고 직월을 다시 정해야 한다.

22 마을에서 배우기를 원하는 자는 모두 임시로 양정재(養正齋)에

서 받아들인다.

　그다음에 율곡은 학생들의 경각심을 높여 주기 위해 매달 초하루 모임 때 유사가 큰 소리로 읽고 학생들이 서로 강론하도록 「은병정사약속」을 만들었는데, 그 내용은 앞에 소개한 학규를 압축해 놓은 것이다. 「은병정사약속」 다음에 「시정사학도」가 실려 있는데, 이것은 율곡이 몇 년간 석담을 떠나 있다가 돌아와서 은병정사의 학생들을 만나 격려하는 뜻에서 보낸 글로서 자세한 소개를 생략한다.

○○ 선비가 되기 위한 엄격한 규범 「문헌서원학규」

　「문헌서원학규」는 율곡이 석담으로 은거한 1578년(선조 11년)에 지은 것인데, 이해 자신이 세운 은병정사의 학규를 만든 다음에 고려 시대의 명유 최충을 모신 문헌서원의 교육을 진작시키기 위해 지은 것이다. 「문헌서원학규」는 모두 16개조로 되어 있는데, 그 요지를 소개하면 다음과 같다.

1　입학 자격은 나이는 따지지 않고, 학업에 뜻이 있고, 행동이 불량하지 않으면 되는데, 서원의 학생들이 모두 동의해야 한다. 모인 사람이 10명 미만이면 결정할 수 없다. 다만 초시에 급제한 사람은 3명의 동의만 받아도 되고, 생원과 진사는 동의를 받을 필요가 없다. 세력자 또는 감사나 수령에게 부탁한 자는 들어올 수 없다.

2 학생 가운데 2명의 장의를 뽑아 모든 회의는 장의가 주관하며, 임기는 2년이다. 또 유사를 정하여 서책(書冊)을 주관한다.

3 향인 가운데 정직한 사람 2명을 원감(院監)으로 임명하여 재무를 맡기는데, 임기는 3년이다. 다만 후보자 3명을 뽑아 목사가 임명한다. 원감은 반드시 물러날 때 재무 장부를 넘겨주어야 하는데 대여 곡식이 축나면 교체시키지 않고 관청에 알려 교체시킨다.

4 매달 초하루와 보름에 전체 학생은 두건을 쓰고 단령포를 입고 문묘에 가서 중문을 열고 분향하고 재배한다.

5 매일 새벽에 일어나 이부자리를 정돈하고, 어린 사람은 방 안을 닦고, 재직은 마당을 쓴다. 세수하고 머리 빗고 의관을 바르게 하고, 동쪽과 서쪽 뜰에 나이순으로 나누어 서서 서로 마주보고 읍례(揖禮; 허리를 굽혀 인사함)를 한다. 인사가 끝나면 재실(齋室)로 돌아온다.

6 항상 의복과 관대를 단정하게 차리고, 두 손을 모으고 반듯이 앉아 어른을 대하듯 해야 한다. 편한 옷을 입으면 안 되고, 반드시 직령을 입어야 하며, 화려하거나 사치스러운 옷을 입어서도 안 된다. 책상이나 책, 붓, 연적 따위는 가지런히 제자리에 정돈하고, 글씨를 쓸 때는 반드시 해서를 써야 한다. 창호나 벽 위에 글씨를 써서는 안 된다.

7 거처할 때는 편한 자리는 언제나 나이 많은 사람에게 양보하고, 10년 이상 어른이 출입할 때는 반드시 나이 어린 사람이 일어나야 한다.

8 식사를 할 때는 나이순으로 앉아서 먹는데 음식을 가려 먹으

면 안 되고, 항상 배가 부르게 먹으려고 하면 안 된다.

9   책을 읽을 때에는 반드시 단정하게 손을 모으고 반듯하게 앉아야 하며, 책의 뜻을 생각하는 데 마음을 집중하고 옆 사람을 쳐다보고 말을 해서는 안 된다.

10   언어는 반드시 신중(信重)하고, 예법이 아닌 것은 말하지도 말고, 외설한 것을 입에 담아도 안 되며, 어지러운 귀신이나 괴이한 이야기는 말하지 않는다. 다른 사람의 잘못이나 조정의 정치나, 주현(州縣) 관원의 잘잘못에 대한 이야기를 해서도 안 된다.

11   친구 사이에는 서로 온화하고 존경하는 태도로 충고를 해 주고, 착한 일을 하도록 격려한다. 벼슬이 높은 사람이나 덕이 높은 사람이나 부형이나, 보고 들은 것이 많은 것 등에 대하여 친구들 앞에서 자랑하거나, 조롱하거나, 서로 까불고 장난치는 자는 여러 사람 앞에서 책망을 주고 자리에서 쫓아낸다.

12   새벽에 일어나 밤늦게 잠자리에 들 때까지 하루 종일 책을 읽거나 글을 쓰거나 의리를 토론하거나 공부를 더 청하거나 해야 하며, 한가할 때는 혹시 개울로 가서 걷거나 수영을 해도 좋다. 다만 태도가 단정하고 장유(長幼)가 순서를 지켜야 한다. 밤에는 반드시 등불을 켜고, 밤이 깊어서 잠자리에 든다. 만약 학규를 어기거나 태도가 흐트러지거나 학업에 게으른 자는 자리에서 쫓아내고, 그래도 뉘우치지 않으면 서원에서 퇴학시킨다.

13   서원 안에 있는 책은 밖으로 가져가서는 안 되며, 이를 어기면 벌을 준다. 죄가 무거우면 퇴학시키고, 죄가 가벼우면 무리에서 제외시킨다.

14 봄과 가을의 제사에 이유 없이 참가하지 않는 사람은 무리에서 뺀다.

15 서원에 학적을 둔 자가 행동이 나쁘고 유풍(儒風)을 욕되게 하면 전체 회의를 열어 퇴학시킨다.

16 3개월마다 한 번씩 장의가 학생들을 서원에 모아 학규를 가르치고, 여러 학생들의 잘잘못을 조사하는데, 이유없이 빠지는 자는 무리에서 빼 버린다. 서원에 처음 들어오는 자는 반드시 학규를 읽게 한다.

이상 문헌서원의 학규는 은병정사의 학규와 거의 비슷하다. 그 규칙의 엄격함은 기독교 수도원이나, 사찰의 승려 등 종교 수행자들의 생활 규범과 흡사하다고 할 수 있다. 선비가 되는 것이 얼마나 엄격하고 어려운 일인지를 학규를 통해서 느낄 수 있다.

○○ 공교육 제도를 개혁하기 위한「학교모범」

「학교모범」은 율곡이 홍문관 대제학으로 있던 1582년(선조 15년), 47세 때 왕명을 따라 지어 바친 글이다. 율곡이 경연에서 성균관 선비들의 풍속이 경박스러워지고 선생의 도가 무너진 것을 개탄하자 임금이 성균관의 사부(師傅)를 선택하고 선비를 배양하는 규범을 만들어 올리라고 명했다. 이에 따라 율곡은 이해 4월 1일에「학교모범」을 지어 올리게 된 것이다.[4] 율곡은 이것을 만들어 의정부 삼공과 더불어 회의하여 결정지었는데, 당시 율곡을 싫어하던 반대자들은 율곡이 자신의 문도(門徒)들을 성균관에 들어오도록 하여 홍문관과 성균관의 권력을 모두 독점하려고 만들었다고 비난하기도 했다.[5] 그러나 그런 비판은 근거가 없는 것이다.

「학교모범」은 성균관뿐 아니라, 서울의 사학(四學: 사부학당(四部學堂))과 지방의 향교에 이르기까지 모든 공교육 제도를 개혁하기 위한 것으로 크게 선생을 선발하고 학생을 기르는 방법을 조목조목 제시했다. 먼저 「학교모범」을 쓰게 된 동기를 설명하고, 이어 학생과 선생이 지켜야 할 16가지 규범을 제시한 다음, 스승과 학생을 선발하는 10개조의 사목(事目)을 덧붙였다.

「학교모범」을 만든 목적은 서울의 성균관과 사학 그리고 지방 향교 교육의 부진함을 고치고자 하는 데 있다. 사람은 누구나 천부적인 덕(德)을 타고남에도 불구하고 사도(師道)가 무너지고 교화가 밝지 못하니, 위로는 조정에 인재가 모자라서 벼슬에 빈 자리가 많고 아래로는 풍속이 퇴폐하여 윤리와 기강이 무너지고 있다는 것이다. 따라서 학교 교육을 바로잡으려면 스승과 학생을 선발하는 방법과 학생을 가르치는 방법을 모두 바꿔야 한다. 먼저 16개조 규범의 요지를 소개하면 다음과 같다.

1 뜻을 세움[立志] | 모든 사람은 만 가지 선(善)을 이미 천지로부터 타고났는데 다만 뜻을 세우지 않는 것이 문제다. 따라서 천지로 마음을 세우고, 민생을 표준으로 삼고, 옛 성인을 본받아 배우고, 온 세상의 태평을 목표로 삼아야 한다. 한마디로 성인이 되는 것이

목표이다.

2   몸을 검속함(檢身) | 배우는 자는 성인이 되겠다는 목표를 가지고 있으므로 몸가짐과 행동을 다잡아야 한다. 일찍 일어나고, 밤 늦게 자고, 의관은 정숙하게, 거처는 공손하게, 걸음걸이는 똑바르게, 용모는 장중하게 하며, 음식은 절제하고, 서재는 깨끗하게, 책상은 가지런하게 하며, 글씨는 조심스럽게 써야 한다. 그리고 몸가짐은 언제나 구용을 지녀야 한다. 또 예가 아니면 보지 말고, 듣지 말고, 말하지 말고, 행동하지 말아야 한다. 여기서 예가 아니라고 한 것은 광대놀이, 화려한 속악(俗樂), 방탕한 놀이 등을 말한다.

3   책 읽기(讀書) | 스승에게 배울 때 배움이 넓어야 하고, 질문은 자세하게 하고, 생각은 신중하게 하며, 분별은 명확해야 한다. 책을 읽을 때는 정신을 집중하고, 몸가짐을 바르게 해야 하며, 다독이나 암기에 힘쓰지 말고 정독(精讀)하는 데 힘쓴다. 책을 읽는 순서는 『소학』에서 시작하여 『대학』, 『근사록』을 거쳐 『논어』, 『맹자』, 『중용』을 읽고, 다음에 오경으로 가고, 사마천의 『사기』와 선현의 성리서(性理書)들을 간간이 읽어 식견을 넓히는 것이 좋다.

여기서 한 가지 주목되는 것은 『성학집요』에 들어 있던 『악경』이 여기서는 빠져 있다는 점이다. 아마도 임금에게는 『악경』이 필요하지만, 성균관 유생들에게는 필요 없다고 본 것 같다.

독서 이외의 놀이는 거문고 연주, 활쏘기, 투호(投壺)를 할 수 있으며 그 밖에 장기, 바둑 등 잡희는 공부에 방해가 된다.

4   말을 삼감(愼言) | 사람의 과실은 말에서 오는 것이 많으므로 말을 신중하게 해야 하는데, 허황하고 괴이한 것, 귀신 이야기, 길거

리의 비속한 말은 하지 말고, 정치 이야기나 남의 장단점을 논하는 말은 하지 말 것이다.

5 본 마음을 간직함(存心) | 배우는 자는 마음을 가다듬어 흐트러지지 않게 해야 하는데, 선악의 기미를 잘 살펴 악은 그 싹을 자르는 마음이 필요하다.

6 어버이를 섬김(事親) | 효도가 근본이고, 불효가 가장 큰 죄악이므로 부모에게 순종하고, 음식을 봉양하고, 정성을 다하여 병을 치료하고, 더위와 추위를 살피고, 출입할 때는 반드시 인사하고, 만일 부모가 잘못이 있으면 성의를 다해 은근히 간하여 점차 깨닫게 한다. 부모가 돌아가시면 지극한 슬픔으로 상장과 제사를 다해야 한다.

7 스승을 섬김(事師) | 임금, 스승, 아버지 덕분에 태어나고 살고 배우는 것이므로 군사부일체(君師父一體)로 섬겨야 한다. 스승과 함께 지낼 때는 아침저녁으로 인사하고, 따로 떨어져 살 때에는 초하루, 보름마다 찾아가 두 번 절한다. 존경하는 마음으로 배우되 의심나는 점이 있으면 조용히 질문하여 시비를 깨우치고, 사견(私見)으로 스승을 비난해서는 안 된다. 그렇지만 의리(義理)가 중요하므로 스승의 말을 맹목적으로 믿어서도 안된다.

8 벗을 택함(擇友) | 벗은 충신(忠信)하고, 효제(孝弟)하고, 강직하고, 돈독한 선비를 택해야 하며, 잘못이 있으면 서로 충고한다. 떠들고 돌아다니며 즐겁게 노는 것만 좋아하고, 말과 기운만 숭상하는 자는 벗으로 사귀어서는 안 된다.

9 가정생활(居家) | 가정생활에서는 형제간에 우애하고, 남편은 온화하고 아내는 양순하여 서로 예의를 잃어서는 안 되며, 자녀를 교

육할 때는 애정 때문에 총명이 흐려지게 해서는 안 된다. 아랫사람을 거느릴 때는 엄격하되 관용을 베풀고, 배고픔과 추위를 특별히 걱정해 주어야 한다.

10　사람을 응접함(接人) | 집 밖에서는 어른을 섬기고, 어린이는 자애롭게 어루만지고, 친족과는 화목하고, 이웃을 사귀는 데는 환심을 사야 하며, 혼인이나 장례 등 어려운 일은 서로 도와야 한다.

11　과거에 응시함(應擧) | 과거 시험은 도학(道學)을 숭상하는 선비에게 바람직한 것은 아니지만, 벼슬에 나가는 통로이므로 과거 응시가 불가피하다면 성실하게 공부해야 하고, 또 벼슬에 나아가더라도 이해득실 때문에 지조를 잃거나 도를 버려서는 안 되고 나라의 은혜를 갚을 생각을 가져야 한다. 의식(衣食)의 넉넉함을 추구하는 것은 선비의 도리가 아니다. 가장 나쁜 것은 도학과 과거 가운데 어느 것도 성취하지 못하는 것이다.

12　의리를 지킴(守義) | 선비는 의(義)와 이(利)를 분별하는 것이 중요하다. 명예를 구하거나 이득을 추구하는 것은 도둑과 같다. 집이 가난하여 부모의 봉양을 위해 경획(經劃: 가정 경제)을 생각할 수는 있으나 이(利)를 보면 언제나 의를 먼저 생각해야 한다.

13　충후를 숭상함(尙忠) | 충후(忠厚)와 기절(氣節)은 서로 표리관계에 있다. 절조(節操)가 없이 충후한 척하거나 덕이 없이 과격한 것을 기개와 절조인 것처럼 생각하는 것은 나쁘다. 아부나 거만 모두가 나쁘다. 예를 배워 윗사람을 높이고 어른을 공경함으로써 충후와 기절을 겸비해야 한다.

14　공경을 돈독히 함(篤敬) | 말에는 본받을 것이 있고, 행동에는

법도가 있으며, 잠시라도 본성을 잊어서는 안 된다. 공부는 효과를 기대하지 않으면서 죽을 때까지 쉬지 않고 힘쓰는 것이 실학(實學)이다. 해박한 것을 논하고 이야기하면서 자신을 꾸미는 것은 선비의 적이다.

15 학교생활〔居學〕| 학교생활에서는 학령(學令; 학칙)을 따라서 행동해야 한다. 글도 읽고 저술도 하고, 식후에는 잠시 거닐어 정신을 맑게 하고 돌아와 공부하며, 밤에도 그리해야 한다. 여럿이 있을 때는 토론하여 견문을 넓히고, 몸가짐을 정돈하고 엄숙하게 가져야 한다. 스승에게 쓸데없는 것을 질문하여 마음과 힘을 낭비하는 것은 옳지 않다.

16 글 읽는 방법〔讀法〕| 매월 초하루와 보름에 유생들은 학당에 모여 문묘를 배알하고 나서 자리를 정하고 앉으면(스승은 북쪽에 앉고 학생은 삼면에 앉는다.), 장의가 「백록동교조(白鹿洞教條; 주자가 세운 백록동학교의 학칙)」 또는 「학교모범」을 큰 소리로 읽고 나서 토론하며 공부한다. 질병이나 제사 이외의 일로 모임에 나오지 않는 자는 두 번이면 1개월간 모임에서 내쫓고, 세 번이면 체벌한다.

이상 열여섯 가지 규범을 잘 지키는 사람은 그 이름을 장부에 기록하여 사장(師長; 학장)에게 알려 권장하고, 만약 행동이 나쁜 학생이 있으면 여러 사람이 깨우쳐 주는데, 그래도 고치지 않으면 장의에게 알려 유사가 모임에서 꾸짖는다. 그래도 고치지 않으면 모임에서 쫓아내고, 허물이 크면 사장(師長)에게 고하여 출재(黜齋; 학교에서 쫓아냄)시킨다. 그 후 잘못을 뉘우치면 다시 학당으로 돌아오게 하는데, 모두 모인 자리에서 대면하여 꾸짖는다. 만약 끝까지 잘못을 뉘우치지 않으면 사장에게 알려 명부에서 삭제하고 지방과 중앙의 학당에 통보한다. 그러나 3년간 선행을 한 것이 나타나면 도로 입학을 허락한다.

다음으로 스승과 학생을 뽑는 10개조 사목의 내용을 소개한다.

좋은 스승을 선택하는 방법은 매우 중요하다. 근래에는 훈도(訓導; 종9품)를 뽑을 때 청탁을 따르거나 그 자리가 가난한 선비의 밥벌이로 전락하여 천해지고 비웃음의 대상이 되고 있다. 그래서 스승을 뽑고 선비를 양성하는 방법을 바꿔야 한다. 그 요지는 다음과 같다.

1　학문과 덕행이 뛰어나 사표가 될 만한 인물을 매년 서울은 한성부(漢城府)와 오부(五部)에서, 지방은 감사와 수령이 명단을 적어 이조에 올리고, 성균관의 당상(堂上; 대사성)도 유생들의 공천을 받아 명단을 만들어 이조에 알린다. 이조는 이들 명단을 검토하여 자리가 비는 대로 차출하되, 사는 곳에서 가까운 곳에 자리를 준다. 그 뒤 실적이 우수한 자는 품계를 올려 실직(實職)을 주고, 그다음의 실적을 올린 자는 벼슬길을 열어 준다.

2　전직 관원으로서 사표가 될 만한 자는 파직되었거나 과거에 급제한 여부를 가리지 않고 교관(校官)에 제수하는데, 6품 이상이면 교수(敎授; 종6품)에 제수하고, 7품 이하면 훈도에 제수하고 성과가 있는 자가 임기를 마치면 복직하게 한다.

3　중앙과 지방에서 뽑힌 자가 생원, 진사이거나 또는 이름이 난

자는 곧 교관에 제수하고, 그렇지 못한 자는 재주와 자격을 시험한 후 교관에 임명한다.

4 서울과 지방에서 학행(學行)으로 추천되어 장차 벼슬하게 된 자, 생원, 진사로서 벼슬할 만한 자는 먼저 교관을 시험하여 채용한 다음, 그 능력을 보아서 비록 임기가 다 차지 않더라도 틈틈이 벼슬을 주어, 교관과 조사(朝士)를 서로 섞어서 하나의 길이 되도록 하면, 선비들도 훈도가 되는 것을 영예롭게 생각하여 지난날의 천한 이름을 씻게 될 것이다.

5 스승을 정선(精選)하였다면 그들을 예의에 맞도록 대우하여 그 직분에 만족하도록 해야 한다. 감사와 수령은 그들을 우대하여 중앙에서 왕명을 받들고 온 자를 영접할 때 대문 밖에서 기다리게 하거나 말(馬) 앞에 서게 하지 말아야 한다. 또 목(牧) 이상은 훈도에게 급료로 매달 쌀과 콩 각 2석(石; 섬)과 벼 4석을, 도호부는 쌀 2석, 콩 1석, 벼 3석을, 군(郡)에서는 쌀 1석 5두, 콩 1석, 벼 2석을, 현(縣)에서는 쌀 1석, 콩 1석, 벼 1석을 주도록 한다.

6 생원과 진사를 제외하고 학교에 입학하기를 원하는 서울의 선비는 성균관의 하재(下齋)나 사학에 들어가게 하고, 지방에서는 사족이냐 한문(寒門; 쓸쓸한 가문, 평민)이냐를 따지지 말고 향교에 들어가게 한다. 다만 생도 10명의 추천을 받아 시험을 치른 후 입학을 허락하고, 「학교모범」으로 품행을 가다듬게 하고, 만약 학교 입학을 꺼리는 자는 과거 응시를 금지한다.

7 서울의 사학에서는 입학생 가운데 다시 시험을 치러 200명(각 학교마다 50명)을 정원으로 정하고, 이들을 5개 반으로 나누어 20명

씩 10일간 윤번제로 학교에 거처하게 하며, 이들에게는 두 끼의 식사를 제공한다. 정원에 들지 못한 학생은 5개 반으로 나누어 학교에 거처하게 하는데, 식량은 각자가 지참한다.

지방에서도 역시 시험을 봐서 목 이상은 정원을 90명, 도호부 이상은 70명, 군은 50명, 현은 30명으로 정하고, 5개 반으로 나누어 학교에 거처하게 하며, 식사는 감사와 수령이 제공한다. 시험에 떨어진 학생은 식량을 자급한다. 질병과 사고 외에 학교에 나오지 않는 학생은 처벌한다.

8 학생들은 예로써 대우해야 하며, 수령이 관청의 일로 부려서는 안 되며 교관의 종마(從馬; 구종말) 비용을 학생에게 부담시키면 안 된다. 서울에서 사신(使臣)이 올 때에는 향교의 문묘에 배알할 때만 교문 밖에서 맞이하고, 그 밖의 경우는 맞이하지 않는다. 감사가 오더라도 두 번째 순시일 경우에는 관문(官門)에서 맞이하지 않는다.

9 2년마다 모든 고을에 사신을 보내 생도들의 학업과 행동을 시험하여 그것으로 교관의 능력을 평가한다.

10 성균관 학생들이 생진과나 문과에 응시할 때는 당상이 관관(館官), 당장, 장의, 유사를 모아 학생 명부와 선적 및 악적을 가져다 놓고 행동에 오점이 없는 자를 선택하여 과거를 보게 한다. 사학에서도 이와 같이 하고, 지방의 향교에서는 수령이 교관 및 향교의 당장, 장의, 유사와 함께 위와 같이 의논하여 그 명단을 뽑는다.

지방의 생원, 진사로서 행동에 하자가 있어 문과에 응시하기에 부적합한 자는 수령이 한 고을의 공론(公論)을 채택하여 감사에게 보고하여 성균관에 알린다. 만약 학문에 뜻을 둔 선비 가운데 군적(軍籍)에 편입된 자로서 과거 보기를 원하는 자가 있으면, 서울에서는 성균관에서, 지방에서는 수령이 그들의 진실 여부를 조사하여 진실이 확인된 후 과거에 응시하도록 허락한다.

이상 「학교모범」에서 가장 특징적으로 눈에 띄는 것은 스승과 학생을 선발하는 10개조의 사목으로서 교관에게도 벼슬길을 열어 준다는 것과 월급을 지급하는 것, 그리고 성균관을 비롯하여 사학과 향교에 입학하는 학생은 사족과 한문을 가리지 않고 선발하되 생도 10명의 추천을 받게 한 것과, 학교에 적(籍)을 두지 않은 자는 과거 응시를 금지시킨 것, 과거 시험을 치를 때에는 학교에서 성적과 품행이 나쁜 자의 응시를 금지시키는 것 등이다. 다만 학적이 없고 군적에 편입된 평민이라도 학문에 뜻을 둔 자는 성균관과 수령이 그 진실을 조사하여 과거응시를 허락하도록 한 것이 주목된다.

훈도를 선발하는 방법과 성균관, 사학 그리고 향교의 학생을 선발하는 방법에 대해서는 율곡이 1569년에 지어 바친 『동호문답』의 '교인지술'에서도 언급한 일이 있다. 따라서 「학교모범」과 '교인지술'의 내용을 서로 비교해 보는 것이 좋을 것이다.

먼저 훈도를 선발하는 방법은 두 글의 내용이 비슷하지만, 「학교모범」에 들어 있는 훈도에게 월급을 주자는 주장은 '교인지술'에는 없던 것이다.

학생을 선발하는 방법도 두 글이 비슷한데, 다음의 몇 가지 점에서 차이가 보인다.

첫째, '교인지술'에서는 선사(選士) 제도가 보인다. 선사는 서울과 지방의 수령이 고을에서 생원, 진사, 유학(幼學) 가운데 도학(道學)을 숭상하는 자를 선발하여 그 명부를 이조와 예조에 보내면, 두 기관에서 다시 명부를 심사하여 200명을 성균관 상사생(上舍生; 관비 학생)으로 뽑아 5번으로 나누어 40명씩 성균관에 와서 공부하게 하고, 유학 가운데 200명을 또 뽑아 서울의 사학에 50명씩 나누어 배속시키는데, 역시 5번으로 나누어 10명씩 사학에 나가 공부하게 하는 것이다. 성균관과 사학에서 학행이 우수한 자는 홍문관이나 사헌부 등에 벼슬을 주고, 성적이 조금 떨어지는 자라도 백집사(百執事)의 벼슬을 준다.

그런데 「학교모범」에는 선사라는 말이 보이지 않고, 그냥 생원과 진사를 제외한 서울의 선비로서 학교에 들어가기를 원하는 자는 성균관의 하재나 사학에 들어가게 한다고 되어 있을 뿐이다. 다만 사학의 학생을 다시 시험을 치러 200명을 정원으로 정하고, 이들을 5번으로 나누어 20명씩 교대로 학교에 가서 공부하도록 하며, 이들에게는 하루에 두 끼씩 식사를 제공한다. 정원에 들지 못한 학생도 5번으로 나누어 학교에서 교대로 공부하게 하는데 이들에게는 식사를 제공하지 않으므로 스스로 지참해야 한다.

둘째, '교인지술'을 따르면 지방의 유학으로서 선사에 뽑힌 자는 향교로 보내거나, 서원에 보내 관청에서 비용을 부담하고, 선사 가운데 학행이 뛰어난 자는 수령이 감사에게 보고하고, 감사는 다시 이조와 예조에 보고하여 성균관의 하재에 보내 생원과 똑같은 대우를 하며, 성적을 보아 조정의 벼슬을 준다.

그런데「학교모범」에는 그저 지방의 사족과 한문을 가리지 않고 향교에 들어가게 하는데, 다만 학생 10명의 추천을 받은 후 시험을 치고 들어가야 한다고 나온다. 지방은 목, 부, 군, 현마다 정원을 달리 하는데, 그 정원은 『경국대전』의 정원과 같다. 다만 이들을 5번으로 나누어 학교에 가도록 하고, 식사는 감사와 수령이 부담한다. 하지만 시험에 떨어진 학생은 식량을 스스로 부담한다.

셋째, '교인지술'에 의하면, 생원, 진사, 유학으로서 선사에 뽑히지 못한 자는 모두 학교에 적을 두어야 한다. 다만 생원과 진사는 성균관에 적을 두고, 유학은 사학에 적을 두는데, 원점(圓點)을 받지 않기 때문에 식사를 제공받지 못한다.

반면,「학교모범」에는 선사 자체를 인정하지 않기 때문에 선사와 일반 유생의 구별이 없다.

넷째, '교인지술'에서는 지방의 서얼로서 유학을 공부하는 이른바 업유(業儒)에 대해서는 가르칠 만한 사람은 향교에 보내고 가르칠 수 없는 사람은 모두 군액(軍額)에 충당한다고 되어 있다. 그런데「학교모범」에서는 서얼에 대한 언급이 없다. 다만 한문도 향교에 들어갈 수 있다고 되어 있는데, 한문에는 일반 평민과 서얼이 모두 포함되는 것으로 해석할 수 있다.

다섯째, 과거 응시에 대하여는 어떤 입장을 취했을까? 먼저 '교인지술'에서는 선사에게 특혜를 주어 정시는 모두 선사만 응시할 수 있게 하자고 했다. 식년시와 별시의 경우에도 선사에게는 특혜를 주되, 생원과 진사로서 선사가 된 사람은 관시(館試: 성균관에서의 시험)에 응시하고, 선사가 아닌 생원과 진사는 향시(鄕試)와 한성시(漢城試)를 치도록 했다.

그런데 「학교모범」에서는 선사를 인정하지 않으므로 위와 같은 내용이 보이지 않으며, 그 대신 성균관 학생들이 과거에 응시할 때는 당상이 관관, 당장, 장의, 유사를 모아 놓고 학생 명부와 선적 및 악적을 검토하여 행동에 오점이 없는 학생을 선택하여 과거에 응시하도록 하자고 되어 있다. 한편 사학에서도 성균관과 같은 방식으로 하고, 향교에서는 수령이 교관 및 향교의 당장, 장의, 유사와 함께 의논하여 응시자를 선택한다.

특히 「학교모범」에서 주목되는 것은 지방의 생원과 진사 가운데 행실이 나빠 과거 응시에 적합하지 않은 자는 수령이 그 고장의 공론을 참고하여 가려내 감사에게 보고하여 성균관에 알린다는 것이다. 그 밖에 학교 입학을 꺼리는 사람은 과거 응시를 금지하자는 제안도 내놓고 있다. 반대로 학적이 없고 군적에 올라 있는 평민이라도 학문에 뜻을 두고 과거 응시를 희망하는 자가 있으면, 서울의 경우 성균관에서 조사하고 지방의 경우 수령이 그들의 진실 여부를 조사하여 진실이 확인되면 과거에 응시하도록 하자고 제안했다.

이상 '교인지술'과 「학교모범」의 차이점을 다시 한번 요약 정리하면, 전자는 지방에서 추천받은 선사 제도를 도입하여 이들에게는 교육상으로도 우대할 뿐 아니라 과거를 거치지 않아도 벼슬길에 나가는 길을 터 주자는 것이 핵심이고, 후자는 선사 제도를 없애는 대신 신분을 가리지 않고 도학에 뜻을 둔 사람은 모두 학교에 적을 두게 하되, 과거 응시는 그 가운데 행실이 좋은 학생에게만 허용하고, 행실이 나쁘거나 학교 입학을 꺼리는 사람은 과거 응시를 금지하자는 데 무게를 두고 있다. 그러나 그 어느 쪽이든 학교 교육의 질을 높이자는 취지는 서로 같다고 말할 수 있다.

11   다시 보는 율곡

사람의 인성과 사상은 타고난 천품도 없지 않지만, 가정 환경이나 사회 환경의 영향을 받아 형성되는 측면이 더 크다고 보아야 한다. 이런 시각에서 율곡의 인성과 학문과 사상을 살펴볼 필요가 있다.

율곡은 분명히 좋은 천품을 타고난 사람이다. 성품이 착하고 소탈하며 머리가 좋았다. 그가 49세라는 길지 않은 생애를 살면서 과거 시험에 아홉 번이나 장원 급제하고 그토록 주옥같은 많은 글을 지은 것은 노력만으로 된 것 같지 않다. 명석한 두뇌의 소유자인 동시에 본성이 착한 사람이라는 것을 말해 준다. 하지만 그가 학자로서 대성하고, 벼슬살이를 하면서도 참선비의 모습을 한시도 잊지 않고 실천하여 뒷날 문묘에 배향되고, 그의 학문이 조선 후기 300년간 지도적인 위치를 차지하게 것은 타고난 천품의 소산만은 아니다. 그가 자라면서 체험한 가정 환경과 그가 살았던 16세기 중엽의 사회 환경에서 받은 영향이 더 크게 작용했다고 볼 수 있다.

율곡의 가정 환경은 친가, 외가, 처가 등을 모두 통틀어 중간층에 해당하는 위상을 지니고 있다. 친가가 속한 덕수 이씨는 물론 많은 명신과 고관을 배출한 명문이다. 하지만 율곡의 직계 조상을 보면 육대조 이명신이 조선 초기에 지돈녕부사(정2품)를 지낸 것 말고는 그 뒤로는 그리 현달하지 못해 오대조와 증조가 군수와 현감을 지냈고, 할아버지는 벼슬이 없고, 아버지도 50세까지 벼슬이 없다가 늘그막에 문음으로 판관(종5품)을 지냈을 뿐이다. 이렇게 할아버지 이후로 벼슬이 없었기 때문에 경제력도 크지 않은 데다 율곡의 7남매가 아버지 재산을 평등 분배하여 물려받은 재산이 극히 적었다. 그래서 율곡은 고향 파주에 오래 복거할 수가 없었던 것이다.

율곡의 외가인 평산 신씨는 오히려 친가보다 집안이 좋아 조선 초기에 정승, 판서, 대사성 등이 잇달아 나왔는데, 외조부 신명화는 벼슬을 못해 가세가 기울었으나, 외조모 용인 이씨가 오히려 강릉에 오죽헌을 비롯한 재산을 가지고 있어 경제적으로 도움을 주었다.

율곡의 처는 곡산 노씨로서 세종 때 의관으로 이름을 떨친 노중례의 후손으로 장인 노경린에 이르러 처음으로 종부시정(정3품 당하관)의 벼슬에 올라 사족 가문이 되었으나 해주에 가산(家産)이 있어서 율곡이 이곳에 복거하는 데 도움을 받았다.

율곡은 7남매 가운데 다섯째에 해당하는데, 큰형이 참봉(參奉; 종9품)을 하다가 일찍 세상을 떠나고 둘째 형은 벼슬을 하지 못해, 율곡은 수십 명에 이르는 형제들의 가솔들 생계를 책임지는 무거운 짐을 떠안고 살면서 항상 경제적으로 압박을 받았다. 율곡이 경제 문제에 각별히 신경을 쓰게 된 이유 가운데 하나는 이러한 가정 환경의 영향도 컸을 것으로 보인다.

정신적으로 본다면 율곡에게 가장 큰 영향을 준 사람은 외조부와 어머니 사임당이었다. 외조부는 기묘명인의 한 사람으로 강직하기로 소문난 선비의 전형이었고, 사임당은 예술적 재능에다 유교적 교양이 풍부하여 율곡의 유년기 교육을 전담하다시피 했다. 어린 율곡을 반듯하게 키운 것은 바로 어머니였는데, 어머니는 5자매의 둘째 딸로 태어나 아들 없이 외롭게 살아가는 강릉의 친정어머니에 대한 봉양의 책임을 지고 있어서 언제나 한숨으로 지냈으며, 한량으로 지내는 남편 이원수와 동거한 세월은 시집 생활의 절반도 되지 않았다.

율곡과 사임당의 관계가 이러하기 때문에 16세에 사임당의 임종도 보지 못하고 어머니를 저세상으로 보낸 율곡의 슬픔은 거의 절망에 가까운 것이었다. 게다가 서모 권씨와의 관계가 좋지 못하여 정을 붙이고 살 가족이 없었다. 그래서 선택한 것이 불효와 이단의 길이었다. 가족에게 알리지도 않고 금강산에 들어가 생불로 불릴 만큼 불교에 흠뻑 빠져 1년간 승려 생활을 한 것은 그의 일생에 씻을 수 없는 자책과 후회로 남았다. 속세로 돌아온 뒤에는 이 때문에 선비 사회에서 왕따를 당해 죽고 싶을 만큼 부끄럽고 참회하면서 일생을 살게 된 것이다.

이러한 소년기의 역경을 극복하면서 성리학의 대가이자 선조 임금의 최고 총신으로 우뚝 선 것은 그가 얼마나 가혹하게 자신을 채찍질하면서 분발했는가를 말해 준다. 위인은 위기를 슬기롭게 극복한 사람이라는 것을 율곡은 가감 없이 보여 준다.

성리학자로서의 율곡의 사상은 인간과 사회에 대한 따뜻한 시선이 가장 큰 특징이다. 즉 사랑과 포용성이다. 특히 사랑을 상대적으로 덜 받고 있는 사람들, 예컨대 국가의 가혹한 수취에 시달리는 보통 사람들과, 여기에 천대까지 받고 있는 서얼이나 노비층에 대한 사랑이 더 클 수밖에 없다. 율곡이 공안과 군역으로 대표되는 민생고를 해결하고, 서얼의 허통을 주장하고, 공노비 선상의 개혁과 사노비에 대한 속량, 그리고 가혹한 형벌의 금지 등을 평생을 두고 임금에게 조언하면서 개혁하려고 한 이유가 여기에 있는 것이다.

율곡이 선택한 개혁은 민중의 물리적 힘으로 해결하려는 혁명의 길이 아니고, 위로부터의 점진적이고 온건한 개혁이었다. 그것이 곧 경장이요, 계지술사이다. 그가 가장 싫어한 것은 무사안일로 현실을 즐기려는 기득권층과 출세하여 녹봉이나 챙기려는 인욕에 사로잡힌 사이비 선비들이었다.

위로부터의 개혁은 당연히 임금의 결단에서부터 시작되는 것이고, 임금 혼자 힘으로 부족하니 어진 선비를 등용하여 힘과 지혜를 모으는 것이 필요했다. 그래서 선조 임금을 요순 삼대의 성인 군주, 곧 군사(君師)를 만들기 위해 임금의 노여움을 무릅쓰고 피를 토하는 직언을 17년간 올렸던 것이다. 차라리 말을 듣지 않는 임금을 섬기는 것보다 향곡으로 물러나 숨어 사는 것이 편하다는 것을 모르지 않았지만, 그것은 선비로서 택할 길이 아니라고 생각했다.

율곡은 역사의 흐름이 갖는 법칙성을 알고 있었다. 왕조가 창립하여 200년 정도 지나면, 마치 집이 오래되어 서까래가 썩고 기와가 부서지듯이 국가가 붕괴의 길을 걷는다고 보았으며, 지금이 바로 토붕와해의 중쇠기라고 진단했다. 그리고 중쇠기에 경장으로 건강을 되찾지 않으면 반드시 나라는 망할 것이라고 예견했다. 그 예언이 그가 세상을 떠난 지 8년 만에 적중했지만, 임금과 대부분의 신하들은 그가 평지풍파를 일삼는 교만한 인물이라고 치부하며 그를 경원하거나 공격하는 데 여념이 없었다. 왜란의 참화를 당하고 나서야 비로소 그가 혜안을 가진 선각자였음을 알게 되었으나, 때는 이미 늦었던 것이다.

율곡의 인간과 사회에 대한 따뜻한 시선은 그의 철학까지도 바꾸는 계기가 되었다. 퇴계가 주장한 이기이원론에 비해 율곡의 이기이원적 일원론은 기와 이가 통합되어 있다고 보기 때문에 선악과 청탁이 뒤섞인 기의 의미가 한층 선한 것으로 받아들여지면서 성선설의 강도도 더욱 높아지게 되었다. 바로 여기서 칠정을 포함한 인간의 모든 행위에 긍정적인 의미가 더해지고 인간을 바라보는 시각이 따뜻해질 수밖에 없는 것이다. 원래 우주론이나 인성론은 윤리성을 떠나서도 해석될 수 있지만, 율곡의 경우는 윤리를 바탕으로 우주와 인간을 바라보았다고 할 수 있다. 하지만 어느 경우이든 철학에는 정답이란 존재하지 않는 것이다.

인간과 우주를 긍정적인 사랑의 눈으로 바라볼 때 교육을 통한 성인을 목표에 둔 도덕성의 함양은 한층 가능성과 희망이 커지는 것이다. 그래서 율곡은 벼슬에서 물러나면 끊임없이 자신을 함양시키고, 제자들을 교육시켰다. 그 결과 그의 감화를 받은 제자들이 기라성처럼 성장하여 그의 복음을 후세에 전달하면서 조선 후기 300년간 하나씩 하나씩 꽃을 피워 갔다.

율곡이 경장의 핵심으로 제기한 공물 문제는 대동법으로 실현되고, 군역 문제는 균역법(均役法)으로 실현되고, 서얼 허통이나 노비

속량 문제도 점차적으로 확대되어 갔다. 이조 전랑의 인사권도 영조대에 혁파되었다. 율곡의 3대 명저 가운데 하나인 『성학집요』는 조선 후기 역대 제왕의 경연 교과서로 정착되고, 그의 군사론(君師論)은 중흥의 영주인 영조와 정조, 그리고 고종의 통치 철학으로 수용되었다. 초학자의 교육 지침서인 『격몽요결』은 향촌 사회의 교양 도서로 확산되고, 이 모든 업적이 평가되어 선비로서 가장 영광스러운 자리인 성균관의 문묘에 배향되는 영예를 얻었다. 조선 후기에 문묘에 배향된 성혼, 김장생, 김인후, 김집, 조헌, 송시열, 박세채 등이 율곡의 학문을 따르던 학우이거나 후학이라는 것도 예사로운 일이 아니다. 김인후만이 율곡보다 26년 연상이다.

    이렇게 본다면 조선 후기의 정치와 사상은 율곡이 뿌린 씨앗을 거두는 과정이라고 말해도 과언이 아니다. 물론 실학(實學)이라는 새로운 학풍이 일어나 사상계에 일정한 변화가 일어난 것은 사실이지만, 이들도 한결같이 율곡의 영향을 받은 것을 간과해서는 안 된다. 실학이란 다름 아닌 경세학을 지닌 성리학이요, 이단을 포용하는 성리학이라고 할 때,[1] 바로 율곡의 학문과 사상이 경세학을 지닌 성리학이요, 이단을 포용하는 성리학이었기 때문이다.

주

1부 치열한 정열을 지닌 개혁가

1 한량 같은 아버지, 우상적 존재 어머니

1   『세종실록』 권22, 세종 5년 10월 18일 을축 및 『세종실록』 권54, 세종 13년 12월 5일 병신.
2   『선조실록』 권1, 선조 즉위년 9월.
3   『명종실록』 권32, 명종 21년 3월 24일 을묘.
4   위의 글.
5   『선조실록』 권14, 선조 13년 5월 26일 갑오.
6   『율곡전서(栗谷全書)』 권14, 잡저(雜著) 1.
7   『율곡전서』 권18, 「선비행장(先妣行狀)」.
8   사임당의 어머니 용인 이씨는 친정과 시댁에서 받은 재산(집, 노비, 땅 등)을 1451년부터 1561년에 걸쳐 다섯 딸에게 골고루 분배했다. 그 사실을 기록한 분재기(分財記)가 지금 「이씨분재기」로 명명되어 강원도 유형문화재로 지정되었으며 오죽헌시립박물관에 소장되어 있다.
9   『율곡전서』 권33, 연보(年譜).
10 「선비행장」에서는 희첩(姬妾)은 모두 시비(侍婢)를 가리킨다고 주석을 붙였는데, 이는 아마도 이원수가 첩을 두고 있다는 것을 감추기 위해 붙인 주석이 아닌가 한다.

11　『율곡전서』 권18, 행장(行狀).
12　『율곡전서』 권38, 제가기술잡록(諸家記述雜錄).
13　『율곡전서』 권33, 부록(附錄) 세계도(世系圖).
14　『선조수정실록』의 율곡 졸기에는 율곡의 서자가 세 명이라고 되어 있는데, 실제로 족보에는 두 명만 기록되어 있다. 졸기의 기록이 잘못이거나 아니면 세 명 가운데 한 명이 요절했거나 둘 중의 하나일 것이다.
15　『율곡전서』 권3, 소차(疏箚) 사부교리소(辭副校理疏)(무진).
16　『율곡전서』 권3, 소차(疏箚) 사교리잉진정소(辭校理仍陳情疏)(기사).
17　『율곡전서』 권38, 제가기술잡록.
18　위의 글.
19　『선조실록』 권17, 선조 16년 7월 16일 을미.
20　『선조실록』 권17, 선조 16년 7월 19일 무술.
21　『선조실록』 권17, 선조 16년 8월 5일 갑인.
22　『선조수정실록』 권17, 선조 16년 9월 1일 기묘.
23　『선조실록』 권14, 선조 13년 5월 26일 갑오.
24　『율곡전서』 권34, 부록 연보 및 『선조수정실록』 권18, 선조 17년 1월 1일 기묘조의 졸기. 여기서 율곡이 세상을 떠난 날짜를 1월 1일로 적은 것은 잘못된 것이다.

2 용이 나타난 아이, 일곱 번 장원 급제하다

1　『선조수정실록』 권2, 선조 원년 5월 1일 경술.
2　『선조실록』 권9, 선조 8년 6월 24일 신묘.
3　『율곡전서』 권13, 별홍표숙서(別洪表叔序).
4　『명종실록』 권32, 명종 21년 3월 24일 을묘.
5　『율곡전서』 권35, 부록 행장.
6　율곡이 금강산을 향해 떠나 그곳에서 생활하면서 지은 시로 보이는 것은 「출동문(出東門)」, 「도중(途中)」, 「풍악증소암노승(楓岳贈小菴老僧)」, 「풍

악기소견(楓岳記所見)」 등이다.
7 『명종실록』 권32, 명종 21년 3월 24일 을묘.
8 『명종실록』 권31, 명종 20년 12월 7일 경오.
9 위의 글.
10 『명종실록』 권32, 명종 21년 5월 12일 임인.

3 왕도 정치를 꿈꾸며 경장을 주장하다

1 『율곡전서』의 연보에는 홍문관 부교리에 임명된 것이 선조 원년 겨울로 되어 있으나, 『선조수정실록』에는 선조 원년 5월 1일로 되어 있어 서로 다르다. 연보의 날짜가 맞는 것으로 보인다.
2 『선조실록』 권3, 선조 2년 9월 25일 을미. 그러나 『선조수정실록』에는 『동호문답』을 바친 시기가 7월 1일 임신이라고 되어 있어 날짜가 다르다.
3 율곡은 퇴계의 공적에 대하여 다음과 같이 말했다. "동방은 정몽주가 도학을 창도했고, 조선조에 들어와서는 김굉필, 조광조 같은 이가 도학을 한 사람인데 거의 다 모양을 이루지 못했습니다. 그런데 이황은 그 언론(言論)과 풍지(風旨)를 들으면 옛사람의 학문을 참으로 알고 있는 사람으로서 이에 비견될 사람이 없습니다. 다만, 그의 자품(資稟)과 정신이 옛사람에 미치지 못하는 듯합니다."
4 한영우, 『조선 전기 사회 사상 연구』(지식산업사, 1983) 참고.
5 『선조실록』에는 율곡이 직제학의 벼슬을 받은 것이 8월로 되어 있으나, 『선조수정실록』에는 9월로 되어 있어 어느 것이 맞는지 알 수 없다.
6 『선조실록』 권7, 선조 6년 10월 12일 기미.
7 율곡이 동부승지에 임명된 날짜가 『선조실록』에는 10월 12일로 되어 있고 『선조수정실록』에는 9월 1일로 되어 있어 어느 것이 맞는지 알 수 없다.
8 『선조실록』 권7, 선조 6년 10월 12일 기미.
9 『선조실록』 권8, 선조 7년 1월 21일 정유.
10 『선조실록』 권8, 선조 7년 9월 20일 신묘. 그런데 『선조수정실록』에는

황해도 관찰사로 나간 시기가 10월 1일로 되어 있어 혼란스럽다.
11 『선조실록』 권9, 선조 8년 3월 11일 경술.
12 『선조실록』 권9, 선조 8년 5월 일자 미상.
13 위의 글.
14 『선조실록』 권9, 선조 8년 6월 24일 신묘.
15 『선조실록』 권9, 선조 8년 9월 27일 임술. 그러나 『선조수정실록』에는 『성학집요』를 지어 바친 시기가 9월 1일로 되어 있어 어느 것이 진실인지 알 수 없다.

4 동서 분당의 소용돌이 가운데 서다

1 『선조실록』 권9, 선조 8년 10월 24일 무자.
2 『율곡전서』 권16, 잡저, 「동거계사(同居戒辭)」.
3 『선조실록』 권11, 선조 10년 5월 27일 갑인. 그러나 『선조수정실록』에는 5월 1일로 되어 있어 날짜가 서로 다르다. 어느 것이 맞는지 알 수 없다.
4 필자는 『율곡어록』을 한글로 번역하여 1980년에 삼성문화문고(삼성미술문화재단 간)로 간행한 바 있다.
5 『율곡전서』 권34, 부록 2 문인록(門人錄)
6 『여지도서』 「해주읍지」에 고산구곡의 이름과 「고산구곡가」가 실려 있다. 고산구곡은 1곡이 관암(冠巖), 2곡이 화암(花巖), 3곡이 취병(翠屛), 4곡이 송애(松崖), 5곡이 은병(隱屛), 6곡이 조협(釣峽), 7곡이 풍암(楓巖), 8곡이 금탄(琴灘), 9곡이 문산(文山)이다.

5 중쇠기의 위험을 경고하며 점진적 개혁책을 제시하다

1 『선조실록』 권13, 선조 12년 5월 22일 병인.
2 한영우, 『조선 전기 사학사 연구』(서울대학교 출판부, 1983) 4장 참고.
3 『선조수정실록』 권16, 선조 15년 11월 1일 을묘.
4 『선조실록』 권14, 선조 13년 9월 24일 신묘.

5 『선조실록』 권14, 선조 13년 12월 5일 경자.
6 『선조실록』 권14, 선조 13년 12월 18일 계해.
7 『선조실록』 권15, 선조 14년 2월 10일 갑진.
8 『선조실록』 권15, 선조 14년 2월 26일 경신.
9 『선조실록』 권15, 선조 14년 4월 1일 갑오.
10 『선조실록』 권15, 선조 14년 5월 24일 병술.
11 위의 글. 그런데『선조수정실록』에는 날짜가 5월 1일 계해로 되어 있다. 어느 것이 맞는지 알 수 없다.
12 『선조수정실록』, 권15, 선조 14년 6월 1일 계사.
13 『선조실록』 권15, 선조 14년 7월 일자 미상.『선조수정실록』에는 날짜가 7월 1일 임술로 되어 있다.
14 『선조수정실록』 권15, 선조 14년 10월 1일 신묘.
15 『선조실록』 권15, 선조 14년 4월 1일 갑오.
16 『선조실록』 권15, 선조 14년 10월 16일 병오.『선조수정실록』에는 날짜가 10월 1일 신묘로 되어 있다.
17 『선조실록』 권16, 선조 15년 1월 1일 경신.
18 『선조실록』 권16, 선조 15년 4월 1일 무자.
19 『선조실록』 권16, 선조 15년 4월 1일 무자.『율곡전서』의 연보에는『학교모범』이 선조 15년 7월에 지어 올린 것으로 되어 있는데, 연보의 기록을 따르기로 한다.
20 위의 글.
21 『선조실록』 권17, 선조 16년 2월 15일 무술.
22 『선조실록』 권17, 선조 16년 2월 16일 기해.
23 『선조실록』 권17, 선조 16년 윤2월 15일 무진.
24 『율곡전서』 권34, 부록 연보.
25 『선조실록』 권17, 선조 16년 4월 14일 을축.
26 『선조실록』 권17, 선조 16년 5월 26일 정미.

27 『선조수정실록』 권16, 선조 15년 9월 1일 병진.
28 『선조실록』 권17, 선조 16년 6월 11일 신유.
29 『선조실록』 권17, 선조 16년 6월 17일 정묘.
30 『선조실록』 권17, 선조 16년 6월 20일 경오.
31 『선조실록』 권17, 선조 16년 7월 16일 을미.
32 위의 글.
33 『선조실록』 권17, 선조 16년 7월 15일 갑오.
34 『선조실록』 권17, 선조 16년 7월 19일 무술.
35 『선조실록』 권17, 선조 16년 8월 5일 갑인.
36 『선조실록』 권17, 선조 16년 8월 19일 무진.
37 『선조수정실록』 권17, 선조 16년 9월 1일 기묘.
38 『선조실록』 권17, 선조 16년 9월 3일 신사.
39 『선조실록』 권17, 선조 16년 9월 8일 병술.
40 『선조실록』 권17, 선조 16년 9월 5일 계미.
41 『선조실록』 권17, 선조 16년 10월 22일 경오.

6 선비 사회의 추앙을 받다

1 『선조실록』 권20, 선조 19년 10월 20일 신사.
2 『선조실록』 권21, 선조 20년 3월 7일 병신.
3 위의 글.
4 『율곡전서』 권34, 부록 2.

2부 시대를 통찰한 선각자

7 토붕와해의 위기를 벗어날 길은 경장뿐이다

1 『선조수정실록』 권8, 선조 7년 1월 1일 정축.

2   『선조실록』 권8, 선조 7년 1월 21일 정유. 『선조실록』 권8 선조 7년, 3월 6일 신사.
3   『선조수정실록』 권9, 선조 8년 9월 1일 병신. 한편 『선조실록』에는 선조 8년 9월 27일에 올린 것으로 되어 있다.
4   『대학연의』의 목차는 다음과 같다.
    제1편 제왕위학차서(帝王爲學次序)
    제2편 제왕위학본(帝王爲學本)
    제3편 격물치지지요(格物致知之要)
    제4편 성의정심지요(誠意正心之要)
    제5편 수신지요(修身之要)
    제6편 제가지요(齊家之要)
5   『율곡전서』 권20, 「성학집요」 2, 궁리 장 제4 '우신독사지법(右言讀史之法)'.
6   『율곡전서』 권25 「성학집요」 7, '우언무사심시입기강지요(右言無私心是立紀綱之要)'.
7   『율곡전서』 권25 「성학집요」 7, '우언변별의리(右言辨別義利)'.
8   『예기』의 「예운(禮運)」 편에 보이는 대동 사회의 내용은 다음과 같다. "大道之行也 天下爲公 選賢與能 講信修睦 故人不獨親其親 不獨子其子 使老有所終 壯有所用 幼有所長 鰥寡孤獨廢疾者 皆有所養 是故謀閉不興 盜賊不作 外戶不閉 是謂大同."
9   『선조실록』 권7, 선조 6년 10월 12일 기미.
10 한영우, 『조선 수성기 제갈량 양성지』(지식산업사, 2008)
11 『현종실록』 권6, 현종 4년 6월 2일 무술.
12 『숙종실록』 권10, 숙종 6년 8월 3일 기미.
13 『숙종실록』 권31, 숙종 23년 4월 11일 경신.
14 『숙종실록』 권11, 숙종 7년 1월 3일 정사.
15 『영조실록』 권23, 영조 5년 윤7월 17일 기축.
16 『선조실록』 권15, 선조 14년 10월 16일 병오.

17 『선조실록』 권5, 선조 3년 9월 12일 신미.
18 『율곡전서』 권28, 「경연일기」, 선조 3년 11월조.
19 『선조실록』 권6, 선조 5년 9월 30일 계축.
20 『선조실록』 권6, 선조 5년 10월 6일 기미.
21 『선조실록』 권7, 선조 6년 10월 12일 기미.

8 민생을 살피는 현실적 향약을 시행하다

1 『선조실록』 권7, 선조 6년 9월 21일 무술.
2 『선조실록』 권7, 선조 6년 10월 3일 경술.
3 『선조실록』 권7, 선조 6년 10월 12일 기미.
4 『선조실록』 권8, 선조 7년 2월 1일 병오.
5 『선조실록』 권8, 선조 7년 2월 29일 갑술.
6 『율곡전서』 권29, 「경연일기」, 금상(今上) 7년 2월조.
7 『율곡전서』 권13, 응제문서발기(應製文序跋記), 「파주향약서(坡州鄕約序)」.
8 손도(損徒)는 문자 그대로 무리에서 제외시키는 것이다. 즉 향약에서 축출하는 벌이다.
9 제마수(齊馬首)란 원래 생원과 진사시에 급제한 사람이 동료들에게 잔치를 베풀면 말을 타고 유가(遊街)할 때 그를 동료들 앞에 세우는 것을 말하는데, 이것이 향약의 벌칙으로 전용된 것이다. 벌칙으로서의 제마수는 확실히 알 수 없으나 아마도 등에다 죄목을 써서 붙이고 말에 태워 거리를 다니게 한 것으로 보인다.

9 사랑과 포용의 철학

1 『율곡전서』 권20, 「성학집요」 2, 궁리 장 제4.
2 『율곡전서』 권20, 「성학집요」 2, '우통언천지인물지리(右通言天地人物之理)'.
3 위의 글.
4 『율곡전서』 권14, 「인심도심도설(人心道心圖說)」.

5   칠정의 희로애구애오욕의 뜻은 기쁨, 노여움, 슬픔, 두려움, 사랑(또는 좋아함), 미워함(또는 싫어함), 욕망으로 풀이되는데, 특히 욕망은 주로 식욕과 색욕으로 본다.
6   『율곡전서』 권10, 서 2, 「답성호원(答成浩原)」.
7   『율곡전서』 권31, 어록 상.
8   『율곡전서』 권20, 「성학집요」 2, 수기(修己) 상, 제4장.
9   『율곡전서』 권14, 「인심도심도설」.
10 『율곡전서』 권31, 어록 상.
11 유연석, 「율곡 이이의 성선설 연구」, 『율곡 사상 연구』(율곡학회, 2005) 제10집.
12 『효종실록』 권3, 효종 원년 2월 22일 을사.

10 참교육을 실천한 스승

1   『율곡전서』 권27, 「격몽요결」.
2   구용(九容)은 신체의 여러 기관을 단정하게 갖기 위한 아홉 가지 방법을 말하는데 다음과 같다. 다리는 무거울 것(足容重: 다만 어른 앞에서는 예외), 손은 공손할 것(手容恭), 눈은 단정할 것(目容端), 입은 다물고 있을 것(口容止: 말하거나 먹을 때는 예외), 목소리는 조용할 것(聲容靜), 머리는 곧게 세울 것(頭容直), 기(氣)는 엄숙할 것(氣容肅: 콧소리가 나거나 숨 쉬는 데 소리가 나서는 안 됨), 서 있을 때는 기대지 말 것(立容德), 얼굴빛은 태만한 기색을 보이지 말 것(色容莊) 등이다.
3   구사(九思)는 아홉 가지 마음가짐을 말하는데, 눈은 밝아야 할 것(視思明), 귀는 잘 들어야 할 것(聽思聰), 얼굴빛은 따뜻할 것(色思溫), 태도는 공손할 것(貌思恭), 말은 충신(忠信)할 것(言思忠), 일은 공경스러울 것(事思敬), 궁금한 것은 질문할 것(疑思問), 분할 때는 이(理)로 억누를 것(忿思難), 재물을 얻으면 의(義)를 생각할 것(見得思義) 등이다.
4   『선조수정실록』 권16, 선조 15년 4월 1일 무자. 연보에는 선조 15년 7월

에 「학교모범」을 올린 것으로 되어 있으나, 실록의 기록을 따르는 것이 좋을 듯하다.
5   위의 글.

11 다시 보는 율곡

1   한영우, 「실학 연구의 어제와 오늘」, 『다시, 실학이란 무엇인가』(푸른역사, 2007) 참고.

연보

* 이 연보는 『율곡전서』에 수록된 연보를 토대로 작성하되 『선조실록』과 『선조수정실록』을 참고했는데, 두 실록에 기록된 연대에 많은 차이가 있다. 이 경우 『선조실록』의 기록이 사실에 맞는다고 믿어 이를 따랐다.

___ 1536년(중종 31년)

12월 26일, 강릉부 북평촌(北坪村) 소재 외가에서 4남 3녀 중 3남으로 출생하다.

___ 1540년(중종 35년; 5세)

어머니 사임당이 병이 깊자 외할아버지 사당에 몰래 가서 기도하다.

___ 1541년(중종 36년; 6세)

사임당을 따라 강릉에서 서울 수진방에 있는 아버지 집으로 돌아오다.

___ 1542년(중종 37년; 7세)

사임당에게서 사서(四書)를 비롯한 유학 공부를 시작하다.

이웃에 사는 진복창에 관한 글을 짓다. 이 사람이 뜻을 이루면 세상에 근심이 커질 것이라는 내용을 담다.

___ 1543년(중종 38년; 8세)
파주 율곡에 있는 화석정에 올라 시를 짓다.

___ 1544년(중종 39년; 9세)
『이륜행실』을 읽고는 장공예라는 사람이 9세대가 동거했다는 사실에 감동하여 「형제봉부모동거지도(兄弟奉父母同居之圖; 형제들이 부모를 모시고 함께 사는 그림)」를 그려 놓고 보았으며, 어진 사람과 벼슬 높은 사람의 이름과 행적을 적어 놓고 배우다.

___ 1546년(명종 원년; 11세)
아버지 이원수의 병이 깊자 피를 뽑아 드리고, 조상의 사당에 가서 기도하다.

___ 1548년(명종 3년; 13세)
진사 시험 초시에 급제하다.

___ 1550년(명종 5년; 15세)
여름에 아버지가 수운판관의 벼슬을 받다.

___ 1551년(명종 6년; 16세)
봄에 삼청동에 있는 우사로 이사하다.
여름에 아버지가 조운하는 일로 평안도에 갈 때 큰형과 함께 따라갔다가 돌아오는 도중에 사임당이 5월 17일, 향년 48세로 세상을 떠났다는 소식을 듣다. 사임당을 파주 두문리 자운산에 안장하다. 3년간 『가례』에 따라 사임당 무덤을 지켰다.

뒤에 사임당의 행장을 짓다.

____ 1552년(명종 7년; 17세)
어른이 되는 관례를 행하다.
어머니를 여읜 슬픔에 밤낮으로 울면서 지내다가 어느 날 봉은사에 가서 불경을 읽고, 속세를 떠나기로 결심하다.

____ 1554년(명종 9년; 19세)
우계 성혼과 교우를 맺기 시작하다.
3월에 금강산에 들어가 승려 생활을 시작하다.

____ 1555년(명종 10년; 20세)
봄에 강릉으로 돌아오다. 「자경문」을 지어 승려 생활을 반성하고 유학으로 돌아올 것을 다짐하다.

____ 1556년(명종 11년; 21세)
봄에 서울로 돌아와 문과 초시인 한성시에 장원하다.

____ 1557년(명종 12년; 22세)
9월에 노씨(盧氏; 곡산 노씨, 성주 목사 노경린의 딸)와 결혼하다.

____ 1558년(명종 13년; 23세)
성주 목사로 있는 장인을 찾아갔다가 돌아오는 도중에 예안의 도산에 살던 퇴계 이황을 예방하다.
겨울에 문과 별시 초시에 장원하다. 시험관들이 율곡의 답안지 「천도책」을 읽고 천재라고 칭찬하다.

____ 1560년(명종 15년; 25세)
「파주향약서」를 짓다.

____ 1561년(명종 16년; 26세)
부친상을 당하다.(향년 61세) 자운산의 사임당 묘소에 합장하다.

____ 1564년(명종 19년; 29세)
봄에 성혼의 부친 청송 성수침 선생이 세상을 떠나자 제문과 행장을 짓다.
7월에 생원시와 진사시에 급제하다.
8월에 식년 문과에 장원 급제하다.(7차에 걸쳐 장원하다.)
호조 좌랑(정6품)에 취임하다.

____ 1565년(명종 20년; 30세)
봄에 예조 좌랑(정6품)에 취임하다.
8월에 요승 보우와 권신 윤원형을 비판하는 상소를 올리다.
11월에 사간원 정언(정6품)에 취임하다.

____ 1566년(명종 21년; 31세)
2월에 병조 좌랑(정6품)에 취임하다.
3월에 사간원 정언(정6품)에 취임하다.
4월에 양종선과(兩宗禪科)를 폐지하라는 상소를 올리다.
5월에 대사간 강사필을 대신하여 상소문 「시무삼사(時務三事)」를 올려 정심(正心), 용현(用賢), 안민(安民)을 강조하다.
5월에 이조 좌랑(정6품)에 취임하다.
이해에 아버지 이원수의 재산을 여러 형제와 자매들이 균등하게 상속받다.

___ 1567년(선조 즉위; 32세)
9월에 심통원을 비판하는 상소를 올리다.

___ 1568년(선조 원년; 33세)
2월에 사헌부 지평(정5품)에 재임하다.
장인이 사망하자 두 첩자(妾子)에게 재산을 평등하게 분배할 것을 종용하다.
5월에 홍문관 교리(정5품)에 취임하다.
5월에 성균관 직강(정5품)으로 천추사 서장관이 되어 북경에 가다.
겨울에 홍문관 부교리(종5품)로서 지제교, 경연 시독관, 춘추관 기주관을 겸하다.
11월에 이조 좌랑을 사직하고 외할머니 병간호를 위해 강릉으로 가다.

___ 1569년(선조 2년; 34세)
6월에 홍문관 교리에 취임하다.
8월에 경연에서 임금이 군사(君師)의 도리를 다할 것을 촉구하다.
9월에 『동호문답』을 지어 임금에게 바치다.(『선조수정실록』에는 7월)
아홉 가지 시무(時務)를 논하는 상소를 올리다. 내용은 성지(聖志) 안정, 도학(道學) 숭상, 기미(機微) 살핌, 대례(大禮) 조심, 기강(紀綱) 떨침, 절검(節儉) 숭상, 언로(言路) 넓힘, 현재(賢才) 등용, 폐법(弊法) 개혁 등이다.
10월에 휴가를 받아 강릉에 가서 외할머니의 병을 간호하다가 상을 당하다.

___ 1570년(선조 3년; 35세)
4월에 홍문관 교리에 취임하다. 을사사화를 일으킨 위사공신들을 비판하는 상소를 올리다.
10월에 벼슬을 버리고 처가가 있는 해주 야두촌으로 내려가서 후학을 가르치다.

____ 1571년(선조 4년; 36세)
1월에 해주에서 파주 율곡으로 가다.
여름에 벼슬을 모두 사양하고 해주 석담으로 내려가서 복거할 계획을 세우다.
6월에 청주 목사(정3품)에 취임하고, 청주향약(淸州鄕約)을 실시하다.

____ 1572년(선조 5년; 37세)
3월에 병으로 청주 목사를 그만두고 서울로 올라오다.
여름에 병으로 홍문관 부응교(종4품)를 사직하고 파주 율곡으로 내려가다. 성혼과 더불어 이기사단칠정(理氣四端七情)과 인심도심(人心道心)에 관하여 토론하다.
8월에 대신(大臣)들을 비판하는 상소를 올리다.
11월에 사간원 사간(종3품)에 취임하다.

____ 1573년(선조 6년; 38세)
7월에 홍문관 직제학(정3품 당하관)에 취임하다.
9월에 경연에서 향약의 조급한 시행을 반대하다.
10월에 동부승지(정3품 당상관)에 취임하다.
11월에 이황에게 시호를 증직할 것을 요청하다.

____ 1574년(선조 7년; 39세)
1월에 우부승지로서 「만언봉사」를 올려 일곱 가지 개혁안을 제시하다.
2월에 병조 참지(정3품)에 취임하다.
3월에 사간원 대사간(정3품 당상관)에 취임하다.
4월에 벼슬을 그만두고 율곡으로 내려가다.

6월에 서자 경림(景臨)이 출생하다.
7월에 다시 대사간에 취임하다.
9월에 황해도 관찰사(종2품)에 취임하다.

_____ 1575년(선조 8년; 40세)
3월에 홍문관 부제학(정3품 당상관)에 취임하다.
5월에 서경덕의 증직을 요청하다.
6월에 『사서소주(四書小註)』를 산정(刪定)하라는 왕명을 받다.
9월에 『성학집요』를 지어 임금에게 바치다.
10월에 동서 분당을 염려하여 김효원과 심의겸을 외직으로 보내자고 요청하다.
11월에 성수침(成守琛)에게 증직을 요청하다.
12월에 병으로 호군(護軍: 정4품)을 받다.

_____ 1576년(선조 9년; 41세)
2월에 파주 율곡으로 내려가다.
4월에 사서삼경의 토석(吐釋)을 상정하라는 명을 받다.
10월에 해주 석담으로 내려가다.

_____ 1577년(선조 10년; 42세)
1월에 해주 석담에서 서울로 올라오다.
12월에 『격몽요결』을 완성하다.

_____ 1578년(선조 11년; 43세)
해주 석담에 은병정사라는 학교를 세우다.
5월에 파주에서 개혁을 요청하는 상소를 올리다.
겨울에 해주 석담으로 내려가다.

___ 1579년(선조 12년; 44세)
3월에 둘째 서자 경정(景鼎)이 출생하다.

___ 1580년(선조 13년; 45세)
5월에 「기자실기」를 저술하다.
9월에 홍문관 부제학에 다시 취임하다.
12월에 다시 대사간에 취임하다.

___ 1581년(선조 14년; 46세)
2월에 경연에서 경장의 필요성을 역설하다.
6월에 사헌부 대사헌(종2품)과 예문관 제학(종2품)을 겸하다.
10월에 호조 판서(정2품)에 취임하다. 개혁 중심 기구로 경제사 설치를 주장하다.
10월에 「발학부통변(跋學蔀通辨)」을 지어 육왕(陸王)의 학을 비판하다.
11월에 홍문관 대제학(정2품), 예문관 대제학, 지경연춘추관사, 지성균관사 등을 겸임하다.
11월에 『경연일기』를 완성하다.

___ 1582년(선조 15년; 47세)
1월에 이조 판서에 취임하다.
7월에 왕명으로 「김시습전」, 「인심도심도설」, 「학교모범급사목(學校模範及事目)」을 지어 바치다.
8월에 형조 판서에 취임하다.
9월에 의정부 우찬성(종1품)에 취임하다. 경장을 위한 「만언소(萬言疏)」를 올리다.
12월에 병조 판서에 취임하다.

___ 1583년(선조 16년; 48세)
2월에 병조 판서로서 시무에 관한 여섯 가지 개혁을 요청하는 상소를 올리다. 내용은 임현능(任賢能), 양군민(養軍民), 족재용(足財用), 고번병(固藩屛), 비전마(備戰馬), 명교화(明敎化) 등이다.
4월에 여섯 가지 시폐(時弊)를 논하는 상소를 올리다. 내용은 남행(南行)의 대간(臺諫) 취직 금지, 공안의 개혁, 군적 정비, 주현 합병, 감사의 임기 연장, 서얼과 천인의 허통 등이다.
6월에 임금의 시전 동의를 받지 않고, 말을 바치는 자의 북방 방어를 면제해 준 것이 문제가 되어 동인의 거센 비판을 받기 시작하다.
7월에 성혼이 이이를 변호하고, 송응개는 이이를 혹독하게 비판하다.
8월에 성균관 유생 460명, 호남 유생, 황해도 유생 등이 이이를 변호하는 상소를 올리다.
8월에 율곡에서 석담으로 가다.
9월에 판돈녕부사(종1품)와 이조 판서에 취임하다.

___ 1584년(선조 17년; 49세)
1월 16일에 한성부 대사동 우사에서 세상을 떠나다. 선영이 있는 파주 자운산에 안장하다.

___ 1611년(광해군 3년)
문인 박여룡, 박지화 등이 1차로 『문집』을 간행하다.

___ 1615년(광해군 7년)
파주 유지들이 자운산 묘소 아래에 자운서원을 건립하고 율곡의 위패를 모시다.

____ 1623년(인조 원년)
이정귀 등의 요청으로 영의정을 증직하다.

____ 1629년(인조 7년)
임금의 명으로 『격몽요결』을 간행하여 전국에 배포하다.

____ 1651년(효종 원년)
자운서원에 사액하다.

____ 1681년(숙종 7년)
성혼과 더불어 성균관 문묘에 배향되다.

____ 1697년(숙종 23년)
경연에서 『성학집요』를 강독하기 시작하여 숙종 26년까지 계속되다.

____ 1729년(영조 5년)
경연에서 『성학집요』를 강독하기 시작하여 영조 35년까지 계속되다.

____ 1744년(영조 20년)
『율곡전서』가 완성되다. 5년 뒤에 습유가 보완되다.

____ 1760년(영조 36년)
황해도 관찰사에게 명하여 석담서원(石潭書院)과 옛 집터를 그려 바치게 하다.

____ 1781년(정조 5년)
자운서원에 제사를 지내 주고, 석담구곡(石潭九曲)을 그려 바치라고 관찰사에게 명하다.

___ 1788년(정조 12년)
임금이 명(銘)을 써서, 강릉 오죽헌에 보관 중인 연(硯)에 새겨 넣으라고 명하다.
임금이 『격몽요결』의 서문을 쓰다.

율곡 이이 영정
강원도 강릉 오죽헌 문성사에 모셔져 있다.

「오죽헌도(烏竹軒圖)」(상)와 현재 오죽헌(우)

오죽헌은 신사임당이 삼남 율곡을 낳은 친정집이다. 율곡은 이곳에서 여섯 살 때까지 지내면서 어머니 사임당과 외할머니 이씨에게 큰 영향을 받았다. 오죽헌은 본래 율곡의 외할머니의 아버지인 이사온이 그의 장인인 참판 최응현에게서 받은 것을 물려준 집으로, 외할머니가 세상을 떠난 뒤 이 집은 넷째 사위 권화의 아들인 외손자 권처균에게 상속되었는데, 오죽헌이라는 당호는 그가 지은 것이다. 「오죽헌도」는 1902년 김경수(金暻洙)가 그렸으며 옛 오죽헌 전경을 담고 있다. ⓒ 오죽헌시립박물관

烏竹軒
栗谷先生誕生地
壬寅年九月

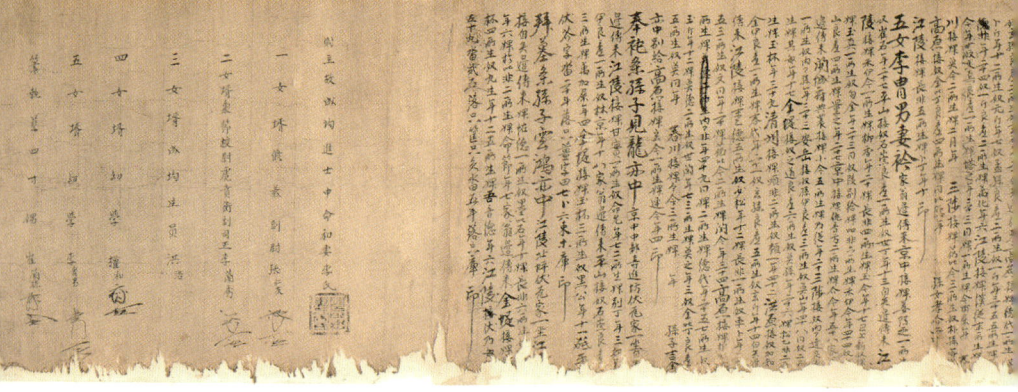

「이씨분재기(李氏分財記)」
사임당의 어머니 용인 이씨는 친정과 시댁에서 받은 재산(집, 노비, 땅 등)을 1451년부터 1561년에 걸쳐 다섯 딸에게 골고루 분배했는데 그 사실을 기록한 것이 이 분재기이다. 이 기록을 보면 율곡이 서울 수진방의 집을 외할머니에게서 물려받았음을 알 수 있다. ⓒ 오죽헌시립박물관

화석정(花石亭)
율곡의 아버지 이원수는 벼슬이 없어 서울에만 머물지 않고 선대의 고향인 파주 율곡촌에 자주 들렀다. 율곡은 여덟 살 때 고향에 있는 화석정에 올라 시를 지었는데, 화석정은 오대조인 이명신이 지은 것으로 임진강이 내려다보이는 언덕에 있는 풍광이 아름다운 정자였다. 본래 건물은 화재로 소실되고 1966년에 다시 복원되었다. ⓒ 파주문화원

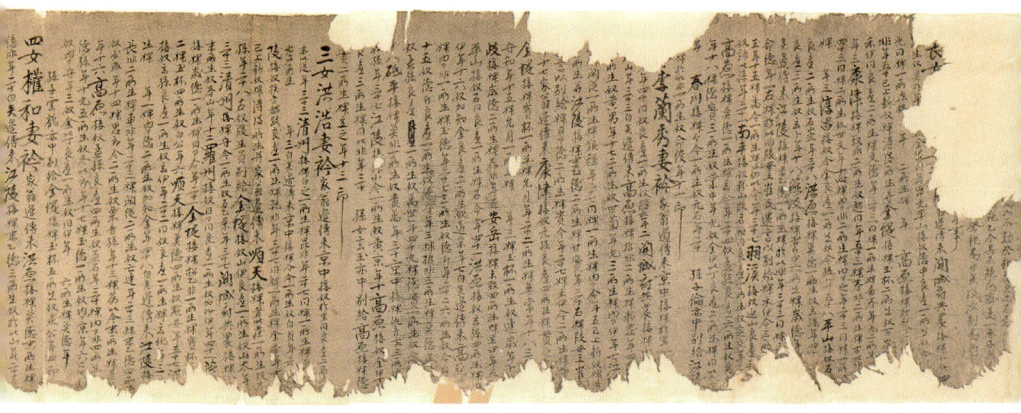

율곡 묘소(좌)와 사임당 묘소(우)
1584년(선조 17년) 1월 16일, 율곡은 서울 대사동(大寺洞) 우사에서 49세로 길지 않은 생애를 마감했다. 아버지 이원수와 어머니 사임당이 모셔져 있는 파주 자운산(紫雲山)에 안장했다.
ⓒ 파주문화원

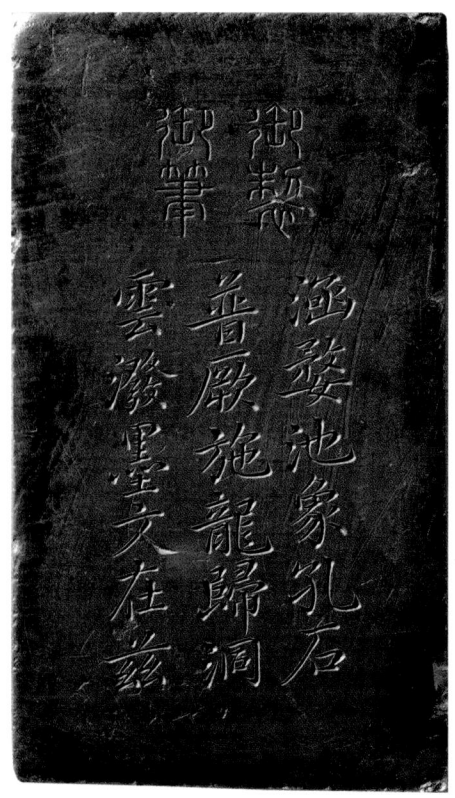

율곡이 쓰던 벼루
정조는 누구보다도 율곡을 추숭하는 데 앞장섰다. 1788년(정조 12년)에 정조는 오죽헌에 보관 중이던 연(硯: 벼루)을 직접 보고는 연명(硯銘)을 써 새겨 넣게 했으며 오죽헌 옆에 각(閣)을 세워 그 연을 보관하게 했다. 현재도 오죽헌에 보관되어 있다.
ⓒ 오죽헌시립박물관

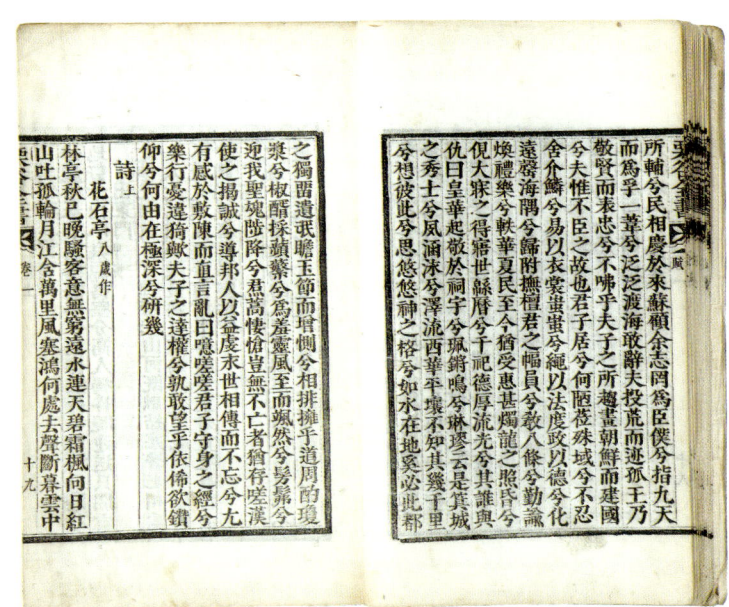

『율곡전서(栗谷全書)』

율곡의 후손인 이재(李縡)와 이진오(李鎭五)가 펴낸 율곡의 전집으로 『성학집요』, 『격몽요결』 등 여러 저술이 망라되어 있다. 1744년(영조 20년)에 38권의 『율곡전서』가 완성되었고 5년 뒤에 6권의 습유(拾遺)가 보완되었다. ⓒ 오죽헌시립박물관

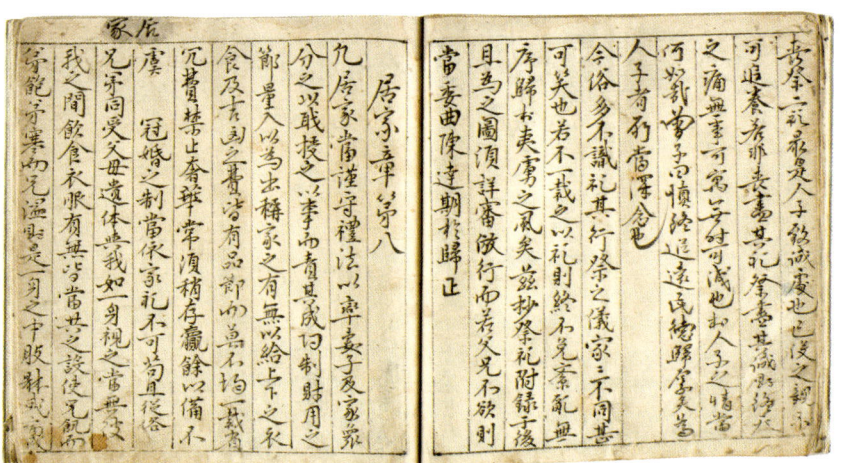

『격몽요결(擊蒙要訣)』

율곡은 42세 되던 1577년(선조 10년) 겨울에 해주 석담에 가서 은병정사를 짓고 제자를 가르쳤는데 이때 초학자들을 위한 지침서의 필요성을 절감해 편찬한 책이다. 책 이름은 '몽매함을 깨우친다'는 뜻으로 총 10장으로 구성되어 있다. ⓒ 오죽헌시립박물관

자운서원(紫雲書院)

율곡의 학문과 덕행을 기리기 위해 세운 서원으로, 1615년(광해군 7년)에 파주의 율곡 묘소 아래에 처음 지어졌고 1651년(효종 원년)에 사액되었다. 숙종 때 박세채, 김장생을 함께 모셨다.
ⓒ 파주문화원

소현서원(紹賢書院)

1578년 율곡은 경치가 좋은 해주 석담에 은병정사(隱屛精舍)라는 학교를 세우고 후학을 양성했는데 후에 사액서원이 되었다. 현재 황해도 벽성군에 남아 있으며 북한의 국가지정문화재로 지정되어 있다.

찾아보기

가

『가례(家禮)』 63, 295, 297~299, 342
간신(幹臣) 168
강사필(姜士弼) 82, 344
강석기(姜碩期) 160, 161
걸왕(桀王) 167
『격몽요결(擊蒙要訣)』 7, 12, 115~117, 130, 157, 186, 288, 289, 291, 329, 339, 347, 350~351
『격몽편(擊蒙編)』 128, 289
『경연일기(經筵日記)』 128, 201, 338, 348
경장(更張) 132, 134, 136, 137, 146, 165, 171, 173, 176, 177, 192~197, 199, 201, 269, 281, 327, 328, 348
경재소(京在所) 265
경제사(經濟司) 122, 127, 199, 200, 202, 348
경현서원(景賢書院) 159
계미삼찬(癸未三竄) 151, 152
계지술사(繼志述事) 10, 99, 100, 114, 194, 327
고산구곡(高山九曲) 157, 334
「고산구곡가(高山九曲歌)」 118, 334
공노비(公奴婢)의 선상(選上) 10, 82, 85, 96~98, 176, 327
공물(貢物) 55, 96~98, 127, 139, 171, 172, 176, 195, 201, 202, 301, 328
공사천인(公私賤人) 140, 143, 215, 216
공안(貢案) 85, 96, 98, 124, 135, 139, 140, 176, 195, 196, 327, 349
곽연성(郭連城) 34, 35
관례(冠禮) 63, 64, 219, 221, 229, 299, 343
관중(管仲) 167
교생(校生) 174, 215, 255, 256
구사(九思) 294, 339
구양수(歐陽脩) 192
구용(九容) 293, 294, 339
군사(君師) 8, 11, 82, 87, 88, 90, 97, 121, 135, 143, 147, 156, 166, 169, 183, 197, 198, 327, 329, 345
궁부일체(宮府一體) 176

찾아보기 ___ 353

권처균(權處均) 43
권화(權和) 43
귀암서원(龜巖書院) 158
균역법(均役法) 11, 328
『근사록(近思錄)』 295, 312
『근사록석의(近思錄釋義)』 162
「금등(金縢)」 62
기대승(奇大升) 88, 269
기발이승(氣發理乘) 271, 272
기자(箕子) 89, 120, 121, 122, 169, 197
『기자실기(箕子實記)』 119~122, 169, 348
『기자지(箕子志)』 120, 121
김개(金鎧) 88
김굉필(金宏弼) 121, 156, 159, 160, 333
김귀영(金貴榮) 147
김덕함(金德諴) 159
김만길(金萬吉) 198
김수(金睟) 57
김수항(金壽恒) 198
김시습(金時習) 74, 130, 283
「김시습전(金時習傳)」 74, 130, 348
김안국(金安國) 61
김우옹(金宇顒) 120, 141, 148, 149, 152
김의정(金義貞) 118
김인후(金麟厚) 6, 329
김장생(金長生) 51, 58, 71, 74, 158~161, 284, 329
김정(金淨) 158
김진강(金振綱) 117
김집(金集) 6, 51, 160, 161, 284, 329
김한로(金漢老) 50
김홍민(金弘敏) 151
김효원(金孝元) 104, 105, 124, 347

나

낭천권(郎薦權) 11, 130
내수사(內需司) 195
노경린(盧慶麟) 49, 50, 52, 54, 76, 160, 325, 343
노비종모법(奴婢從母法) 173
노수신(盧守愼) 105, 120
노자(老子) 75, 190, 263, 282, 284, 286
노적(盧績) 49
노중례(盧重禮) 49, 325
노직(盧稙) 155
『논어(論語)』 46, 186, 187, 295, 312
니탕개(泥湯介) 143

다

대동 사회(大同社會) 196, 337
대동법(大同法) 11, 172, 328
대신(大臣) 168, 172, 201~203, 346
대윤(大尹) 31, 81

354

『대학(大學)』 46, 86, 87, 178~181, 183, 184, 186, 187, 295, 312
『대학보유(大學補遺)』 128
『대학연의(大學衍義)』 11, 101, 177, 178, 182, 337
덕수서원(德水書院) 160
『도덕경(道德經)』 75, 284, 285
도동서원(道東書院) 160
도심(道心) 12, 93, 277, 278, 280
도첩제(度牒制) 81
독서당(讀書堂) 87, 88, 101
「동거계사(同居戒辭)」 69, 107, 110, 257, 334
『동몽선습(童蒙先習)』 289
동인(東人) 29, 30, 35, 54, 83, 85, 86, 88, 103~105, 119, 120, 124, 125, 137, 143~145, 148, 151, 152, 155, 162, 349
동자습(童子習) 212
『동호문답(東湖問答)』 7, 85, 88, 89, 91, 101, 120, 165, 169, 171, 174, 177, 288, 319, 333, 345

마

「만언봉사(萬言封事)」 8, 94, 95, 98, 110, 111, 131, 132, 134, 136, 174~177, 346
맹자(孟子) 11, 70, 121, 139, 169, 187, 231, 278, 279, 295

『맹자(孟子)』 46, 186, 187, 295, 312
무이구곡(武夷九曲) 118
묵자(墨子) 190, 282
문정 왕후(文定王后) 71, 81,
문헌서원(文憲書院) 116~118, 207, 217, 231, 233, 256, 288, 289, 307, 310
「문헌서원학규(文憲書院學規)」 289, 307
문회서원(文會書院) 159
민정중(閔鼎重) 159

바

박근원(朴謹元) 151, 155
박세무(朴世茂) 289
박세채(朴世采) 6, 155, 158, 159, 198, 329
박순(朴淳) 55, 77, 106, 120, 123~125, 127, 131, 147, 149, 200, 270
박여룡(朴汝龍) 117, 155, 349
박운(朴雲) 128, 289
박지화(朴枝華) 155, 349
박훈(朴薰) 158
방납(防納) 55, 89, 124, 195
백록서원(白鹿書院) 159
백유양(白惟讓) 155
백인걸(白仁傑) 120
변사정(邊士楨) 149
별감(別監) 257, 258, 267

별시위(別侍衛) 255, 256
병암서원(屛巖書院) 159
보우(普雨) 71, 81, 344
봉강서원(鳳岡書院) 160
봉은사(奉恩寺) 71, 81, 343
봉평(蓬平) 43, 44
봉훈(奉訓) 35, 54, 56, 57, 150
부열(傅說) 168
불교(佛敎) 14, 15, 64~66, 69~75, 81, 190, 191, 271, 272, 282, 283, 286, 326
붕당론(朋黨論) 192
비봉서원(飛鳳書院) 159
빈흥제도(賓興制度) 174

사

『사기(史記)』 101, 178, 312
사단(四端) 12, 93, 131, 277~281
사마광(司馬光) 168
『사서언해본(四書諺解本)』 101
사서 육경(四書六經) 182, 185, 186, 189
사창(社倉) 117, 234, 235, 244, 253, 254, 268
사창계약속(社倉契約束) 93, 116, 117, 206, 207, 233, 236, 239, 247, 252, 254, 256
사창제(社倉制) 207
삼왕(三王) 166, 167, 188, 197, 295

『서경(書經)』 62, 186, 188, 295
서경덕(徐敬德) 12, 77, 78, 100, 102, 269, 271, 347
서얼(庶孼) 12, 13, 140, 143, 174, 215, 216, 229, 232, 233, 255, 256, 268, 281, 321, 327, 328, 349
서원향약(西原鄕約) 92, 93, 206~209, 211, 214, 216, 217
서인(西人) 7, 30, 36, 76, 77, 83, 85, 88, 103~105, 119, 141, 144, 145, 152, 155, 156, 162
서족유직자(庶族有職者) 255, 256
석담(石潭) 11, 36, 50, 56, 76, 84, 92, 106, 107, 115, 117~120, 145, 150, 155, 158, 161, 288, 289, 303, 307, 346~349
석담서원(石潭書院) 157, 350
「선비행장(先妣行狀)」 30, 32, 33, 43, 45, 68, 331
선사(選士) 173, 174, 320~322
성선설(性善說) 12, 15, 131, 272, 279~281, 328
성수침(成守琛) 102, 347
성윤해(成允諧) 141
성종(成宗) 89, 170, 193, 198
「성학십도(聖學十圖)」 76, 177
『성학집요(聖學輯要)』 6, 7, 9, 11, 89, 99, 101, 157, 162, 177, 178, 181, 182, 185, 186, 191, 192, 197~199, 270, 312, 329, 334, 337~339,

347, 350
성혼(成渾) 55, 77, 87, 88, 93, 95, 115, 122, 124, 127, 131, 141, 145~147, 149, 151, 152, 154~156, 158, 159, 270, 287, 329, 343, 344, 346, 349, 350
세조(世祖) 28, 89, 193
세종(世宗) 95, 193, 197, 198, 325, 331
소강절(邵康節) 168
소박정처(疎薄正妻) 210, 211, 241
『소학(小學)』 12, 115, 120, 186, 212, 289, 295, 300, 312
『소학집주(小學集註)』 120
소현서원(紹賢書院) 116, 157, 158
송사련(宋祀連) 77
송상현(宋象賢) 158
송시열(宋時烈) 6, 45, 107, 118, 158, 159, 161, 329
송언신(宋彦愼) 155
송응개(宋應漑) 54~56, 145, 147, 150, 151, 155, 349
송익필(宋翼弼) 77, 88, 284
송인수(宋麟壽) 158
송준길(宋浚吉) 6, 161
수운판관(水運判官) 32, 33, 47, 62, 63, 342
『순언(醇言)』 74, 284, 285
『시경(詩經)』 186, 187, 295
「시무육조(時務六條)」 137

「시정사학도(示精舍學徒)」 118, 288, 307
신독(愼獨) 182, 184, 185
신명화(申命和) 16, 37~40, 42~45, 48, 325
신사임당(申師任堂) 13, 14, 16, 31~34, 37, 38, 42~48, 58, 59, 63, 68, 71, 72, 78, 326, 331, 341~344
신응시(辛應時) 159
신항서원(莘巷書院) 158
실학(實學) 199, 315, 329
『심경(心經)』 295
심연원(沈連源) 104
심온(沈溫) 28
심의겸(沈義謙) 29, 30, 36, 55, 80, 88, 104, 105, 125, 145, 147, 155, 347
심종(沈淙) 28, 36
심충겸(沈忠謙) 104
심통성정설(心統性情說) 276
심통원(沈通源) 29, 76, 86, 145, 345
10만 양병설(十萬養兵說) 5, 141~143

아

『악경(樂經)』 186, 187, 312
안당(安瑭) 159
안자(顔子) 87, 231
안천서(安天瑞) 270
야두촌(野頭村) 50, 92, 116, 117, 206,

207, 233, 252, 256, 346
양명학(陽明學) 282, 285, 286
양병(養兵) 138, 142, 143
양성지(梁誠之) 198, 337
양입위출(量入爲出) 176, 196, 299
양자(楊子) 190, 282
양제(煬帝) 167
『어류(語類)』 295
업유(業儒) 321, 174
여씨향약(呂氏鄕約) 92, 117, 205~208, 211, 217, 221, 222, 236
여왕(厲王) 167
『역경(易經)』 186, 188, 295
연현(燕見) 227, 228
영무자(甯武子) 168
영조(英祖) 6, 9, 11, 102, 130, 154, 156, 157, 160, 178, 183, 198, 284, 329, 350
『예경(禮經)』 295
『예기(禮記)』 182, 186, 187, 196, 337
예안향약(禮安鄕約) 281
예현(禮見) 227, 228
오도일(吳道一) 198
오억령(吳億齡) 159
오제(五帝) 166, 167, 181, 197
오죽헌(烏竹軒) 42, 43, 53, 157, 325, 331, 351
오행(五行) 184, 272~274
왕도(王道) 83, 90, 120~122, 166, 167, 169, 170, 177, 178, 192, 197

왕양명(王陽明) 282, 285
요순 삼대(堯舜三代) 90, 94, 197, 327
용군(庸君) 167
용암서원(龍巖書院) 159
우성전(禹性傳) 201
운전서원(雲田書院) 159
위사공신(衛社功臣) 90, 174, 345
유공진(柳拱辰) 149
유성룡(柳成龍) 120, 136, 137, 141~143, 148, 149
유안(劉晏) 168
유직(柳稷) 287
유희춘(柳希春) 98, 176
육경(六經) 182, 185~187, 189
육상산(陸象山) 190, 191, 282, 285, 287
윤근수(尹根壽) 125
윤두수(尹斗壽) 120, 125, 162
윤방(尹昉) 162
윤원형(尹元衡) 29, 31, 60, 81, 86, 104, 170, 174, 344
윤의중(尹毅中) 155
「율곡선생남매분재기(栗谷先生男妹分財記)」 13, 52
『율곡어록(栗谷語錄)』 18, 117, 334
『율곡전서(栗谷全書)』 18, 58, 69, 73, 75, 81, 107, 141, 142, 157, 161, 175, 283, 284, 331~339, 341, 350
은병정사(隱屛精舍) 50, 56, 117, 118, 130, 150, 157, 158, 288, 289, 303,

307, 310, 347
「은병정사약속(隱屛精舍約束)」 118, 288, 307
「은병정사학규(隱屛精舍學規)」 12, 118, 288, 303
을묘왜변(乙卯倭變) 143
을사사화(乙巳士禍) 31, 60, 81, 89, 90, 170, 174, 345
이경림(李景臨) 51, 347
이경정(李景鼎) 51, 348
이귀(李貴) 154, 155, 162, 198
이기(李芑) 31, 32, 62, 170, 174
이단(異端) 14, 43, 72, 74, 190, 191, 210, 212, 241, 243, 282~287, 296, 326, 329
이돈수(李敦守) 27
이매창(李梅窓) 34~36
이명신(李明晨) 28, 30~32, 36, 60, 325
이발(李潑) 104
이번(李璠) 34, 35, 56, 57, 122, 150
이병모(李秉模) 116
이사온(李思溫) 38~40, 43
이사윤(李思胤) 158
이색(李穡) 158
이선(李璿) 34, 47
이소(李劭) 27
이시수(李時秀) 116
「이씨분재기(李氏分財記)」 53, 331
이양(李樑) 28, 29, 36, 104

이양준(李陽俊) 27
이언적(李彦迪) 128, 156
이연(李延) 158
이요(李瑤) 148
이우(李瑀) 34
이원수(李元秀) 14, 16, 29, 31~34, 43~48, 52, 60, 62, 63, 67, 68, 71, 78, 82, 326, 331, 342, 344
이유경(李有慶) 53, 54
이유태(李惟泰) 161
이윤(伊尹) 167, 168
이윤온(李允蒀) 28
이의무(李宜茂) 31
이의석(李宜碩) 30, 31
이인범(李仁範) 28
이정귀(李廷龜) 155, 350
『이정전서(二程全書)』 295
이제(二帝) 188
이준경(李浚慶) 36, 88, 90, 127, 201
이천(李蕆) 30, 31
이천선(李千善) 28
이추(李抽) 30
이통기국(理通氣局) 272
이항복(李恒福) 57
이행(李荇) 31
이호민(李好閔) 155
이황(李滉) 5, 7, 12, 76, 77, 78, 91, 92, 93, 104, 118, 130, 131, 149, 156, 158~161, 177, 269, 271, 280, 281, 285, 328, 333, 343, 346

찾아보기 ___ 359

이후원(李厚源) 161
인순 왕후(仁順王后) 29, 86, 104
인심(人心) 12, 93, 277, 280
「인심도심도설(人心道心圖說)」 129~131, 270, 276, 339, 348
인심도심설(人心道心說) 185, 190
임백령(林百齡) 174

자

「자경문(自警文)」 64, 74, 75, 343
자사(子思) 231
자운산(紫雲山) 63, 152, 342, 344, 349
자운서원(紫雲書院) 6, 157, 158, 349, 350
장공예(張公藝) 61, 342
장유(張維) 161
장자(莊子) 190, 282, 284,
장재(張載) 100
적인걸(狄仁傑) 168
「전습록논변(傳習錄論辯)」 285
정공도감(正供都監) 127, 200~202
정구(鄭逑) 141, 152
정로위(定虜衛) 140
정명도(程明道) 168
정몽주(鄭夢周) 121, 159, 169, 333
정순붕(鄭順朋) 174
정여립(鄭汝立) 152
정여창(鄭汝昌) 156

정엽(鄭曄) 162
정원서원(正源書院) 160
정이(程頤) 121, 231, 269
정인홍(鄭仁弘) 125, 156
정일집중(精一執中) 188
정자(程子) 169, 189, 282
정전제(井田制) 121, 169
정조(正祖) 6, 11, 116, 156~158, 183, 198, 329, 350, 351
정지연(鄭芝衍) 147
정철(鄭澈) 88, 119, 120, 125, 146
정호(程顥) 121, 231, 269
정희적(鄭熙績) 155
제갈량(諸葛亮) 167, 168
제마수(齊馬首) 260, 268, 338
조과(趙過) 168
조광조(趙光祖) 31, 36, 38, 77, 89, 95, 118, 121, 156, 158~160, 170, 205, 206, 333
조광현(趙光玹) 154
조식(曺植) 104, 125, 156
조익(趙翼) 50, 54
조충국(趙忠國) 168
조헌(趙憲) 6, 115, 154, 159, 162, 329
좌수(座首) 257, 258, 266, 267
주공(周公) 62, 167
주염계(周濂溪) 168, 169
주역석의(周易釋義) 162
주자(朱子) 6, 11, 12, 63, 92, 93, 115, 117~119, 121, 143, 159, 160, 168,

169, 178, 186, 187, 192, 205, 206,
231, 269, 282, 297, 298, 315, 319,
322
『주자대전(朱子大全)』 295
죽림서원(竹林書院) 158
『중용(中庸)』 46, 186, 187, 295, 312
증자(曾子) 231
진건(陳建) 128, 285
진덕수(眞德秀) 11, 101, 177, 182
「진복창전(陳復昌傳)」 60

차

「천도책(天道策)」 78, 343
천인(賤人) 140, 143, 215, 216, 233
청계당(淸溪堂) 50, 106, 118
초충도(草蟲圖) 45
최응현(崔應賢) 39, 40, 43
최충(崔沖) 116, 118, 159, 207, 217, 288, 307
최치운(崔致雲) 41
『춘추(春秋)』 122, 123, 182, 186, 188, 295
춘추대의(春秋大義) 188
충신(忠臣) 168, 169
충찬위(忠贊衛) 255, 256
취봉서원(鷲峰書院) 159
칠정(七情) 12, 15, 70, 93, 131, 277~281, 328, 339
칠조개(漆雕開) 169

타

태갑(太甲) 167
태공(太公) 168

파

「파주향약서(坡州鄕約序)」 206, 338, 344
팔조교(八條敎) 121, 169
패도(覇道) 166, 167
폭군(暴君) 167
품관(品官) 264~266, 268

하

하낙(河洛) 55, 149
하인(下人) 235~237, 239, 240~246, 248~251, 253, 254, 268, 281
하인양인(下人良人) 255
「학교모범(學校模範)」 12, 129, 130, 289, 310, 311, 315, 317, 319~322, 335, 340
『학부통변(學蔀通辨)』 128, 285
한충(韓忠) 158
해주일향약속(海州一鄕約束) 206, 208, 256~258, 266, 268
해주향약(海州鄕約) 93, 116, 117, 206, 207, 217, 221, 231, 233, 256
향리(鄕吏) 54, 83, 145, 215, 216,

263~266, 268

향소(鄕所) 208, 214, 257, 258, 262, 264~268

향약(鄕約) 11, 12, 18, 50, 91~93, 98, 115~117, 203~209, 211, 213, 214, 217, 219, 221, 232~235, 238, 239, 252, 256~258, 266, 268, 281, 338, 346

『향약집성방(鄕藥集成方)』 49

허봉(許篈) 151, 152

허자(許磁) 174

허통(許通) 11, 13, 140, 327, 328

혁폐도감(革弊都監) 127

혼군(昏君) 167

혼례(婚禮) 219, 221, 229, 299

홍가신(洪可臣) 136

홍계희(洪啓禧) 102, 284

홍귀손(洪貴孫) 30

홍범(洪範) 121

홍호(洪浩) 66

홍혼(洪渾) 120

화곡서원(花谷書院) 160

화석정(花石亭) 60, 342

환제(桓帝) 167

『효경(孝經)』 212

훈도(訓導) 173, 316, 317, 319

한영우

1938년에 태어나 서울대학교 문리과대학 사학과를 졸업하고 동 대학교에서 박사 학위를 받았다. 1967년부터 2003년까지 서울대학교 문리과대학, 인문대학에 재직하고, 서울대학교 한국문화연구소장, 규장각관장, 인문대학장을 지냈으며, 문화재위원회 사적분과 위원장, 한국사연구회장, 국사편찬위원, 한림대학교 한림과학원 특임교수, 이화여대 이화학술원 석좌교수 겸 이화학술원장을 역임했다. 현재 서울대학교 인문대학 명예교수로 재직 중이다. 경암학술상, 수당학술상, 민세안재홍상 등 학술상을 아홉 차례 수상했다.
저서로는 『왕조의 설계자 정도전』, 『조선 수성기의 제갈량 양성지』, 『실학의 선구자 이수광』, 『꿈과 반역의 실학자 유수원』, 『조선 전기 사학사 연구』, 『조선 전기 사회 경제 연구』, 『조선 전기 사회사상 연구』, 『조선 후기 사학사 연구』, 『조선 시대 신분사 연구』, 『역사학의 역사』, 『한국 민족주의 역사학』, 『조선 왕조 의궤』(한국어본, 중국어본, 일본어본, 영어본), 『정조의 화성 행차 그 8일』, 『반차도로 따라가는 정조의 화성 행차』, 『조선의 집 동궐에 들다』, 『명성황후, 제국을 일으키다』, 『우리 역사와의 대화』, 『역사를 아는 힘』, 『미래를 위한 역사의식』, 『다시 찾는 우리 역사』(한국어본, 영어본, 일어본, 러시아본), 『문화 정치의 산실 규장각』, 『간추린 한국사』(한국어본, 영어본), 『한국 선비 지성사』(한국어본, 영어본), 『과거, 출세의 사다리 — 족보를 통해 본 조선 문과 급제자의 신분 이동』(전 4권) 등 40여 권이 있다.

율곡 李珥 평전

1판 1쇄 펴냄 2013년 2월 15일
1판 5쇄 펴냄 2020년 7월 2일

지은이 한영우
발행인 박근섭·박상준
펴낸곳 (주)민음사

출판등록 1966. 5. 19. 제16-490호
주소 서울특별시 강남구 도산대로1길 62(신사동)
강남출판문화센터 5층 (우편번호 06027)
대표전화 02-515-2000 | 팩시밀리 02-515-2007
홈페이지 www.minumsa.com

ⓒ 한영우, 2013. Printed in Seoul, Korea
ISBN 978-89-374-8639-5 03990

* 잘못 만들어진 책은 구입처에서 교환해 드립니다.